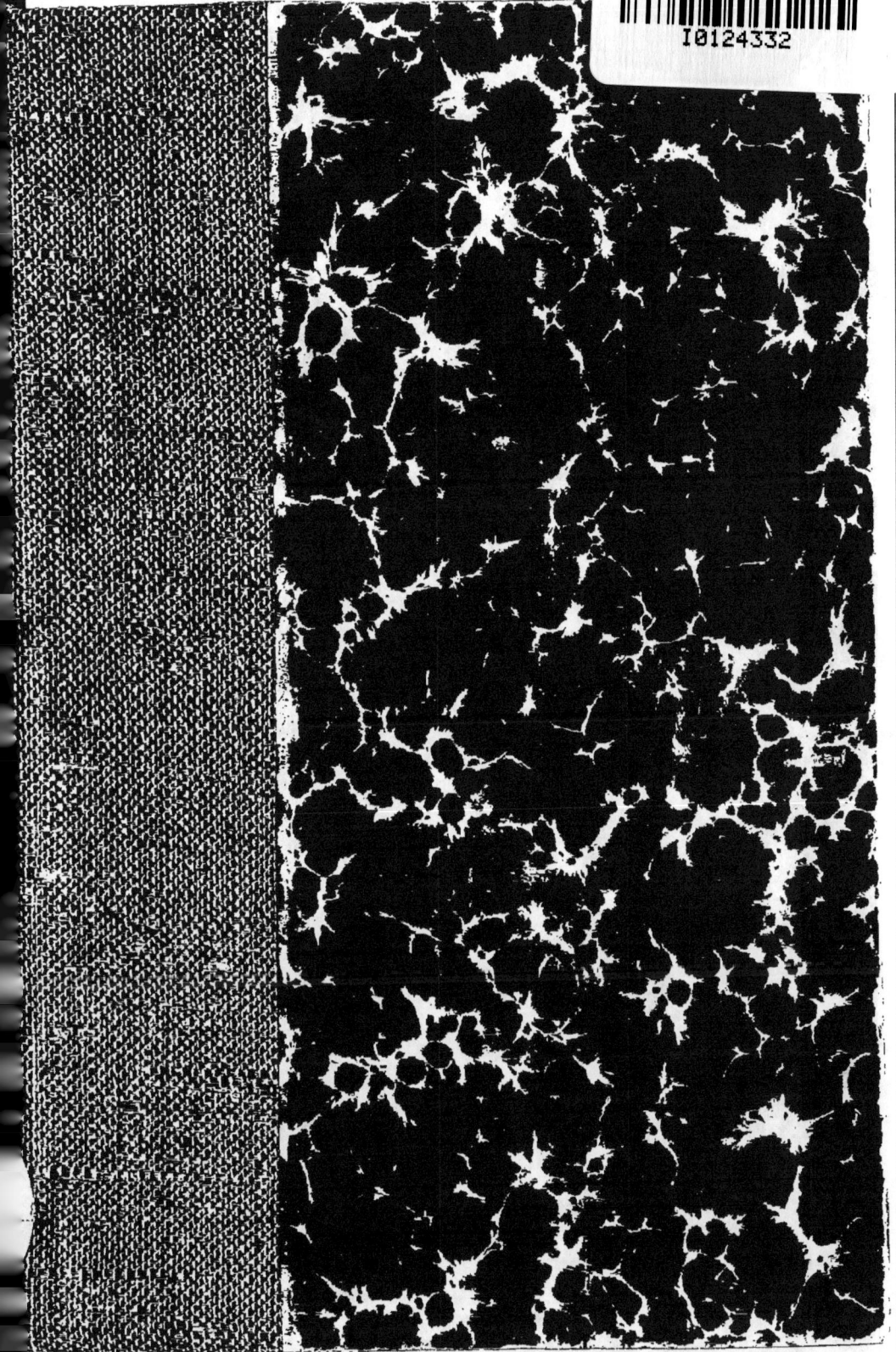

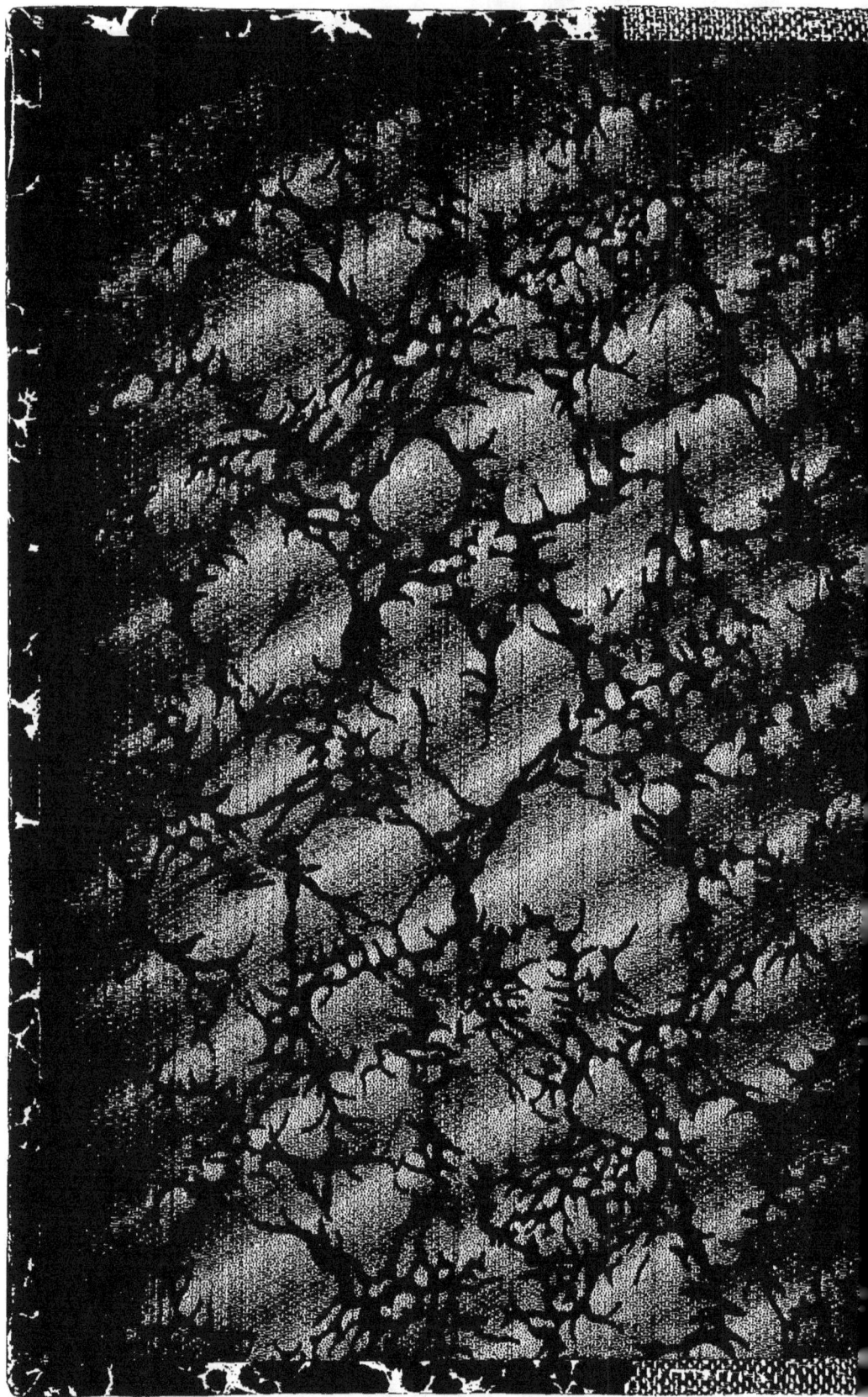

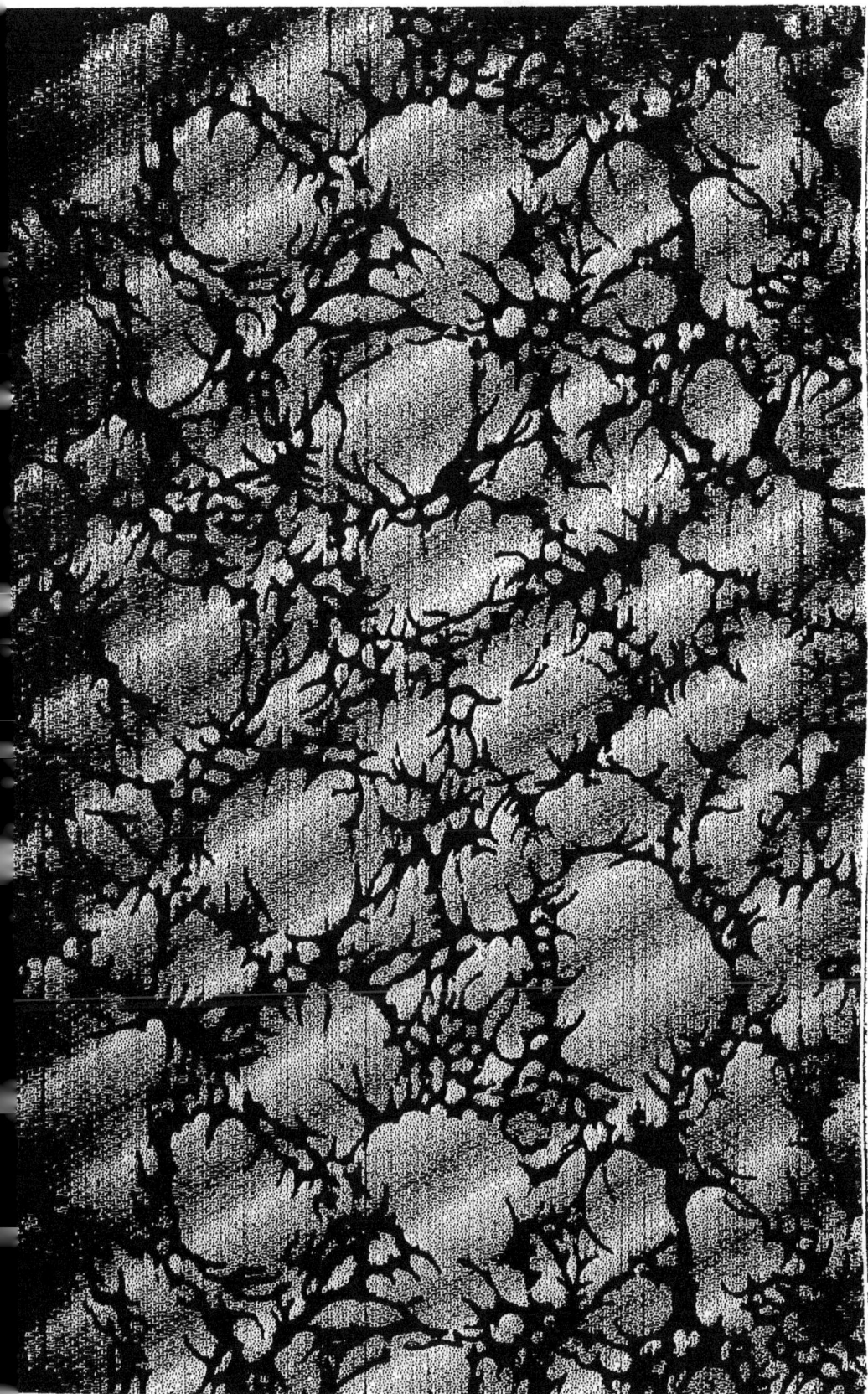

DIJON

A

BRÊME

1870 - 1871

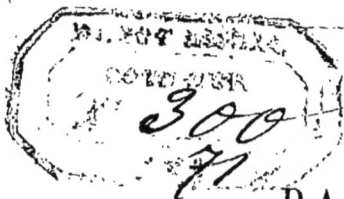

PARIS

ARMAND COLIN, ÉDITEUR

16, RUE DE CONDÉ

1871

DE

DIJON A BRÊME

DIJON, IMP. J.-E. RABUTÔT.

DE

DIJON

A

BRÊME

1870 — 1871

PARIS

ARMAND COLIN, ÉDITEUR

16, RUE DE CONDÉ, 16

1871

DE

DIJON A BRÊME

1870-1871

Dijon, mars 1870.

Pour le voyageur, Dijon est une ville agréable.
Les rues larges sans être trop alignées, les maisons
basses de style varié, les élégants et nobles hôtels,
les fiers et gracieux clochers séduisent d'abord, et
donnent envie de faire séjour là. Puis quand on pénètre dans les églises, les monuments et les musées,
on est envahi de souvenirs et d'étonnements ; on
trouve pour longtemps émotion et pensée.

J'y suis arrivé avec une prévention. C'est l'Académie de Dijon qui, à peine fondée, couronna en
1750 le premier discours de Jean-Jacques Rousseau.
Peut-être que sans le coupable encouragement
donné à sa déclamation, ce fou de génie fût resté
dans l'ombre et n'eût pas secoué le monde. Mais

que les Bourguignons aient été éblouis par l'éloquence fascinatrice du sophiste génevois, ce n'est
point merveille, puisque la France presque entière
a subi ce charme fatal et n'en est point encore
guérie.

Il est douloureux, quand on parcourt notre pays,
de trouver que la plupart des souvenirs de ce siècle
et du précédent sont tristes. Est-ce poésie ? Est-ce
dorure de la durée? Ce qui est antérieur me séduit
davantage; et je vais admirer d'abord, dominant la
ville, s'allongeant dans le ciel, la svelte et hardie
tour carrée, au flanc écorché de boulets, au chef
brodé d'une dentelle de pierre, qui est le donjon des
ducs de Bourgogne.

Ce donjon n'a pas, comme l'énorme tour de Coucy,
un air de menace; ses gracieuses fenêtres ne sont
point des meurtrières; le reste du château qu'il domine ne semble point un repaire de guerriers : c'est
le débris mutilé, restauré ou refait, d'un palais gothique à la mine fière, aux nobles ouvertures, habitation princière, confortable et de grand goût, dans
laquelle les cuisines étaient monumentales et les
salles splendides. Les ducs, entourés d'une cour
vraiment royale, y oubliaient volontiers les combats
pour aimer la vie, les plaisirs et les arts. Ce monument, presque entièrement reconstruit dans le style
officiel de Louis XV pour abriter les Etats de Bourgogne, a conservé intacte la salle à manger immense, ornée d'une cheminée gothique grande

comme une chambre, haute comme deux étages.
Cette salle est devenue un musée où se trouve à peu
près tout ce qui reste de cette royauté qui balança
celle de France : quelques armures, des retables
d'autel dorés, deux tombeaux vides refaits à neuf.

Ces tombeaux étaient avant la Révolution dans
la chapelle de la Chartreuse de Dijon, aujourd'hui
remplacée par un hôpital de fous. C'était le *Saint-
Denis* des ducs de Bourgogne ; et la rage demolis-
sante qui affola en 1793 la lie du peuple enivrée par
l'orgie de la destruction, a mieux anéanti cette admirable sépulture que celle des rois de France. On
est confondu quand on revoit, quatre-vingts ans
après, les traces de ces excès absolument insensés :
on se dit, avec honte, avec terreur, qu'une nation,
comme un homme, peut devenir ivre et folle.

De l'église ne subsiste qu'un pan de muraille :
juste de quoi prouver qu'elle était là. On a sauvé,
pour les replacer à la porte de l'humble chapelle de
l'hospice, deux statues agenouillées qui représentent Philippe-le-Hardi et sa femme Marguerite de
Flandres, fondateurs en 1383 de l'église et du cou-
vent disparus.

La vie de ce prince brave, généreux, magnifique,
est une des plus remplies que raconte l'histoire. Il
n'avait pas quinze ans quand, à la bataille de Poi-
tiers, il sauvait la vie au roi Jean, son père, dont il
partagea la captivité à Londres. Revenu en France,
il gouvernait d'abord la Touraine, puis la Bour-

gogne; sous Charles V. il chassait de Chartres les
Anglais, rejetait les Allemands au delà du Rhin,
défaisait le duc de Lancastre débarqué à Calais, allait reconquérir la Rochelle, puis la Normandie,
puis la Champagne; et il prenait en 1380 la tutelle
de Charles VI. De fait roi de France, il rendait la
grande ordonnance, bien humiliante pour ceux qui
s'imaginent avoir aujourd'hui *inventé* la liberté. Il
retournait en Normandie soumettre Rouen, il triom-
phait des Maillotins à Paris, battait en Flandres
Philippe Arteveld à la grande bataille de Rose-
becque (1382); et comme trophée il rapportait de
Courtrai l'horloge qu'on voit encore sur l'église
Notre-Dame de Dijon : un homme et une femme en
tôle, armés de maillets, frappent les heures sur une
grosse cloche où leur marmot tout nu sonne plus
doucement les quarts et les demies : le groupe s'appelle la famille Jacquemart, à qui les tempêtes ont
enlevé un second enfant. L'homme fume une pipe
flamande, et pour les besoins du temps il a reçu
une cocarde tricolore, à laquelle sans doute il doit
d'avoir échappé au vandalisme qui a mutilé toutes
les sculptures de l'église; la raideur, l'impassibilité
du mouvement mécanique, donnent à ces person-
nages un air étrange. Notre-Dame est un bijou d'architecture : le portail ciselé, peint, doré; la façade
à deux étages de grêles colonnettes; les voûtes har-
dies sur piliers ronds; les mille visages sérieux ou
grotesques, écrasés sous les contreforts, suspendus

aux gargouilles, grimpés sur les corniches d'où ils semblent narguer le passant ; surtout la grâce et l'harmonie des proportions, en font un monument digne de la restauration difficile qui est en train depuis dix ans. Mais qui sait si la restauration n'éprouvera point le sort de l'œuvre même, et si une nouvelle *Révolution* ne voudra pas, comme l'autre, laisser ses marques à la postérité, en inscrivant partout sa stupide devise : *Dévastation!* Effroyable soif de détruire qui altère l'homme, comme si le temps n'anéantissait pas assez vite ses œuvres fragiles!

Que sert d'avoir, comme Philippe-le-Hardi, fait encore la campagne de Bretagne, entrepris à Avignon de terminer le grand schisme, essayé une expédition en Angleterre, enfin guerroyé toute une vie pour le salut de France et la gloire de Bourgogne, si son tombeau même devait être brisé et ses os profanés par des Bourguignons devenus Français? De pieux archéologues ont recueilli et enfoui obscurément ses restes, sous une plaque de marbre, dans les caveaux de Saint-Bénigne, à l'endroit où le bedeau tire la cloche sans savoir qu'il foule une poussière royale.

Quelle activité! Toujours la guerre, les voyages, la politique ; pas un instant de repos pendant soixante ans de lutte incessante contre l'Angleterre, l'Église, l'Allemagne, la Flandre, les Marmousets, les Pastoureaux, les Ribauds, les Routiers, les

1.

princes de sa propre famille..... Au milieu de cette
tourmente qui dans son tourbillon le saisit enfant,
et jusqu'à la mort l'emporta sans relâche de la
Manche aux Pyrénées, des Alpes à l'Océan, il sut
être un artiste : les débris de ses œuvres déclarent
Philippe le *Médicis* de Bourgogne.

Il était ambitieux, remuant, prodigue jusqu'à ne
pas laisser de quoi payer ses funérailles : vraiment
Hardi ; mais plus étonnant que ce mouvement infatigable est le goût suprême qu'il portait dans les
choses de l'art. Sous son influence protectrice
naquit et prospéra en Bourgogne une école originale, qui n'est plus l'école gothique, qui n'est pas
encore celle de la Renaissance, et dont le hasard a
laissé subsister deux ou trois monuments uniques
en leur genre.

Ce sont d'abord les statues du portail des Chartreux. Les figures de Philippe et de sa femme ont
la finesse des traits, la délicatesse d'expression, le
sentiment de dignité et de foi, l'air de vie ; ces têtes
respirent, pensent, prient..... L'art de donner une
âme à la pierre n'a pas été plus loin. Et ce n'est, je
le répète, ni l'art gothique, moins habile en dessin,
plus négligent de la forme, plus absorbé dans l'unique représentation de la *foi ;* ni l'art grec, tout
adonné à la forme inspirée, déifiée, divine : c'est un
art original, à la fois naïf et raffiné, calme et ému,
hardi et timide ; en somme profondément *humain,*
inspiré par un incontestable génie, qui cherche, et

qui trouve; digne d'être mis au rang de l'art italien,
ou même attique.

Je ne me laisse pas entraîner à un enthousiasme
de passage : allez voir, dans cette Chartreuse de
Dijon, le *Puits de Moïse*. C'était une œuvre compli-
quée : Au centre du grand cloître dont il ne reste
plus trace, du milieu d'un large et profond bassin
empli par une source vive, se dressait un massif
pilier entouré des statues des prophètes ; sur leurs
têtes, des anges pleuraient au bord d'un piedestal
sur lequel la Madeleine et la Vierge, à genoux,
éplorées, appuyaient leur front désolé au pied d'une
grande croix de pierre où pendait l'Homme-Dieu.
La croix seule avait sept mètres et demi de haut.
De quarante pieds le Christ fut précipité ; les
femmes ont disparu; seul, le pilier à six pans avec
les prophètes a échappé à la destruction, abrité
pendant l'orage sous un énorme tas de fagots. Ce
débris a été restauré, protégé contre les pluies et
les mutilations : tel quel, je ne crois pas que personne le puisse voir sans une émotion profonde et
neuve.

Chacun des prophètes, un peu plus grand que
nature, porte un costume de fantaisie conforme à
sa nation, dessiné, orné, brodé avec une incroyable
finesse de détails ; chacun tient en main un parchemin avec un verset de ses prophéties, et lève au ciel
ou incline vers la terre sa tête : ah ! c'est cette tête
qui est vraiment œuvre d'art ! Elle exprime, d'une

façon poignante, les sentiments de douleur, d'espérance, d'enthousiasme qui inspiraient chacun ; de
leurs œuvres, le sculpteur a tiré leur esprit, puis
l'a imprimé dans la pierre.

Pour cela, il fallait, comme Claux Sluter, être à
la fois moine et artiste; chartreux rigide et sta-
tuaire passionné ; il fallait le génie et la foi : il avait
l'un et l'autre. L'émotion qu'il éprouvait à lire et
méditer la Bible, l'idée qu'il se faisait dans sa tête
rase de ces hommes pleins du Dieu, il a su l'ex-
traire, à coups de ciseau, de ce bloc : jusqu'à ce
qu'elle se dressât réelle, vivante, absolument conforme à l'idéal modèle !

Mais entre tous Moïse est frappant. Ce n'est pas
le Moïse de Michel-Ange, musculeux, énorme, sur-
humain, terrible. C'est un petit juif d'une vieil-
lesse sans âge, avec une très longue barbe finement
ondulée; il est debout dans l'attitude de la pensée;
il tourne de côté une tête bossuée, ridée, invincible,
et il entr'ouvre vers l'avenir, vers l'avenir des siècles, des yeux sans regard pour ce qui l'entoure. Il
voit son peuple, il voit David, il voit peut-être le
Christ. C'est une âme, c'est un homme qui se sent
soutenu de Dieu pour préparer les destinées d'une
grande nation et du genre humain.

Dijon, 30 mars 1870.

Avec Claux Sluter, Philippe-le-Hardi avait des peintres, des verriers, des fondeurs, des orfévres; le charpentier Duliége, dont l'art ne s'est point perdu en Bourgogne; l'architecte (le maçon, comme on disait alors) Dronchet de Dammartin. Mais les églises ont été rasées, le palais démoli, les charpentes brûlées, les verrières mises en pièces, les statues brisées à coups de marteau.

Claux Sluter fit encore le tombeau qu'on voit aujourd'hui dans la salle du Palais. Deux fois long comme nature, le duc, en grand costume, est couché sur une dalle de marbre noir, un lion à ses pieds; des anges de marbre aux longues ailes dorées tiennent derrière sa tête le casque fleurdelisé. La peinture donne au visage, aux mains, un air de vie : on marche doucement pour ne pas éveiller le guerrier endormi. La dalle où il gît est soutenue, à plus d'un mètre du sol, par un cloître de colonnettes gothiques du plus délicat travail : l'albâtre est fouillé, ciselé, fleuronné, tout à jour; et entre les piliers se promènent en foule moines, prêtres, évêques, cent statuettes hautes comme le bras, chacune différente et expressive : l'un pleure, l'un lit l'office des morts, l'un se voile de douleur sous son capuchon de bure, l'autre lève au ciel des

mains désespérées..... Rien de plus émouvant que
cette foule pieuse priant et gémissant sous le corps
gigantesque du prince étendu dans sa gloire.

Le tombeau double de Jean-sans-Peur et de sa
femme Marguerite est semblable et plus riche encore. Même vie dans les visages endormis, mêmes
veines bleues sous la peau transparente des mains
jointes ornées de bagues, même foule de moines
désespérés qui prient pour leurs bienfaiteurs. Au
lieu d'un lion, la princesse a un chien fidèle aux
pieds, et derrière la tête une aumônière tenue par
les anges.

Sans conteste, c'est un art supérieur qui a su
agencer le mélange harmonieux des marbres et des
couleurs, donner le fini admirable aux détails, imprimer l'expression variée aux figures des pleureurs,
enfin constituer de toutes pièces, avec une parfaite
appropriation au but et une réelle émotion produite,
des types si complexes et si accomplis du *beau*.
Etonnante de patience, d'adresse et de goût est
l'œuvre de restauration qui, avec des fragments
dispersés, mutilés, a ainsi rétabli le tout dans sa
splendeur première.

Les retables en bois et cuivre doré sont aussi d'un
grand prix. Des gonds qu'on voit encore, permet-
taient de les replier, en sorte qu'ils constituaient de
véritables chapelles portatives, aux mille colonnettes
et ogives de trois pieds de haut, aux vingt person-
nages sacrés, martyrs, confesseurs, vierges, Christ

au tombeau. Comme les comédiens ambulants traînent, roulés sur leurs chariots, les décors de leur
scène voyageuse, ainsi ces princes pieux empor-
taient dans leurs étapes guerrières la sainte décoration du temple improvisé où leurs aumôniers faisaient renaître Dieu chaque jour. Devant l'une de
ces chapelles fut célébré le service mortuaire de
Philippe-le-Hardi. Pour lui les dernières prières
furent prononcées non sur un autel fixe, mais sur
l'autel de voyage qu'il avait partout traîné avec lui,
et devant lequel il s'était agenouillé chaque soir de
sa vie aventureuse.

Dans ce musée, d'ailleurs riche en tableaux, on
remarque un portrait sans date de Charles-le-Téméraire. Est-il authentique? Ce visage injecté, ces
yeux égarés, ces mains crispées sur un casque d'a-
cier, cet air de noblesse maladive et furieuse, tout
cela convient bien à l'idée que nous nous faisons de
l'héroïque guerroyeur, du prince superbe toujours en
fête et en fureur, qui se laissa si follement jouer par
Louis XI, et s'en alla si tristement périr dans les
étangs de Nancy, où il fallut que les Chartreux
amenassent sa maîtresse pour retrouver parmi les
cadavres défigurés les restes méconnaissables du
dernier duc de Bourgogne. Mais peut-être aussi
l'idée que nous nous faisons de ce prince n'est-elle
pas plus juste que celle que nous nous faisons de
Louis XI. Il est plus facile de lire le roman de Walter Scott que de fouiller les archives de Bourgogne,

qui remplissent un palais; et M. Molé n'avait pas
tort quand il reprochait finement à M. de Vigny
d'avoir, sous prétexte de vérité dans l'art, osé faire
une figure de roman d'une figure historique comme
celle de Richelieu (1).

Dijon, avril 1870.

J'ai parlé de l'art des charpentiers bourguignons :
la voûte en bois du Palais de Justice, celle de l'é-
glise des Jacobins transformée en halle, en font
preuve ; mais surtout la longue flèche de Saint-Bénigne, imitée, mais certes non égalée, par celle de
Notre-Dame de Paris : c'est une aiguille ardoisée
qui s'effile dans les nuages à quatre-vingt-douze
mètres ; le coq, imperceptible, est gros comme un
mouton. Par sa hauteur, la pointe se trouve au-
dessus des orages, et plus d'une fois cette flèche a
été au flanc foudroyée. Une tempête l'a tordue sur
elle-même sans l'ébranler, et peut-être est-elle plus
gracieuse et plus svelte avec la flexion actuelle
de ses arêtes : elle semble plus fragile, et donc, plus
hardie.

L'ennui des splendides villes américaines provient
sans doute de l'uniformité moderne de leurs constructions. Un des agréments de Dijon résulte de la
variété successive du style monumental : depuis la

(1) *Réponse au discours de M. de Vigny*, dans la séance du
29 janvier 1846.

porte romane de Saint-Philibert, jusqu'à la splendide façade de la Renaissance qui décore Saint-
Michel, et même jusqu'à l'ornementation italienne
de l'église des Carmélites, on peut passer en revue
tous les systèmes d'architecture adoptés par chaque siècle : le XVIIIe offre un dôme agréable sur
l'hospice de Sainte-Anne ; quant au nôtre, il n'a pas
encore de style, sinon celui des gares ; et au point
de vue de l'art, ce n'en est point un. — Mais aussi,
à voir toutes ces nefs de Dijon, on éprouve une
impression qui est plus vive encore à Rome : trop
d'églises! Ici, j'en ai vu trois à la file, sans intervalle, et toutes trois fort grandes : Saint-Bénigne,
Saint-Philibert, Saint-Jean. Cette épidémie de
temples remonte au moyen âge, et la disproportion
de leur nombre avec celui des fidèles en a laissé
tomber plusieurs : d'autres sont devenus des magasins, des halles, des casernes ; et, quelque douleur
qu'éprouve l'archéologue à voir profaner des monuments curieux, il faut s'y résigner. La religion est
faite pour l'homme, non l'homme pour l'extension
indéfinie du culte extérieur. Mais la brutalité ou l'in-
différence qui anéantit les vestiges des temps passés
est partout condamnable ; et, sous ce rapport, l'administration épiscopale ou curiale est quelquefois aussi
impitoyable que celle de la guerre. La cathédrale de
Saint-Bénigne est dallée de tombes sacrées, et les
clous de fer des souliers bourguignons achèvent
d'effacer au milieu de la nef le tombeau d'un roi de

Pologne mort moine à Dijon, sans que la fabrique
songe à étendre quelques nattes sur ces précieux
vestiges que nos petits-fils ne verront plus.

Les maisons de Dijon offrent la même variété : il
y en a de tous les siècles depuis le XIIᵉ, quelques-
unes surchargées de fines sculptures ; d'autres
ornées de cariatides, avec des dates, des inscriptions latines et même grecques : tout cela se badi-
geonne, se gratte, se restaure et disparaît peu à
peu. Il n'importe guère, dira-t-on ; mais je ne puis
m'empêcher de songer avec regret que nous ne lais-
serons rien de tel aux générations futures, et qu'au
point de vue de l'art, notre siècle, aux deux tiers
écoulé, sera mort de son vivant. Consolons-nous
par la machine à coudre et le télégraphe électrique.

Quoique les Dijonnais négligent plus d'un édifice
ancien, j'ai trouvé chez eux une coutume chinoise
que nous n'avons plus guère, et qui m'a été au
cœur : le culte des ancêtres. Avec un grand soin ils
placent une inscription sur chaque maison où est
né, où a vécu un homme célèbre ; ces inscriptions
sont fréquentes à Dijon. La maison de Bossuet est
petite et basse, transformée en boutique. Excepté la
plaque, nul souvenir, nulle tradition dans le pays :
en face des fenêtres où pour la première fois il vit le
jour s'ouvre la rue *Piron ;* et dans toutes les mé-
moires cent histoires sur Piron. *O gloria !* Beaucoup
de rues ont ainsi perdu leurs noms anciens pour
recevoir celui d'un homme *célèbre.* Ici, comme

ailleurs, cette passion louable a été loin; elle a ca-
nonisé même les vivants, et j'ai vu, je crois, une rue
Vaillant, comme Grenoble possède une porte *Ran-
don :* quelles énigmes nous préparons à la postérité! Avant mille ans, sans doute, les écoliers apprendront dans un cours d'histoire officiel : « Dijon,
célèbre par sa moutarde et son pain d'épices, patrie
de Bossuet, de Piron et de Vaillant; » et la *plaque*
du *ministre des arts* sera sans doute plus dorée que
celle du Père de l'Eglise gallicane.

A moins d'une lieue brille le petit clocher de Fontaine : c'est presque un faubourg de Dijon. Là,
dans une chambre transformée en chapelle, naquit
saint Bernard. Ainsi, presque au même lieu sont
venus au monde les deux plus grands orateurs et
défenseurs du christianisme en France, tous les
deux aussi français d'esprit que chrétiens de cœur,
tous les deux doués du même étonnant génie, saint
Bernard et Bossuet. Le premier, plus encore que
l'autre, régna sur son temps; il fut pendant sa vie,
et même mort, le chef, l'arbitre de la chrétienté au
XIIe siècle, comme Bossuet au XVIIe.

DIJON, 15 avril 1870.

En quittant la gare de Dijon, on voit à l'occident
un arbre énorme : c'est un peuplier déjà signalé du
temps de Charles-le-Téméraire ; il ombrage un frais
jardin public, dit *de l'Arquebuse.* Les arquebusiers
et archers de Dijon étaient célèbres au moyen âge.
Aujourd'hui, les *Chevaliers dijonnais,* dans une fête
annuelle, s'exercent au tir de la carabine et de l'arc.
La fête se fait au *Parc,* promenade dessinée par Le
Nôtre pour le grand Condé, lorsqu'il gouvernait la
Bourgogne. Les longues avenues, les larges tapis
de gazon, l'ensemble harmonieux des percées, la
beauté des arbres, l'immensité de l'étoile centrale,
donnent un grand air à ce parc : c'est l'un des plus
beaux de France.

Voici qui vaut mieux que des promenades rê-
veuses : c'est la *Côte d'Or,* Chambertin et Vougeot.
Cette longue colline monotone n'est pas belle, et
cette plaine sans arbres, toute hérissée de petits
ceps attachés à une basse et sèche forêt d'échalas
gris, n'a rien de poétique. Malgré la théorie de
M. Cousin,

Le bon *n'est pas* toujours camarade du beau (1).

(1) La Fontaine, *Fables,* VII, 2.

En ces tristes clos se font les meilleurs vins de
Bourgogne et du monde, n'en déplaise aux Bordelais. Ces quelques hectares valent des millions, et
dans les enceintes sacrées, le mètre carré, planté
de quatre sarments rabougris, se paie, quand par
hasard il est à vendre, aussi cher que dans les
grandes villes. D'où cette perfection, qui est une
gloire nationale ? De la *nature*, dira-t-on ? Non pas ;
mais de l'homme.

Que nous soyons ou non les seuls êtres organisés
capables de civilisation, il est certain que non seulement nous nous civilisons nous-mêmes, mais que
nous civilisons et perfectionnons encore dans le sens
de nos besoins les êtres vivants soumis à notre action. Les animaux domestiques subissent cette domination au point que M. Darwin, en observant les
modifications par nous produites chez les pigeons,
a eu la folie de voir un système général et nécessaire de variation dans les espèces, là où il n'y avait
à constater qu'une influence libre de l'homme. Plus
facile et prompte en pratique, mais philosophique-
ment plus curieuse, est l'influence de l'homme sur
la plante. Pour le blé, nous sommes arrivés à faire
disparaître l'espèce naturelle, et à la remplacer par
cent variétés qui ne peuvent plus vivre qu'avec nous
et par nous. La vigne n'en est pas là ; elle existe encore sauvage, *lambrusque*, grimpant au sommet des
pins et des chênes, et donnant quelques grappillons
de raisin médiocre ; mais les variétés que nous avons

produites se comptent par milliers; et quand la variété excellente, depuis des siècles, dans le même
terrain choisi, est cultivée avec un art traditionnel,
le jus fermenté de ses fruits garde la trace de cette
héréditaire industrie, et il est impossible à l'homme
le plus puissant en force et en intelligence de refaire
en un jour ce que l'accumulation de la force et de
l'intelligence a, par *cent* générations successives,
amélioré peu à peu, en y mettant trois mille ans
d'efforts.

Je n'ai pas la prétention de donner des chiffres
précis d'années; mais il y a certainement vingt
siècles que l'on cultive la vigne, les mêmes variétés
de vigne, dans les mêmes *climats* ou *côtes* de Bourgogne. Sous ce rapport, Chambertin et Vougeot
offrent une tradition historique à peu près certaine,
conservée par les moines de Cluny et de Cîteaux,
propriétaires jusqu'à la Révolution, et recueillie par
les propriétaires actuels pour être transmise à leurs
héritiers. Au pied des collines, ce sol siliceux,
planté deux mille ans de suite des mêmes plants,
exposé heureusement au soleil levant et au midi,
uniquement engraissé par l'accumulation des feuilles
mortes et des racines pourries du cep vieilli qui
renaît en provins, ce sol est devenu *vignoble* par
excellence, grâce au soin constant de l'homme, à
son infatigable travail; l'homme y a perfectionné la
vigne; il y a élevé l'art de cultiver, de ven-
danger, de cuver le raisin, de le presser, de soi-

gner la liqueur fermentée, à un degré qu'il est impossible d'acquérir en un jour ni en un siècle : de même une nation nouvellement née à la civilisation, avec une langue et des idées jeunes, ne pourra pas produire du premier coup un Platon ni un Molière, fruits tardifs, raffinés, sublimes de la lente, patiente, mystérieuse civilisation de races durables, actives et privilégiées. Voilà pourquoi l'on peut, contre le mur même du clos de Vougeot, acheter un terrain identique en apparence à celui du clos, y planter des sarments achetés à la dernière taille du clos, cultiver quatre ans, et finalement produire un assez bon vin, qui ressemble au vin du clos de Vougeot comme un parvenu à un noble.

La tradition parle d'hommages rendus par Napoléon aux vins de Bourgogne, comme à Ossian qu'il lisait sans dormir, et à Corneille qu'il aurait fait sénateur : je ne crois pas qu'il ait jamais rien compris à ces choses-là. En matière de goût, ce Corse n'était pas Français. J'ai au cœur un pieux sentiment pour le cistercien exproprié dom Goblez, qui, dépouillé de son froc, de son abbaye et de ses vignes, n'ayant sauvé de la tempête que sa vie et quelques bonnes bouteilles de vieux vin de Vougeot, quand on lui demanda de les céder au vainqueur de Marengo : « Qu'il vienne les boire chez moi ! dit-il ; je n'en vends point ! » Napoléon n'y alla pas..., et il eut tort.

Beaune, au pied de la côte, s'étale dans sa ceinture de vieux remparts couverts d'arbres. Cette ville offre en petit l'aspect de Dijon : les maisons, les églises, tout a un bon air vieux, confortable, aisé, avec un cachet original et varié. L'hôpital est pour les artistes la principale curiosité. Impossible de décrire ces grâces d'un art à la fois byzantin et flamand, ces richesses surabondantes de sculptures bizarres et charmantes, ce luxe de toitures, de pignons, de lucarnes, de plombs découpés et de girouettes fantastiques. L'hôpital fut épargné quand le château tomba sous la colère de Henri IV ; car Beaune, occupée malgré les habitants par le duc de Mayenne, fut un boulevard de la Ligue. C'était une ville à moitié calviniste, comblée de priviléges après la victoire par le Béarnais, et ruinée dans son industrie par l'édit de Nantes, qui fit fuir plus de deux cents familles adonnées à la fabrication des draps. De ces guerres, outre les douleurs oubliées, résultèrent maintes mutilations d'édifices : mais pourtant chaque âge a laissé sa trace ; l'église principale est une curieuse accumulation de tous les styles, depuis les cintres bas du roman primitif jusqu'aux colonnes molles et tourmentées du XVIIIe siècle. Je n'ai pas besoin de dire que 1793 a donné là, comme partout, son coup de marteau vandale. Dans l'hôpital, un pieux vandalisme avait antérieurement barbouillé les admirables nudités du tableau du Jugement dernier par Jean de Bruges (Van Eyck). Ce chef-d'œuvre de peinture flamande est un don du fondateur Rollin, non pas celui de l'Université, mais le chancelier de Bourgogne, dont Louis XI disait énergiquement deux cents ans avant Boileau :

Qu'il voulut rendre à Dieu ce qu'il a pris au monde (1).

Je n'ai point recherché dans les archives de Beaune quelles furent les déprédations et les cruautés de Rollin ; mais à voir son œuvre, je peux dire qu'il a bien rendu ; et son hôpital, outre la richesse artistique, a un mérite particulier : il est plaisant et gai. N'est-ce pas aux pauvres donner plus encore que l'asile, le remède et le pain, quand on leur offre un séjour gracieux et riant ? Ah ! la belle et chrétienne chose qu'un hôpital qui n'est point sévère d'aspect, qui réjouit et donne envie de vivre, qui ne semble point une prison, et ne fait pas songer d'avance à la mort ! Pour le voyageur, c'est une féerie que ce joyeux palais du XVe siècle, fait pour les pauvres ; et quand sous les galeries mauresques s'avancent les blanches sœurs en costume flamand, on se prend d'étonnement, presque de honte, de n'avoir pas un pourpoint et une plume au bonnet ; si du moins l'on avait le cœur des religeuses du Saint-Esprit de Flandres, qui depuis quatre siècles conservent là les délicatesses de la charité comme la grâce de leurs coiffes, et passent

(1) *Satires*, IX, 164.

sereines, en faisant le bien, à travers nos révo-
lutions et nos mœurs! J'ai éprouvé je ne sais quel
malaise à voir deux de ces figures de missel monter
dans une voiture de troisième classe, pleine de
goujats et de matelots. L'émotion naît des con-
trastes.

A Beaune, comme à Dijon, vit et prospère le caractère des Bourguignons, intelligent, gai sans éclat,
fin, railleur et même caustique ; il perce jusque dans
la rédaction des *faits divers* de leurs journaux ; ils
ne se contentent pas de découper dans les feuilles
parisiennes, ils ajoutent leur *pointe*, et elle est quelquefois piquante comme leur vinaigre, mais rarement violente à emporter la bouche comme leur
moutarde, qui, soit dit en passant, est très forte ; les
gens du pays m'ont dit que c'est moi qui suis trop
faible : je m'incline. D'ailleurs beaux buveurs, dignes
héritiers des couvents rabelaisiens, et fêtant le travail aussi bravement que la bouteille. Un vigneron
m'a dit : « Par ici il n'y a de pauvres que les fai-
néants ; » et de fait les uns et les autres sont rares.
Par exemple, s'ils ont l'esprit *gaulois,* ils n'ont pas
toute la bravoure gauloise, car ils craignent sans
cesse que le ciel ne leur tombe sur la tête : la grêle
est le fléau jour et nuit redouté ; le moindre nuage
noir donne lieu à plus de conversations que Philippe
n'en a jamais causé à Athènes. Les Démosthènes
sont les agents d'assurances, et, sans se mettre de
cailloux dans la bouche, ils persuadent, ou plutôt

la grêle persuade pour eux : quelle désolation que
ces vignes pleines de promesses en une heure
hachées !

DIJON, 8 mai 1870.

Autour de Dijon j'ai fait mainte promenade
agréable, dans un pays toujours riche par nature et
par travail : collines brunes, vallons abrités de
rondes croupes ; çà et là de grands villages et de
belles fermes ; paysage accidenté, calme et sévère,
avec des bois et des eaux : prés, vignes, moulins,
usines : la vie !

Mais cette ville gracieuse et ces plaisantes campagnes ont beau séduire la vue et l'âme : quand, du
plateau de Saint-Apollinaire, on contemple la capitale de la Bourgogne assise dans la plaine, avec ses
flèches, ses dômes et ses monuments, dominée par
le mont Afrique et les coteaux féconds, on songe à
ce passage trop vrai de La Bruyère :

« J'approche d'une petite ville, et je suis déjà sur
une hauteur d'où je la découvre... Je la vois dans un
jour si favorable que je compte ses tours et ses clochers : elle me paraît peinte sur le penchant de la
colline. Je me récrie, et je dis : Quel plaisir de vivre
sous un si beau ciel et dans ce séjour si délicieux !
Je descends dans la ville, où je n'ai pas couché deux
nuits, que je ressemble à ceux qui l'habitent : j'en
veux sortir. Il y a une chose qu'on n'a point vue

sous le ciel, et que, selon toutes les apparences, on
ne verra jamais : c'est une petite ville qui n'est divisée en aucuns partis, etc. » (1).

A Dieu ne plaise qu'en parlant ainsi j'accuse les
Bourguignons, chez lesquels on trouve assurément
plus que l'hospitalité ; Dijon est une ville où n'a disparu ni l'amour des arts ni celui des lettres : des
livres originaux s'y publient ; de riches et savantes
collections s'y conservent et s'y accroissent chez des
amateurs d'esprit et de goût. Sa cour d'appel et son
école de droit y entretiennent les souvenirs et les
mœurs des vieilles villes de parlement ; son université n'est pas sans importance, et la médecine y
est honorée selon le précepte de l'Ecriture : *Da lo-
cum medico* (2). Puis c'est une ville où il y a encore
de la société, quelques salons où l'on cause, et des
femmes qui ne sont pas des poupées. L'on y dîne et
l'on y boit, ce qui n'est pas rien dans la vie intellectuelle. A Dieu ne plaise, encore une fois, que j'accuse
du défaut que je signale les Bourguignons ni leur
capitale : ce n'est pas leur faute. Mais il faut bien
reconnaître que Dijon est une des villes de France
les plus divisées et démoralisées au point de vue
politique par le second empire.

Le Dijonnais, libéral, indépendant et même fron-
deur par nature, en même temps qu'honnête et

(1) La Bruyère, *Caractères*, V.
(2) *Ecclésiastique*, XXXVIII, 11.

plein de bon sens, eut d'abord la conscience et le
cœur particulièrement blessés par le coup d'Etat de
décembre et l'impassible despotisme de l'administration impériale. La ville se partagea en deux
camps, l'un nombreux, l'autre fort. Le parti fort
était composé des fonctionnaires officiels, qui gou-
vernaient en tyranneaux *au nom de l'empereur*, et
autour desquels, par je ne sais quelle lâcheté
égoïste et dissimulée sous le nom d'amour de
l'ordre, se groupaient les *conservateurs*, bien nommés en ce sens qu'ils songent surtout à se conserver, eux et leurs biens. La majorité se forma, dans
tous les étages de la société, parmi les amis indignés
et vaincus de la justice et de la liberté. La Côte-d'Or
fut un des premiers départements qui accomplirent
le miracle d'envoyer un député de l'opposition au
Corps législatif en 1863. Mais la ville n'en fut que
plus divisée. Et peu à peu, impatientés journellement par les vexations administratives, dégoûtés
par les tripotages électoraux, indignés par les con-
damnations politiques, les libéraux de Dijon en sont
arrivés à un degré d'irritation maladive qui pourrait un jour leur faire dépasser le but. Ce n'est plus,
à proprement parler, l'amour de la liberté qui les
anime en 1870, c'est la haine de l'empire; il en
résulte une exagération corrélative dans le parti
conservateur, et pour la nomination d'un garde
champêtre, comme pour celle d'un conseiller général, on ne songe plus ni aux aptitudes du candi-

2.

dat, ni aux conditions indispensables pour remplir
la place vacante : l'opinion politique domine tout,
et c'est pour ainsi dire l'empereur qui, chaque jour,
dans la moindre affaire communale, est joué à pile ou
face. Je me souviens que, demandant une fois quel
était un homme qui passait, on m'a répondu : C'est
un *rouge*, avant de penser à me dire son nom. Voici
la grande comédie du plébiscite qui va encore en-
venimer les choses. Où allons-nous ?

DIJON, 15 mai 1870.

Nous avons eu depuis vingt ans trois plébiscites,
sans compter l'élection présidentielle du 10 décembre 1848. En 1851, Napoléon III a dit aux Français :
« Ratifiez-vous mon coup d'Etat du 2 décembre? »

En 1852 : « Voulez-vous que je sois empereur? »

En 1870 : « Voulez-vous modifier la Constitution
comme je l'entends? »

Dans les trois cas, le peuple, composé de huit à
dix millions d'électeurs et n'ayant le droit de répondre que Oui ou Non, a identiquement répondu: Oui !
Dans les trois cas, la même majorité a été obtenue ;
ni la différence des questions et des temps, ni les
efforts des partis et la pression administrative n'ont
produit de changement sensible dans le chiffre *pro-*

videntiel : sept millions cinq cent mille : *Vox populi, vox Dei*.

Ce troisième plébiscite, séparé par dix-huit années des deux autres, permet de juger le régime plébiscitaire et de tirer la morale de l'histoire. Cette morale, la voici :

Puisque, dans la France actuelle, toutes les fois que le chef de l'Etat prend sur lui de modifier la Constitution, la ratification populaire lui est assurée d'avance par le vote des sept dixièmes du corps électoral, le plébiscite est une machine politique absolument favorable au gouvernement personnel et aux coups d'Etat : vingt ans d'expérience démontrent que le résultat obtenu est toujours le même.

D'où cela vient-il? Est-ce à dire que le peuple français adhère à l'infaillibilité impériale? Non, puisque dans les dernières élections législatives l'opposition a obtenu presque autant de voix que les candidatures officielles; et pourtant, Dieu sait les efforts faits par les ministres, les préfets, les instituteurs, les gardes champêtres et l'administration en masse, pour conquérir cette pénible et discutable majorité! L'empereur, à qui la France donne aujourd'hui sept millions et demi de voix pour son sénatus-consulte, n'a guère pu obtenir plus de la moitié de ce chiffre pour ses candidats à la députation. Le fait est flagrant.

Mais toutes les fois que le chef de l'Etat dira aux laboureurs et aux vignerons, aux industriels et aux

commerçants, qui font l'immense majorité du corps
électoral : « Voulez-vous subir ce que j'ai voulu, ou
risquer la révolution ? » chacun, songeant à son blé,
à son vin, à son industrie, à son commerce, cour-
bera la tête en disant : « J'aime mieux cela que l'inconnu : Oui! » Voilà l'explication.

Que dans chaque commune, le pauvre comme le
riche, l'ignorant comme le savant, soit apte, par
l'imprescriptible puissance du bon sens, à discerner,
parmi ceux avec qui il vit, le plus intelligent, le
plus honnête, le plus capable de soigner les intérêts
de tous, en un mot, le meilleur, je l'admets, et j'accepte le suffrage universel pour élire des députés à
une Assemblée ; mais que les dispositions légales les
plus délicates, que les règles constitutionnelles les
plus graves dans leurs conséquences et les plus
obscures dans leur rédaction soient sans cesse sou-
mises à l'approbation populaire, sans discussion, sans
amendement, sans possibilité de répondre autre
chose que *oui* ou *non*, c'est insensé, ou plutôt c'est
très habile, mais ce n'est pas *juste*.

Il n'est pas juste que sur le vaisseau de l'État,
chaque fois que le capitaine tout-puissant vire de
bord vers un rivage inconnu, le moindre mousse
soit appelé à ratifier, sous la peur de sombrer, la
manœuvre qui l'emporte, sans qu'il la comprenne.
Que, les ayant vus à l'œuvre, il choisisse les pilotes
et les officiers, soit ! Que, parmi ces officiers, il
choisisse même le capitaine, passe encore ! Mais que

le capitaine, absolu, puisse sans cesse conduire navire où il veut et comme il veut, à travers les tempêtes et vers les écueils, sans consulter jamais le conseil des officiers, contre lesquels il est armé du droit de dire à toute heure : « Je l'ai voulu ; j'en appelle à tous; si l'on dit *non*, le navire est perdu,» voilà qui constitue la certitude que tous les matelots, tous les passagers diront toujours *oui*, et se laisseront toujours, avec une humble terreur, mener n'importe comment et n'importe où ; au bout de quelque temps, leur imagination fatiguée cessera même de chercher où l'on va et ce qui adviendra : ils se contenteront de murmurer si la mer est mauvaise, et d'applaudir si la ration est abondante et le vin bon.

Et voilà pourquoi le vote du 8 mai, par son succès même et ses sept millions et demi de *oui*, démontre que le régime plébiscitaire est funeste, et que la nation qui l'admet, en donnant au maître l'assurance de n'être jamais blâmé, même dans ses plus folles audaces, perd non seulement son droit, mais sa conscience politique, et abdique à jamais la liberté.

DIJON, juillet-août 1870.

Le plébiscite devait être, en effet, une nouvelle
arme aux mains du caprice absolu. La guerre a été
déclarée par acclamation, sans discussion, malgré
les protestations de M. Thiers, le grand apolo-
giste des guerres impériales : puissent ses craintes
n'être pas fondées ! Il est vrai que la Prusse,
depuis Sadowa, affiche une certaine insolence, et
qu'elle s'est déjà moqué de la France dans l'affaire
du Luxembourg, qu'un de mes amis appelait non la
démarcation, mais la *bismarcation* de nos frontières
du nord-est. Je regrette que nos ministres M. Olli-
vier et M. Lebœuf affirment si pompeusement
qu'ils sont *honnêtes*, et qu'*il ne leur manque pas un
bouton de guêtre :* il semble difficile qu'une nation
sur le pied de paix soit si bien prête à une
grande guerre du soir au matin ; et je me défie ins-
tinctivement des gens qui crient trop haut qu'ils ne
sont pas voleurs ; ils me rappellent malgré moi le
loup qui, pour entrer dans la bergerie,

> Ecrit sur son chapeau :
> C'est moi qui suis Guillot, berger de ce troupeau (1).

L'émotion est grande à Dijon, et le patriotisme
incontestable. Je ne puis dire que les gens que je

_____

(1) La Fontaine, *Fables*, I, 3.

vois soient satisfaits de la guerre; beaucoup même
la redoutent comme sanglante, inutile, funeste pour
nos espérances de liberté déjà bien affaiblies par le
plébiscite : un vainqueur, si despote qu'il soit, plaît
toujours à un peuple amoureux de gloire. Mais
l'enthousiasme est si vif que les sages passent pour
des oiseaux de mauvais augure. On ne se couche
plus : les nuits retentissent de hurlements. On court
au chemin de fer acclamer et festoyer les trains
militaires; c'est à qui portera du vin, des vivres,
des fruits, sous le soleil ardent, dans la cohue sonore et poudreuse des canons, des chevaux, des
soldats bariolés, des bœufs et des moutons : toutes
les gares sont envahies par la population, et l'administration renonce à les fermer.

Mais la question politique se mêle déjà à l'élan
guerrier; on crie, on fait des *manifestations*, les républicains ardents contestent aux jeunes conservateurs le droit de chanter la *Marseillaise;* les gamins
hurlent: A Berlin! On fait trop boire nos soldats; la
dépêche impériale annonçant la petite fête de mitrailleuse offerte au *petit Louis* par son père est
triste et ridicule. Est-ce ainsi que doit être élevé
l'héritier d'un trône? Est-ce ainsi que doit parler le
souverain d'une grande nation ? En voilà assez, dès
le premier jour, pour nous montrer que vous faites
la guerre non dans un but patriotique, mais dans
un intérêt dynastique.

C'est une belle chose, mais qui serre le cœur, de

voir incessamment défiler cette armée jeune et brillante, avec ses sabres, ses fanfares, ses couleurs et ses canons. Chez nous l'armée est aimée, l'uniforme adoré, malgré le criminel abus que font d'elle les artisans de coups d'Etat. C'est que cette livrée rouge et bleue, que tous les gars de vingt ans revêtent au son du tambour, en chantant et en pleurant, représente une idée sainte : l'idée de patrie. Les enfants de la France qui, depuis Clovis et Pépin jusqu'à Louis XIV et la Convention, sous Charlemagne, Jeanne d'Arc, ou Henri IV, se sont dévoués pour défendre la terre française contre les Teutons, les Musulmans, les Anglais, les Espagnols et les Prussiens ; qui, au prix de leur sang, ont permis au laboureur, au vigneron, au marchand, de travailler humblement au bien général, tandis que le penseur, l'écrivain, l'artiste donnaient carrière au génie de l'esprit français, ces soldats de la France, dis-je, sont les continuels protecteurs et les indispensables agents de la civilisation ; voilà pourquoi le pantalon garance et l'épaulette auront toujours un prestige que ne pourra diminuer ni la tyrannie des dictateurs militaires, ni l'épuisement de la patrie exténuée par l'impôt du sang. Oui, cette armée, c'est la patrie qui marche ; mais où va-t-elle ? et qui la mène ?

CASTELNAU-LÈS-LEZ, septembre 1870.

Voici une lueur d'espoir dans la nuit du désastre.
La Défense nationale ! c'est-à-dire le peuple prenant en main le gouvernement qu'un pouvoir égoïste,
immoral, imbécile, laisse échapper. La Défense nationale ! c'est-à-dire la France entière s'unissant dans un
énergique effort pour se tirer elle-même du gouffre
où l'ont précipitée ceux qui, sous prétexte de la
conduire et de la sauver, ne songeaient qu'à s'enri-
chir, eux et leurs amis, d'autorité, d'honneurs et
d'or, dût périr la patrie sous leur aveugle ambition !
Il y a ainsi dans l'existence des nations, comme
dans celle des hommes, des crises suprêmes où, en
un jour, se joue leur vie, plus que leur vie, leur
honneur !

C'est un terrible et beau spectacle qu'un peuple
frémissant d'indignation, sanglant, vaincu, mais
non désespéré, qui dit au despote qui l'a trompé
pendant dix-huit années et perdu en un mois : « Va-
t'en ! Je me sauverai seul : c'est moi du moins qui
aurai la gloire de mon salut si je survis, et si je
meurs, du moins mon agonie ne sera pas souillée
de ta présence ! »

La France moribonde abjurant l'empereur, sa
dynastie et ses hommes, c'est comme le malade,
à la fin, avouant et maudissant ses erreurs, ses
fautes, ses crimes. Et souvent l'âme purifiée retrouve

3

subitement, en ce dernier baptême, l'énergie de
ressusciter le corps et de recommencer une vie.
C'est ce que nous venons de faire : nos armées
sont vaincues, notre gouvernement est renversé,
nos frontières sont ouvertes, tout semble perdu ;
mais, du moins, nous n'avons plus l'empereur !

Où est le salut maintenant ? Dans l'union de tous.
Il est vrai que tous les hommes, toutes les idées ne
nous plaisent pas dans ce gouvernement improvisé
en une nuit. Mais qu'importe ? Ce n'est qu'un gouvernement transitoire et nécessaire, un gouvernement de défense nationale. Tous, de toutes nos forces,
de toute notre concorde et de tout notre sang, aidons-le à arrêter, à refouler l'invasion teutone, aussi
féroce, aussi barbare qu'au temps d'Attila.

Car, qu'on le sache, les Teutons d'aujourd'hui,
avec leur organisation savante, leur diplomatie raf-
finée, leur centralisation automatique, leur artillerie
mathématique, leur art gothique, leur littérature
nuageuse et leur érudition fantastique ; les Teutons
d'aujourd'hui sont encore barbares : Strasbourg fu-
mante le prouve au monde ; sous la peau du Prussien il y a toujours le Hun.

Et, qu'on le sache aussi, la France, malgré dix-
huit années d'abaissement et de démoralisation
savamment pratiquée, la France, c'est pour le
monde entier la civilisation, la liberté, l'honneur ;
et pour nous c'est la patrie.

Au nom de la patrie, soyons unis ! Que les hommes

de la République actuelle soient plus ou moins capables ou rassurants ; que nous voyions, au premier
moment, de l'effervescence dans certains esprits et
dans certains choix de la passion, c'est l'héritage
nécessaire, fatal, de l'empire.

Mais maintenant l'important c'est la paix inté-
rieure, indispensable pour la guerre. Laissons faire !
Ce gouvernement a eu au moins l'énergie de prendre un poste dangereux : aujourd'hui, aidons-le,
quel qu'il soit et quand même, à agir, agir ! Demain, quand nous essuierons notre épée et que
nous compterons nos blessures, avec calme et ré-
flexion nous ferons une constitution durable et libérale, digne de la France et de ses enfants. En attendant, au nom de nos morts non ensevelis, au nom
de la patrie mourante, au nom de la liberté renais-
sante, soyons unis, et agissons !

L'Empire est aboli : c'est un soulagement et un
débarras. N'en parlons plus ; que ses amis d'hier,
comme ses adversaires, lui fassent grâce de l'insulte ; aujourd'hui, silence ! Encore faut-il avoir été
lion pour mériter le coup de pied de l'âne.

D'ailleurs, récriminer contre le pouvoir déchu,
ne serait-ce pas nous accuser, nous dont la faiblesse
et l'aveuglement le confirmaient il y a trois mois
dans toutes ses erreurs et toutes ses folies par
les sept millions de suffrages du plébiscite ?

Il n'est pas difficile de faire une bonne, une grande
action, quand elle se peut faire en un instant, et que
les circonstances y poussent au point que Dieu
même semble forcer l'homme. La révolution actuelle s'est accomplie toute seule, par la liaison
providentielle du crime et du châtiment. Nous n'y
avons guère de mérite, et nous sommes coupables,
nous devons être honteux de ne l'avoir pas con-
sommée depuis longtemps : de quel prix sanglant
nous payons notre lâche inertie!

Enfin, il y a quatre jours nous avons agi. Mais le
difficile, c'est d'agir avec constance, sans perdre
une minute ni une occasion ; s'arrêter, hésiter un
seul instant serait désastreux.

Depuis dix-huit ans, nous avions abdiqué
toute initiative personnelle ou collective entre les
mains d'un seul; nous nous laissions conduire
comme un troupeau par le pâtre et le chien : le
chien changeait souvent ; mais le pâtre, impassible, nous menait toujours vers le même abîme.
Chaque fois que nous apercevions quelque chose à
faire dans l'Etat, dans le département, dans la
commune, nous restions les bras croisés en disant :
« Pourquoi le gouvernement ne fait-il pas cela ? »
Le maire, le préfet, le ministre, nous répondaient:
« C'est fait ; » et nous nous persuadions que c'était
fait, puisqu'ils l'avaient dit. Ou bien ils répondaient : « Le gouvernement a son plan ; » et nous
nous inclinions passivement : « Il a son plan! »

Aujourd'hui, agir par soi-même, faire par soi-même tout ce qu'on demandait hier à l'administration, puiser dans l'énergie de son patriotisme la force d'action qu'on allait chercher hier auprès des fonctionnaires impériaux; trouver dans son bon sens propre et dans sa volonté à soi les résolutions qu'hier on n'osait prendre que sur l'ordre de César personnifié dans le garde champêtre ou dans le président du Sénat, voilà, du haut en bas de l'échelle sociale, depuis le simple citoyen jusqu'au Président du gouvernement de Défense nationale, le devoir impérieux de tous et de chacun.

Hier encore, le maire de la plus humble commune, le garde champêtre, le maître d'école, aussi bien que le sergent de ville ou le préfet de police, c'était César; et nul n'osait encourir le crime de lèse-majesté envers cette universelle, ridicule et terrible incarnation de César. Maintenant, cette âme unique et empoisonnée n'anime plus le corps social; il faut que ce soit l'âme vigoureuse de chaque membre qui rende collectivement la vie à la patrie! Et donc, à l'action, sans phrases, sans rancunes, sans ambitions, sans considérations autres que le salut public : tous à l'action !

Grâce à Dieu, depuis huit jours, chacun agit. Paris sait que la France s'agite et s'arme, pendant que ses remparts, couverts de canons et d'hommes, soutiennent le choc de l'invasion.

Mais si nous voulons que cette activité ne s'use

point inutilement, il nous faut pratiquer, en agissant, trois autres vertus patriotiques : la *concorde*, la *confiance*, l'*abnégation*.

Il n'est pas besoin de prêcher la *concorde* : elle est générale ; tous les partis sont confondus dans l'unique parti de la patrie. Les tribuns les plus passionnés, les paysans les moins instruits, entendent tous une conscience civique qui leur crie : « Tu serais un traître si tu ne t'unissais pas de toutes tes forces à tes frères pour le salut public ! » Au village comme dans les cités, la police se fait toute seule.

Après Sadowa, l'Autriche était abattue et forcée de traiter, parce que dans cet empire incohérent, la Bohême, la Hongrie et vingt autres provinces, allemandes, slaves, italiennes, roumaines, magyares, arméniennes, albanaises, forment autant de nationalités divisées ; nous venons de subir un échec plus sanglant que Sadowa, et pourtant nous restons debout, refusant d'avance un traité honteux, parce que nous sommes une seule nation : la France !

Avec la concorde il faut la *confiance*. Si, jusqu'ici, la chance des armes nous a été funeste, est-ce uniquement à cause de notre infériorité numérique ? Non ; mais le peuple n'avait pas confiance dans le gouvernement, ni l'armée dans son chef occulte. Aux paroles des ministres, le peuple répondait : « Mensonge ! » Aux manœuvres de l'état-major impérial, l'armée répondait : « Trahison ! » Immortel sera dans l'histoire l'héroïsme de ces soldats français qui, sans pain, sans cartouches et sans commandement, se sont rués sur des masses quintuples et les ont décimées en chantant : « Nous allons à la mort ! »

Les Prussiens peuvent s'épuiser par leurs triomphes. Derrière eux, nos places résistent ; autour d'eux, nos paysans tiraillent ; devant eux, Paris les attend. Ils ne peuvent négliger Paris pour se répandre aussitôt dans la Bourgogne et marcher vers le Midi, car alors l'armée de Paris se jetterait à leur poursuite, les harcèlerait, et les obligerait à une guerre d'escarmouches dans laquelle ils s'useraient vite. Le siége est nécessaire, et assurément il sera assez long pour donner à l'immense armée populaire le temps de s'organiser. Confiance ! Désespérer est une lâcheté ; laisser voir son découragement et décourager les autres, un crime.

Mais l'*abnégation* est peut-être la plus difficile à pratiquer des vertus patriotiques. Quoique le danger nous unisse tous pour la défense nationale, nous ne pouvons pas nier qu'il y avait hier et qu'il y aura demain des *partis* en France et à Dijon ; mais nul n'a le droit aujourd'hui de blâmer le parti qui domine dans le gouvernement actuel. Les hommes, quels qu'ils soient, qui ont pris un poste périlleux devenu vacant, méritent notre reconnaissance. Quelles que fussent auparavant et demeurent encore nos opinions ou nos préférences, nous serions de

mauvais citoyens si nous n'en faisions pas le sacrifice pour donner notre concours à ceux qui ont
entrepris l'œuvre du salut public.

Et à eux, je leur dirai : « O vous qui vous dévouez
pour la patrie, plus que tous les autres je vous con-
jure de pratiquer l'abnégation patriotique. Si vous
voulez que notre action, notre concorde, notre confiance portent des fruits, cessez un instant d'être les
hommes de votre parti! Dans vos choix, songez uniquement à la valeur personnelle, à la nécessité d'uti-
liser toutes les forces vives du pays. N'entravez pas,
par des arrière-pensées, l'élan de la France ;
point d'acception de personnes! afin que, le jour
où vous nous aurez sauvés, vous puissiez rendre
vos comptes au peuple avec des mains pures, et que
la France, unie dans une patriotique reconnaissance,
puisse vous dire sans restriction : « Vous venez de
nous donner le salut, et maintenant vous nous assu-
rez la liberté; vous avez bien mérité de la patrie! »

CASTELNAU-LÈS-LEZ, 15-22 sept. 1870.

Le gouvernement de la Défense nationale, au lieu
d'organiser et d'exercer les gardes mobiles qui traînent par toutes nos villes sans équipement et sans
instruction, perd le temps à placer ses amis. C'est
l'idée de la forme gouvernementale qui règne, non
l'idée de la patrie. Voici des commissions municipales

installées comme sous l'empire, en maint endroit ;
voici les conseils municipaux qui font de la politique
au lieu d'administrer. Il semble qu'on oublie l'invasion ; que Strasbourg bombardée, Metz bloquée,
Paris assiégé ne soient rien.

La commune est le multiple foyer où s'échauffe
le patriotisme qui seul peut sauver la France. Si
la commune reste active, unie, confiante ; si elle
fournit avec enthousiasme sa part d'or et de sang à
la défense nationale, nous pouvons espérer : si elle
se divise en partis et s'use en querelles intestines,
tout est perdu.

Quand, il y a douze jours, l'empire s'écroula, la
France entière se leva pour acclamer le gouvernement de Défense nationale ; tous les Français, sans
exception, acceptèrent les hommes qui voulurent se
dévouer à l'œuvre énorme de refouler l'invasion.

Cet élan universel dut alléger dans leur' conscience le poids de la responsabilité qu'ils assu-
maient ; et quoique personne ne songeât, dans
cette heure de détresse, à les croire des ambitieux
vulgaires, ils voulurent d'abord donner à la France
et à l'Europe un gage formel de leur abnégation :
ils proclamèrent qu'ils n'étaient rien que les *défenseurs provisoires de la patrie ;* que leur pouvoir expi-
rerait avec l'invasion, et qu'à un mois de date, le
peuple, convoqué dans ses comices, élirait une assemblée constituante chargée de lui donner enfin l'ordre
et la liberté.

3.

A ces loyales déclarations, tous les partis applau-
dirent ; l'Europe laissa voir sa sympathie, et, à travers l'Océan, la libre Amérique envoya quelques
bonnes paroles à la France, qui l'avait aidée à conquérir son indépendance.

Le gouvernement de Défense nationale ne pouvait garder, sans imprudence, les administrateurs
dévoués au régime corrupteur et corrompu de l'empire ; il fallut changer des préfets, des magistrats,
des maires. Cela se fit d'abord avec une certaine
mesure. Quoique les choix semblassent un peu
exclusifs en faveur d'un parti, tous encore les acceptèrent et travaillèrent de bon cœur à faciliter la
tâche de l'administration nouvelle.

Il faudrait s'arrêter à point dans cette voie :
aller au delà du strict nécessaire serait imprudent.

Mais ce n'est plus la prudence qui règne, c'est la
passion. Le gouvernement provisoire nous promet
des élections muuicipales, des élections générales.
Que seront-elles ?

L'empereur, qui joignait le grotesque au sinistre,
avait des prétentions littéraires aussi bien que des
prétentions militaires. Il affectionnait les comparai-
sons de maçonnerie et les métaphores de truelle ;
de la base au couronnement, il bâtissait, bâtissait... Eh bien, — pour continuer son langage d'entrepreneur, — l'effroyable écroulement de son édifice
provient des matériaux qu'il choisissait et façonnait.

Si l'Etat ressemble à un immense monument, ce monument est construit d'innombrables pierres qui sont les communes; et par l'empereur, les communes étaient devenues des pierres délitées, désagrégées, pourries. Il avait beau passer sur les murs lézardés le badigeon du plébiscite, et dissimuler sous des aigles de carton peint l'insondable crevasse du Mexique, la ruine était certaine, et tout devait enfin s'abîmer.

Et maintenant il nous faut, en quinze jours, sous le feu des canons prussiens, reconstruire tout l'Etat! Ce miracle n'est possible que si toutes les communes redeviennent soudain des blocs de granit que le patriotsme élève en assises régulières, et que cimente une indissoluble concorde.

Si, par le choix de conseillers municipaux intelligents, nous reconstituons dans huit jours quarante mille communes libres, unies et fortes, il sera possible dans quinze jours d'élire des députés capables de reconstituer la France.

Mais faire de *bonnes* élections n'est pas facile, parce que nous ne sommes pas *bons*. Nous devons nous frapper la poitrine et nous humilier sous le châtiment de Dieu, car nous l'avons mérité. Les angoisses de ce mois de septembre, qui restera le plus poignant, et qui peut devenir le plus glorieux de notre histoire, ne sont pas dues au seul Napoléon III.

Un éminent philosophe m'écrivait hier : « On

parle beaucoup d'un grand coupable ; pour moi, je
crois que c'est toute notre société qui est coupable
de légèreté, d'orgueil, de matérialisme et d'incrédu-
lité. Un homme seul, quelque pervers ou aveuglé
qu'il pût être, n'aurait pas conduit à l'abîme une société qui ne s'y serait pas si bien prêtée. Cette
épouvantable leçon nous relèvera peut-être ; cependant, quand je vois la nouvelle République, dans
certaines villes, partager à ses amis les dépouilles
opimes avec autant de sans-façon que le régime
précédent, et beaucoup d'hommes chercher dans le
vin ou dans des chants débraillés l'énergie qu'ils
trouvent ridicule de demander à Dieu, je me demande avec terreur si la leçon est suffisante. »

A ces paroles, j'ajoute celles que m'adresse un élo-
quent évêque : « L'activité dévorante et la *poigne* ont
infecté la masse jusque dans ses moindres molé-
cules ; on n'a jamais proposé au peuple que des
gains grossiers, on ne l'a fait songer qu'aux pertes
matérielles, et il s'est habitué à n'estimer qu'un dé-
grèvement ou un bénéfice, à n'aimer que la puissance terrestre. Pour s'élever à la hauteur d'une
liberté vraie, il faut qu'un peuple monte jusqu'à
l'abnégation de l'Evangile. Revenons à la sainte
abnégation ! Elle donnera honnêteté aux gouver-
nants, patience aux gouvernés, courage et un peu de
bonheur à tous. »

Mais nous ne nous rappelons plus cette royale
parole qui blessa au vif le cœur impérial : « Il faut

qu'un gouvernement soit honnête. » Nous devrions
faire le sacrifice de nos préférences politiques et de
nos opinions de parti. Malgré la démoralisation impériale et la folie démagogique, les honnêtes gens
en France sont encore la majorité. Qu'ils aient le
courage de s'entendre et de se montrer : la victoire
électorale est à eux. Or, de la victoire électorale
dépend l'autre. Mais il y a des tartufes en honneur
comme en religion : il faut se méfier des faux honnêtes gens. Au commencement de l'année, M. Olli-
vier usurpait audacieusement ce titre pour nous
faire voter le plébiscite et nous mener où nous
sommes : nous laisserons-nous encore duper ?

A cette heure, il y a deux espèces de faux honnêtes gens qui cherchent à exploiter notre détresse.

Les premiers sont les faux républicains. Ceux-là
ne comprennent pas que *République* signifie : *Gouvernement du peuple par lui-même* et *Liberté pour
tous*. Ils ne veulent la liberté que pour eux ; ils font
de la liberté le plus brutal despotisme.

Ils ont surpris Lyon et substitué le drapeau du
sang au glorieux drapeau de la France ; ces gens-là,
de quelque nom qu'ils s'affublent, et quoi qu'ils
promettent, sont des criminels justiciables de la société. S'ils arrivaient au pouvoir, ce serait un féroce
et stupide empereur à cent têtes.

Les autres faux honnêtes gens dont il se faut méfier sont les anciens amis de l'Empire. Les cham-

bellans d'hier retournent aujourd'hui leur livrée
impériale, et étalent aux yeux une doublure rouge.
Mais quand on a servi activement Napoléon III,
collaboré à la loi de sûreté générale, trempé dans
les sanglants jeux de bourse du Mexique, signé les
marchés hypocrites du traité de commerce anglais,
organisé le mensonge du plébiscite, *on ne peut
pas être honnête.*

Quel que soit notre espoir dans ces élections pro-
mises, nous ne pouvons nous empêcher d'avoir le
cœur serré ; et notre angoisse augmente en voyant
que M. Gambetta entre dans la voie dictatoriale et
les refuse.

Il nous faut une grande armée ; il nous la faut
tout de suite. Le péril imminent qui a servi de
cause ou de prétexte au retard des élections municipales et législatives est tel, que nul ne discute sur
cette question de salut.

Mais cette grande armée, comment l'avoir ?

Les trois délégués du gouvernement à Tours,
menacés eux-mêmes par l'invasion, se trouvent
dans l'impossibilité matérielle de donner à leur action une généralité et une énergie suffisantes, si le
concours spécial de chaque département ne vient
les aider dans cette tâche immense et subite.

Honneur aux départements! Malgré la torpeur
produite par dix-huit années de centralisation
brutale, il n'y en a pas un qui ne s'éveille. Soldats,
gardes nationaux et mobiles, volontaires, francs-

tireurs courent à l'appel désespéré de la patrie ; et
pourtant *l'armée n'est pas faite*, parce que pour
faire une armée les hommes ne suffisent pas. Il
faut l'organisation, l'équipement, les vivres, les
armes, les armes surtout ; et tout cela, dans un
moment de détresse, ne peut s'acquérir promptement qu'à force d'argent.

Partout, citoyens, communes et villes s'imposent
les plus grands sacrifices ; riches et pauvres souscri-
vent ; villages et cités votent des subsides. Mais,
dans cet universel élan, le département, qui peut
le plus et dont le concours pécuniaire est le plus nécessaire, se trouve paralysé. Qui a le droit de
disposer des finances du département ? Le conseil
général seul ; et les conseils généraux ne sont point
assemblés.

En face de cette situation, dans le Nord et dans
l'Ouest, un grand nombre de préfets ou d'administrateurs provisoires ont eu le bon sens de convoquer,
en session extraordinaire, les conseils généraux qui
votent aussitôt, sur la proposition des comités de
défense, les sommes indispensables.

Pourquoi n'en serait-il pas ainsi dans toute la
France ? Pourquoi les conseils généraux, aussitôt
réunis, n'apporteraient-ils pas à nos préfets, avec
leur patriotique concours, le seul mode légal de disposer immédiatement des fonds du département ?
Les préfets ne rencontreraient certes pas aujour-
d'hui un seul conseiller général, quel qu'il fût,

qui osât hésiter à vider les caisses départementales
pour équiper et armer les régiments, frémissants
de patriotisme. La mesure qui les convoquerait
immédiatement, et d'urgence, ne serait pas seulement pratique, mais aussi politique, car les conseils généraux, tels quels, sont fils du suffrage universel; et si, dans la crise actuelle, le suffrage
universel consent à attendre pour renouveler ses
municipalités et choisir ses députés, il ne peut con-
sentir à être insulté par l'annulation systématique
et folle des conseils qu'il a élus légalement, et qui
jusqu'à nouvel ordre restent seuls compétents en
matière de finances départementales.

Mais à une armée, outre les hommes qu'entraîne
le patriotisme, et les vivres et armes que fournit
l'argent, il faut des chefs, sans lesquels il n'y a pas
de discipline, ni d'action possible. Et voici la théorie
fatale des *chefs à l'élection* mise en pratique! Voici
le plébiscite perpétuel, aussi aveugle et aussi mortel
pour la patrie que sous l'empire. Rien, hélas! n'est
changé que le nom de Napoléon en celui de Gambetta. Même le mensonge officiel persiste, et les
affiches pompeuses annoncent les succès de « notre
glorieux Bazaine, » tandis que par les ballons dont
il refuse de se servir m'arrivent ces navrantes vé-
rités :

« METZ, 9 septembre 1870.

« Cernés depuis vingt-quatre jours par des forces supérieures, nous commençons à craindre que l'ineptie ou l'inertie de nos généraux ne donne une fâcheuse issue à notre situation. Nous avons successivement gagné trois ou quatre victoires qui se sont toujours résumées dans notre retraite et la perte de nos communications. Paris, débarrassé de son funeste empereur, pourra-t-il nous envoyer, avec une armée, un homme capable de la conduire ? Notre moral est excellent ; nous sommes ici cent cinquante mille hommes : mais les approvisionnements deviennent rares, et nous mangeons nos chevaux, que dans huit jours nous ne pourrons plus nourrir. Notre état sanitaire est excellent, et notre armée possède tous les éléments moraux et matériels du succès, sauf le commandement, qui est mou et absurde. »

Aujourd'hui, 22 septembre, je donne la publicité que je peux à ce cri jeté à la France, qui ne voudra pas l'entendre : elle est grisée de dictature avocassière, comme elle l'a été de despotisme césarien, et Gambetta, ce mois-ci, est infaillible, comme Napoléon III il y a deux mois. Voici un des moments historiques où ceux qui ont l'honneur d'être au fond du cœur chrétiens et français souffrent cruellement.

CASTELNAU-LÈS-LEZ, 15 octobre 1870.

Dans la détresse de la patrie, les cœurs français s'accrochent à l'espérance, comme dans l'agonie de son enfant le cœur d'une mère. Mais enfin le moment arrive où les ravages du mal deviennent si manifestes, la diminution de la vie si palpable, qu'il est impossible que les yeux même les plus aveuglés par le plus invincible amour ne se dessillent pas.

Tous, nous avons voulu croire au gouvernement de Défense nationale. Et aujourd'hui, après quarante jours bientôt d'existence, il n'a pas su organiser une armée pour secourir Strasbourg : la voilà morte, la fière Alsacienne ; la grande croix du Munster est tombée, et le drapeau noir et blanc des corbeaux d'outre-Rhin flotte lugubre sur la cendre de ce sépulcre. Depuis un mois, la France stupide assiste aux progrès réguliers du meurtre d'une cité, sans qu'un ministre de la guerre trouve vingt mille hommes, vingt mille seulement ! C'était assez pour sauver ce peuple d'héroïnes et de héros : ah ! que leurs larmes de rage sont amères, et qu'ils doivent nous trouver lâches !

Un ministre de la guerre ! nous n'en avons plus. Pour complaire aux avocats verbeux et aux journalistes chevelus qui se sont précipités à la curée des préfectures, il a fallu subordonner le pouvoir militaire au pouvoir civil, emprisonner les généraux, paralyser l'élan généreux qui faisait sortir les régiments du sol de la patrie. Et pendant ces querelles ineptes, l'inertie gouvernementale laisse agoniser Metz, piller la France jusqu'à là Loire, mourir aussi Paris : car Metz capitulera, Paris mourra, puisque la France ne vient pas briser par derrière le cercle d'airain qui les étreint et se resserre chaque jour : c'est une affaire *mathématique*, comme dit M. von Bismark. Heureux les morts !

A la honte et au désespoir de cette agonie, il ne manquait que l'horreur du ridicule : le gouvernement de Tours a donné au monde le spectacle byzantin d'une incapacité sénile, qui commande et décommande deux fois en quinze jours des élections nationales, comme un vieillard en enfance demande, refuse, redemande une opération suprême, et finalement, aussi lâche devant le chirurgien que devant la mort, se jette dans les bras du charlatan.

Le charlatan Garibaldi ! Ils l'ont appelé, choyé, adoré ; le gouvernement de la France est allé humblement faire une réception grandiose à ce bandit grotesque ; c'est le brigand de Mentana, le comédien de Naples, aux pieds duquel le gouvernement de la France se précipite, en baisant ses mains teintes de sang français ! C'est la fin.

DIJON, 20 octobre 1870.

Je reviens ici à la hâte pour me défendre contre l'invasion garibaldienne et prussienne. Les Prussiens sont à Gray : on les attend d'un jour à l'autre. La différence est sensible entre le département de la Côte-d'Or, situé à la frontière de l'envahissement, et tous les départements du Midi que j'ai traversés.

A Montpellier, on crie, on boit ; les gardes mobiles sont partis de bon cœur, et, à cette heure, ils se battent à Paris ; les mobilisés et les nationaux étalent des uniformes dans la poussière et envahissent les cafés. On s'arrache les grades, et pour les obtenir à l'élection, il y a des cantons où le futur officier promet, avant tout, de ménager la vie de ses électeurs, et d'éviter tant qu'il le pourra de les conduire au feu. Le préfet songe à donner des places aux *bons* républicains ; les *bons* ex-impérialistes songent à devenir bons républicains ; des zouaves de fantaisie pillent les environs ; cependant on fait la vendange, et cette comédie criarde s'étale sous l'ardeur du soleil, au milieu des pampres poudreux, alors que périt la patrie.

A Tarascon, la gare est démolie, mais non rebâtie. Dans ce monceau de plâtras grouille, pendant la nuit, une foule disparate, qui souille les pans de murs avec une liberté toute démocratique : ce n'est

pas de quoi souiller le Rhône superbe, qui se cache
dans la plaine couverte d'un brouillard blanc,
mer calme et cotonneuse d'où émergent, comme
des îles, les toits et les bouquets d'arbres.

Les wagons infects s'emplissent de marins, de
religieuses, de soldats, de prêtres barbus ; au milieu
de l'atmosphère épaisse et des chants avinés, nous
arrivons à Lyon, qui est en délire. Oh ! si toute cette
activité folle se dirigeait tout à coup vers le but et
marchait à l'ennemi ! Il y a des choses qui font rou-
gir d'être Français.

A Dijon, l'aspect change : on voit que l'ennemi est
là près, et les fanfarons deviennent sérieux. Honneur à la Côte-d'Or ! Ses *mobiles* se battent et se
font tuer à Paris ; ses *mobilisés* se mettent en route
pour marcher au Prussien ; ses gardes nationales
s'exercent et veillent. Pourquoi faut-il que tant de
patriotisme et d'abnégation soit paralysé dans son
germe par l'ambition ou la sottise des hommes de
parti ? C'est en vain que nos francs-tireurs s'en vont
courir les bois, que nos femmes travaillent aux vêtements de campagne improvisés, que la ville et les
particuliers épuisent leurs épargnes pour subvenir
aux frais d'une défense héroïque : une passion de
parti a vicié tout cela dans sa fleur, et cette fleur
splendide, mais stérile, ne portera point de fruits.

Je le répète avec admiration et avec désespoir :
il est impossible de se dévouer pour la patrie plus
que ce département, et, en même temps, d'annihi-

ler plus complétement ce magnifique élan par une
passion de parti dans laquelle il y a sans doute
des éléments généreux, mais qui est aveugle jusqu'à l'absurde. Et c'est ton œuvre : *Sois maudit, ô
Napoléon* (1)!

Oui, c'est l'empire qui a produit ces haines pour
tout chef émanant de lui, ce fiévreux amour de la
République quand même, cette ivresse révolution-
naire sans cesse mêlée au courage guerrier : c'est
la conséquence naturelle des agissements impériaux; mais c'est funeste, à coup sûr, et quelquefois
ridicule.

N'est-il pas ridicule de voir ici généralissime des
gardes nationales de la Côte-d'Or, emboîté jusqu'aux hanches dans d'immenses bottes et surmonté
d'un haut képi disparu sous les galons, un médecin,
dont les seuls titres consistent à être un républicain, un républicain nuance homard cuit? Et voilà
cet homme, qui ne connaît même pas *la posiiton du
soldat sans armes*, et qui est tout au plus capable de
faire brusquement *demi-tour*, le voilà, dis-je, à la
tête de vingt mille hommes, télégraphiant à Gambetta et à Garibaldi, et tirant tout à coup de son
cerveau médical le *plan de défense* de la Côte-
d'Or.

Il est vrai encore que, pour guider ses premiers
pas dans les plaines envahies, on lui adjoint un

(1) A. Barbier, *Iambes*, l'*Idole*.

comité de défense, composé d'hommes très honorables, je n'en doute pas, très républicains, j'en suis
persuadé, mais qui sont avoués, baigneurs, que
sais-je? enfin tout, excepté militaires. Si, dans ce
pressant besoin, nous en sommes encore à chercher
dans les opinions politiques le salut qui ne peut
venir que des armes ; si nous ne sommes pas enfin
revenus de cette illusion que des avocats et des médecins, par la grâce miraculeuse de la République,
commanderont les armées mieux que les vieux capitaines, nous serons indéfiniment vaincus. Tout ce
qu'on voit prouve, encore une fois, et l'amour de la
patrie, poussé jusqu'à l'abnégation de la mort par
le soldat, et l'amour de la République, poussé jusqu'à l'abnégation de la patrie par ceux qui règnent.
Le spectacle de tant d'ineptie qui tue tant de dévouement est navrant. Je ne parle pas des douleurs, sans cesse renouvelées par les lettres de nos
prisonniers de Sedan, par les récits de Strasbourg,
les inquiétudes de Metz, les anxiétés de Paris : la plus
cruelle douleur est de voir qu'une véritable *folie* politique, il n'y a pas d'autre mot pour définir et excuser
cet état d'esprit, une folie nous perd sans ressource,
malgré notre force infinie et notre cœur inépuisable.

Je n'ai point l'ambitieuse prétention d'écrire l'histoire de la guerre, ni même l'histoire de la défense
en Bourgogne ; je me contente de noter, malgré
l'absence de documents définitifs, le peu que je
vois, et qui me désespère.

La ville est triste : les boutiques se ferment. Les rues sont encombrées de mobiles de tous les pays, qui débarquent ici pour recevoir des fusils et marcher vers Mirebeau; de certains jours, nous en voyons dix mille à la fois. Mais on ne leur donne que de mauvaises armes, comme à la garde nationale. Que peut faire le meilleur ouvrier sans outils ? Cependant toute la Côte-d'Or se lève; mais nul ne sait au juste ni où est l'ennemi, ni à qui obéir. Les hommes sont là; mais ce ne sont que des hommes, sans fusils suffisants, sans canons, et sans chefs. Garibaldi, général des légions franches, va prudemment se réfugier au mont Roland, à Dole; le général Cambriels, qui commande à Besançon, quoique mal guéri de sa blessure de Sedan, donne sa démission en face de Garibaldi, et ne la retire qu'au spectacle évident de notre détresse. Il garde nos positions un peu au nord de Besançon, mais c'est tout ce qu'il peut faire. La retraite de Garibaldi à Dole, les manœuvres de M. Lavalle à Pontailler-sur-Saône paralysent trente mille hommes, qui, bien dirigés, nous protégeraient sans doute. On accuse le médecin d'avoir fait sauter un pont au moins inutilement, d'avoir sonné le rappel pour ordonner le feu sur deux charrues abandonnées aux champs, qu'il prenait dans sa lunette pour des mitrailleuses prussiennes; on prétend que ses soldats tirent à des portées impossibles : je ne vérifie pas l'exactitude de ces tristes facéties, mais

elles ne m'étonnent pas ; un général qu'on nom-
merait médecin d'office commettrait probablement
d'aussi risibles et déplorables erreurs sur le malade.
Du temps de Molière, tout le monde était bon pour
être médecin ; aujourd'hui, le médecin est bon à
tout : ô Diafoirus !

Le 24 octobre, à sept heures du soir, une grande
lueur a paru au nord-ouest, puis s'est étendue jusqu'à l'orient. On a cru d'abord à quelque immense
incendie allumé par les Prussiens. Mais au bout de
trois quarts d'heure, l'inflammation du ciel est devenue si générale, qu'il n'y a pas eu moyen de dou-
ter que ce ne fût une splendide aurore boréale ;
plus, que l'hémisphère nord était d'un rouge feu
ardent, transparent, à travers lequel les étoiles scintillaient et paraissaient bleues ou vertes. Là-dessus se détachaient en longues traînées noires des
nuages convergents qui partaient d'un point au
nord pour se réunir au midi. Leurs bords sanglants
prenaient par moment un éclat éblouissant, et après
avoir passé le zénith, ils paraissaient lumineux par
eux-mêmes : c'étaient comme des masses informes
de lumière rose s'envolant par bouffées vers l'est et
le midi. L'horizon même était sombre au nord : la
lueur ne commençait qu'à quelques degrés. L'in-
tensité lumineuse alternait rapidement entre l'ouest,
le nord et l'est. A huit heures et demie, les deux
lueurs de l'orient et de l'occident, occupant à peu
près un quart du ciel, se sont mises en marche

vers le sud, où elles ont finalement disparu. La lueur du nord a persisté avec des alternatives d'éclat et de fusées blanchâtres épanouies en éventail rayonnant. A neuf heures tout était éteint. Jugez le travail des imaginations surexcitées à la vue de ce *signe du ciel;* ce ciel de sang a fait causer toute la nuit : c'est une grande bataille; c'est une victoire, c'est une défaite..... Enfin, le 25 au matin, c'est une victoire relative :

« Ennemi a échoué dans une nouvelle attaque contre Châtillon-le-Duc et se retire. Nous avons eu l'avantage hier et aujourd'hui..... Dijon et Dole ne sont plus menacés. — Besançon, 23 octobre. — Cambriels. »

Les lettres et les renseignements particuliers démontrent que le général prussien, von Werder, le bourreau de Strasbourg, a été refoulé dans une vive attaque sur Besançon; mais n'est-ce point une fausse attaque? Pendant ce temps Garibaldi est resté tranquillement à Dole. C'est à peu près la première fois qu'on arrête sérieusement le Prussien. M. Cambriels est nommé commandant général de la région de l'Est, comprenant le Haut-Rhin, les Vosges, le Doubs, le Jura, la Haute-Marne, la Haute-Saône et la Côte-d'Or. C'est bien ; mais cela n'arme ni n'équipe nos mobiles, et cependant on parle de faire marcher la garde nationale : dans l'état où elle est, c'est folie. Nous, pères de famille dijonnais, ne demandons pas mieux que d'aller jusqu'à la Saône défendre les ponts s'il le faut; mais accepterons-nous d'être envoyés dans un autre département, comme dans Saône-et-Loire, où il n'y a encore personne de mobilisé? Irons-nous combattre au loin pendant que notre ville, privée de tous les hommes valides, actuellement en campagne, n'aura plus à opposer à une incursion que les gens de plus de quarante ans? Et cependant les mobilisés garçons ne sont pas encore armés de fusils à tir rapide; ils n'ont pour vêtement qu'une blouse, et qu'une couverture pour camper.

Quels que soient les succès du général Cambriels, l'ennemi n'a-t-il pas reculé seulement pour revenir en plus grand nombre? On arrête ici, comme partout, des espions prussiens, sous tout déguisement. Hé! mes amis, il n'y en a plus, ils ont pris leur volée : c'est il y a six mois qu'il eût fallu mettre la main dessus. Est-ce pour un curé ou un joueur d'orgues en prison que vous nous sauverez maintenant? Pourtant les Prussiens comptaient bien entrer ici le 24, puisqu'on lit dans le *Journal de Genève* cette fabuleuse dépêche : « Berlin, 24 octobre. — Dijon canonné et occupé après un brillant combat. » Hélas ! nous verrons bien d'autres dépêches analogues, qui malheureusement ne seront pas prussiennes.

DIJON, 29 octobre 1870.

La garde nationale fait des patrouilles et des
gardes. La Côte-d'Or a la juste prétention d'être un
des premiers départements de France par le dévouement et l'activité. En moins de trois mois, elle a
fourni à l'armée régulière et aux corps mobiles,
mobilisés ou francs, plus de quarante mille hommes. Quand l'ennemi est à la porte, nous ne sommes plus ici que sept mille environ, mal armés,
impuissants. La soirée d'hier a été fort triste. Un
certain nombre de mobiles débandés ou blessés sont
arrivés, après une défaite près de Talmay, où
quelques compagnies, sans éclaireurs, avaient été
follement engagées par le général-médecin, entre
une colline et une rivière. Puis la nuit nous avons
été réveillés par le rappel : allait-on marcher en
avant ? Non ; mais les dix mille mobiles qui depuis
huit jours séjournaient ici pour être équipés sont
réunis à la hâte pour fuir vers Beaune. Quelle panique ! Cependant, nos chefs télégraphient, dans
leur détresse, à Garibaldi, qui répond : « Tant que
Dole n'est pas pris, Dijon ne risque rien. » Comme si,
pour venir de Gray à Dijon, il était nécessaire de
faire le crochet de Dole ! Mais notre état-major est
aussi fort en géographie qu'en stratégie.

Enfin on se défendra ! M. Fauconnet, colonel de
gendarmerie, est nommé commandant à Dijon, et

le général Cambriels annonce quelques secours.
Mais la cavalerie ennemie est à cinq lieues, et depuis un mois que la ville est menacée, nul n'a songé
à faire venir d'Auxonne un canon. Et ce M. Fauconnet, commandant de gendarmerie à Marseille,
arrivera-t-il enfin? Connaît-il le terrain? Trouvera-
t-il des troupes? On voit fuir vers la gare le méde-
cin-général Lavalle, avec son képi d'or et ses bottes
jusqu'aux cuisses; il se sauve pendant que son
armée de vingt mille mobiles est stupidement en-
gagée en deçà de la Saône. Pendant toute la nuit
nous avons vu ces malheureux soldats traverser
Dijon en courant et filer par bandes désordonnées sur
la route de Beaune. Un fiacre s'arrête à minuit devant le télégraphe, et rapidement on y empile les
bobines et les appareils. A cinq heures du matin
(28 octobre) la générale bat..... pour nous ordonner
de rendre nos mauvais fusils à la gare : munitions,
armes, vivres, tout s'entasse sur un dernier train,
comme si l'armée prussienne était aux portes. La
débandade continue, et nous voilà sans armes et
sans chefs, après tant d'efforts et d'illusions.

                    DIJON, novembre 1870.

Pour résumer cette curieuse et héroïque bataille,
les Allemands arrivaient sur Dijon par Fontaine-
Française et par Gray, après avoir engagé une

                              4.

affaire sans succès pour eux devant Besançon. Le
général-médecin, avec plus de vingt mille mobiles,
s'était laissé surprendre, tourner et mettre en fuite
à Essertenne, puis à Talmay. Il s'était retiré d'abord
jusqu'à Pontailler, où, pour dernier exploit, il avait
fait sauter le pont sur la Saône — destruction inutile,
puisque l'ennemi, depuis Gray, était de notre côté
de la rivière, — destruction nuisible, parce que les
renforts de Besançon et peut-être de Garibaldi,
sans cesse espérés et jamais arrivés, devaient venir
par ce pont-là pour prendre l'ennemi en flanc. Dans
la nuit du jeudi 27 au vendredi 28 octobre, il n'y
avait plus à Dijon que la garde nationale sédentaire :
tout le reste, gardes mobiles, mobilisés et troupes,
avait fui sur Beaune. Le vendredi matin 28, on battait la générale pour faire rendre les fusils; on en-
tassait poudre et armes sur les chariots traînés
au chemin de fer; fuite générale des chefs; résolu-
tion prise par le comité de défense de ne point défendre la ville; enfin, débâcle générale. On attend
l'ennemi d'une heure à l'autre. Cependant la journée
du vendredi 28 se passe : du haut de la Tour et des
clochers, les observateurs anxieux ne voient rien
venir. La nuit est calme, et le samedi 29 la confiance renaît, sans plus de motifs que la panique
de la veille. On se groupe, on dit que ce n'est pas
une armée régulière qui nous menace, mais une
bande de uhlans; on affirme que l'illustre tueur de
panthères Bombonnel les tient en échec dans les

bois de Mirebeau ; les malédictions s'accentuent
contre les chefs peureux qui ont désarmé la ville
et fui devant l'ombre de l'ennemi. Quelques gardes
nationaux, qui n'avaient pas rendu leurs armes,
s'assemblent dans une cour du palais, obtiennent des
munitions oubliées, et partent en reconnaissance
vers l'est. Sous la pression de l'opinion, les autorités changent d'avis, reviennent au parti de la défense, et télégraphient pour qu'on renvoie le convoi
d'armes et de munitions parti la veille, avec quelques troupes, si faire se peut.

Les gardes nationaux partis en reconnaissance
atteignent Saint-Apollinaire, à trois kilomètres de
la ville, et peuvent constater ce que sont les travaux
du comité de défense ; il avait décrété là, sur un
plateau qui commande absolument Dijon, la construction d'un camp retranché : à peine quelque
ébauche de fossé, pas de quoi arrêter un enfant.
Les volontaires continuent leur marche, et à la nuit
close arrivent à Varois sans alerte (sept kilomètres).
Quatre d'entre eux poussent jusqu'à Arc-sur-Tille
(treize kilomètres) et reviennent au matin vers Varois ; ils voient alors derrière eux quelques cavaliers
à droite et à gauche dans les terres ; aux premiers
coups de fusil ces cavaliers retournent au galop
vers les bois d'Arcelot. On marche sur les bois ;
mais une demi-heure après, de ces bois partent
des coups de canon qui, pointés trop haut, dé-
passent la petite troupe ; et un novice au feu de

dire, en entendant éclater un obus derrière lui :
« Bon ! voilà les canons français qui répondent ! »
Ces volontaires étaient alors une vingtaine, sous
les ordres d'un capitaine de francs-tireurs fort
brave ; devant le canon on ne pouvait que se *replier*,
ce qu'on fit. De Varois se repliaient aussi cent cinquante chasseurs à pied ; à Saint-Apollinaire on
trouva la valeur d'un bataillon d'infanterie de ligne
(90ᵉ et 71ᵉ) ; on s'arrêta, et la bataille fut décidée.
Les soldats étaient exténués et sans vivres, mais
solides. On mit en avant les volontaires dans des
fossés ; puis les chasseurs, derrière eux, formè-
rent une ligne de tirailleurs : l'armée, c'était le
bataillon. On voyait l'ennemi, en groupes noirs,
s'avancer, se déployer en demi-cercle, étendre ses
ailes, ses canons : un front de trois kilomètres ; la fusillade siffle et bourdonne, la mitraille déchire l'air
de ses coups de fouet, les obus ronflants tombent
dans la terre labourée et la font sauter en gerbes
de boue. Il y avait là mille Français, sans un canon,
sans un cheval, contre cinq mille hommes appuyés
par deux batteries et de bonne cavalerie. On battit
donc en retraite, d'arbre en arbre, de fossé en fossé :
sur la chaussée mille choses ricochaient ; les tas de
pierres, les bornes volaient en éclats. Là périt un
déménageur qui avait affirmé la veille à sa femme
qu'il allait « à son travail » et qui, au moment d'être
frappé, disait : « Si je meurs, je voudrais qu'on
vînt me chercher dans ma grande voiture. » A me-

sure que la petite troupe française se rapprochait de
Dijon, le demi-cercle ennemi avançait et allongeait
ses deux bras pour étreindre la ville.

Pendant ce temps, en ville, le train d'armes
était revenu; il avait été pillé autant que distribué; et au moment où tout était perdu, la garde
nationale sortait en colonne, tandis que l'ennemi,
installé sur le plateau de Saint-Apollinaire, puis sur
les hauteurs de Montmuzard et de Mirande, commençait à bombarder la ville. C'était insensé, sans
doute; le commandant Fauconnet le disait, et pourtant il alla se faire tuer par un obus. A deux heures,
les gens raisonnables voulaient hisser le drapeau
blanc sur la Tour : des misérables qui, eux, n'a-
vaient pas été au feu, leur tiraient des coups de
fusil. Jusqu'à la nuit, aux portes même de la ville,
les chasseurs, les soldats de ligne et les gardes nationaux continuèrent à se faire tuer bravement, mais
non inutilement, car ils infligèrent des pertes très
graves à l'ennemi.

Mais comme, dès deux heures, l'honneur était
sauf et la partie perdue, fallait-il exposer encore les
maisons, les femmes, les hôpitaux, à la pluie des
obus ? — L'ennemi, pendant trois heures, continua
méthodiquement le bombardement dans toutes les
directions pour effrayer partout, ne respectant ni
églises ni monuments, et choisissant surtout pour
mire les ambulances où flottait le drapeau de Genève. Comme le bombardement ne donnait pas

de résultats assez prompts, il s'empara du faubourg de la Porte-Neuve, et là, pendant que la compagnie prussienne faisait le coup de fusil, deux ou trois camarades entrent dans les maisons, vident sur la paillasse ou dans l'armoire une gourde de pétrole, mettent le feu et s'en vont. Ils allumèrent ainsi une dizaine d'incendies qui flambèrent toute la nuit et fumaient encore le lendemain.

A la nuit, la ville envoya parlementer. Et alors, chose stupéfiante! nous vîmes cet ennemi qui nous enfermait de tous côtés, qui était vainqueur sur toute la ligne, qui n'avait plus devant lui aucun obstacle et qui occupait déjà un faubourg, nous le vîmes reculer de trois kilomètres pour retourner camper à Saint-Apollinaire. Etait-ce peur? Craignait-il d'entrer, dans l'obscurité, au sein d'une cité qui avait fait une telle résistance? Tenait-il à nous cacher ses morts, ses blessés, son désordre?

La capitulation, ou plutôt la *convention*, fut signée dans la nuit, entre deux membres du conseil municipal, le prince Guillaume de Bade et le général von Beyer. Elle fut affichée le lendemain matin, 31 octobre : « Respect absolu de la liberté des personnes et des propriétés dijonnaises par les Allemands ; nourriture et entretien de vingt mille Allemands par les Dijonnais. » C'était lourd, mais supportable ; au moins la défense de Dijon, après avoir sauvegardé l'honneur, lui évitait d'être traitée en ville conquise. A la suite de cette convention assez longuement rédigée dans le style entortillé qui est spécial aux Allemands, on lisait : « Il a été de plus convenu verbalement que l'usage de la poste et du télégraphe serait rendu aux habitants, et qu'on s'occuperait de rétablir le service du chemin de fer. » Les lecteurs s'imaginaient naturellement que si ces choses n'étaient pas stipulées par écrit, c'était par hâte de terminer ; d'ailleurs, les chefs allemands confirmaient cette promesse, en la laissant imprimer sans objection sur l'affiche revêtue de leur signature.

A côté de cette convention, nous lisions une digne et triste proclamation du maire, invitant les gardes nationaux vaincus à rendre leurs armes à la mairie, pour éviter tout conflit avec l'envahisseur, qui exigeait ce désarmement. En même temps, la mairie faisait appel à tous pour compléter la caution de cinq cent mille francs, que l'Allemand, commerçant jusqu'au bout, exigeait en garantie de notre parole.

Vers trois heures de l'après-midi, par une pluie battante, dans la ville en deuil, les magasins et les volets fermés, les rues désertes, commençaient à défiler les divisions badoises venant de Saint-Apollinaire. Ceux qui regardaient en pleurant derrière les persiennes virent alors avec quelle armée ils avaient eu affaire. C'étaient de beaux bataillons bien rangés, marchant en tapant du talon, bien couverts de leur vastes capotes ; beaux et longs fusils, casques de cuir à paratonnerre de laiton bien astiqués, soldats courts,

vigoureux et en bon point. Cavalerie, fourgons,
artillerie, ambulances, tout était confortable et solide : chevaux et hommes gras, forts, disciplinés,
d'un aspect redoutable, mais étrange. Quinze mille
hommes, deux mille chevaux et soixante canons :
voilà ce qu'on nous avait donné pour quelques uhlans en maraude.

Il fallut aussitôt loger et nourrir cette invasion.
Les hommes arrivaient tout droit, avec armes et
bagages, quatre ou cinq par maison, raides et si-
lencieux, trempés et puants, avec cette férocité
calme qui n'appartient qu'au barbare policé. Depuis
un mois j'avais subi volontiers l'envahissement jour-
nalier des troupes régulières, des mobiles, des mobilisés, des gendarmes, même des garibaldiens :
tout cela ne sent pas bon. Eh bien! je le déclare,
jamais je n'avais senti une odeur aussi spéciale et
profondément écœurante, révoltante, que celle du
soldat allemand. Plus tard, j'ai eu le temps d'ana-
lyser cette émanation caractéristique et universelle
de la blonde Allemagne : d'abord, vêtus de flanelle,
ils ne changent point de linge pendant des mois;
ensuite, ils sont coiffés, bottés, culottés de cuir sans
cesse mouillé et séché, qui atteint un degré de cor-
ruption effroyable au point de vue de l'odorat; enfin,
ne mangeant ni pain ni légumes, ils se gorgent de
viande mal cuite, qui leur inocule une odeur
aussi nauséabonde que celle des fauves et des vautours. Les officiers mêmes, à force de vinaigres et

de parfums, luttent en vain contre ce fumet sauvage
et dégoûtant. Ils sentent la bête:

Mais qu'était cela? Qu'était la honte, la réquisition, auprès de notre deuil? Les pertes des
Allemands étaient beaucoup plus considérables que
les nôtres, malgré notre armement et notre inex-
périence : mais, que de pères de famille, que de
jeunes gens couchés sur ce vaste champ de bataille
qui faisait une ceinture funèbre et ensanglantée
tout autour de la ville! Gloire à ceux qui sont
morts pour leur pays, et qui, dans une cause déses-
pérée, plutôt que fuir, ont mieux aimé mourir. Il
n'importe que leurs noms soient inconnus, que le
deuil de leur famille soit ignoré : dans le monde
des âmes immortelles, ils vivent calmes et heureux, récompensés comme ils le méritent, pour
avoir défendu la patrie. Je ne puis les citer. Pourtant je parlerai de Charles Cave, professeur au
lycée de Dijon, parvenu, à force de travail, aux
grades les plus honorables de l'Université; il jugeait
l'inanité de cette défense : cependant, il prit son
fusil comme les autres. Le lendemain, on le trouva
à une demi-lieue de la ville, percé de cinq blessures,
mourant, au milieu d'ennemis morts : son cadavre
fut porté dans la classe même où il professait la
veille. Toute sa vie n'avait été qu'espérances, efforts
et déboires : il avait perdu sa jeune femme, il avait
attendu vainement les justes honneurs dus à sa persévérance; la terre ne le consolait pas ; et pourtant,

d'un pas ferme, il marchait toujours au devoir :
Dieu l'a consolé. Et maintenant, dans sa demeure
céleste, oubliant son atroce agonie sous la pluie,
dans la boue, oubliant les douleurs de sa vie intime,
les amertumes de sa pénible carrière, et la triste
pompe de ses funérailles, il sourit à l'orpheline
glorieuse qui ne comprend pas sa mort.

Le jour de la Toussaint, nous voulions enterrer
solennellement nos morts dans une grande fosse
creusée au milieu du cimetière. Mais nous n'avons
pas eu cette consolation. Les Allemands sont arrivés avec quelques charretées de cadavres entassés
dans des voitures à foin, ils ont *réquisitionné* la fosse,
et versé dedans leur convoi sous les rapides prières
d'un aumônier à eux. Cependant, nos cloches se
taisent par ordre. Le lendemain, jour des Morts,
nos enterrements se sont faits partiellement, sans
autre pompe que le deuil public et la foule étouffant
ses larmes :

> Si jamais ton jour vient, Dieu juste, ô Dieu vengeur!... (1).

A partir de ce jour, Dijon est devenu un tombeau
vivant. Malgré les promesses des princes allemands,
le chemin de fer a sauté, les fils télégraphiques ont
été coupés, les paquets de dépêches ont été pillés au
bureau, la poste a été complètement supprimée, et

_____

(1) A. de Musset, *Poésies nouvelles*, *Une bonne fortune*,
st. XXIX.

même la boîte aux lettres scellée. Nous ne voyons que tas de viande palpitante, vin porté à seaux pour nos avides envahisseurs. Les boutiques ne se rouvrent point. De temps en temps ils assomment quelque passant tardif. Et dans la campagne le bruit lointain du canon nous apprend chaque jour qu'on *réquisitionne* quelque village, pendant que leur musique désertée joue sur la place les valses de Strauss et les drôleries d'Offenbach.

L'entrée en ville de l'armée badoise, car ce sont des Badois qui nous ont vaincus, canonnés et brûlés, a eu lieu, comme j'ai déjà dit, sous une pluie à verse. Les boutiques sont toujours fermées, les rues désertes. Les bataillons traversent la ville au grand pas, en frappant du pied. Les hommes se dandinent automatiquement au son rauque des tambours plats et des fifres à faire danser les ours. Ils marchent bien équipés, dans un ordre mathématique. Tout cela est sourd, régulier et grinçant comme une machine.

Chaque matin, quelque division part avec du canon sur une route. On entend des grondements, et le soir on voit rentrer en ordre des bataillons crottés, suivis de quelques charrettes où sont des morts, et d'autres charrettes remplies de viande et de blé. Nous ne communiquons plus avec le dehors que par la ruse de quelque homme habile, qui porte dans ses vêtements ou dans ses souliers un peu de papier. Pendant que les Français isolés dans

le sépulcre de Dijon essaient de correspondre avec
la patrie, les Allemands songent d'abord et uniquement à l'argent. Le jour de leur entrée, ils
ont, sous menace de pillage, exigé cinq cent mille
francs à titre de garantie, disent-ils, que les habitants exécuteront la convention aussitôt violée par
eux, Allemands, dans les articles essentiels. Nous
acquérons la certitude que l'envahisseur ignore
les lois de l'honneur; nous voyons clairement qu'il
a abusé de notre bonne foi; l'évidence des faits nous
démontre qu'il ne se fie pas au nombre de ses soldats ni de ses canons, et que derrière les armes
matérielles de la guerre il porte les armes redoutables de l'hypocrisie. Qu'est-ce que cette déception, quand le bruit de l'artillerie nous apprend
que chaque jour, dans nos campagnes, nos frères
se battent pour la patrie et versent leur sang ? Car
il faut bien que quelques-uns périssent dans les
combats incessants d'où les Allemands rapportent
chaque jour des morts par tombereaux. Quoi qu'ils
fassent pour dissimuler ces funèbres convois, nous
les voyons; nos hôpitaux, nos ambulances s'encombrent de leurs blessés. Cependant nous ne savons
rien que par eux. D'abord, ils nous exagèrent leurs
forces quand ils nous parlent de vingt mille hommes et de quatre-vingts canons à Dijon ou aux alen-
tours; ils pratiquent journellement la supercherie
de faire sortir des batteries le matin par une porte
et de rentrer le soir par une autre : c'est comme

l'*armée* dans les défilés de théâtre. Pour endormir notre patriotisme et faire patienter notre irritation, ils nous parlent sans cesse d'armistice prochain. Enfin ils nous annoncent pompeusement le 5 novembre la capitulation de Metz, hélas! trop vraie, et nous la présentent comme la fin de la guerre.

Les officiers cherchent à causer. La plupart baragouinent le français dans cette habile mesure qui permet de comprendre sans en avoir l'air, et de ne répondre que quand on veut. Ils sont enjôleurs, et prennent des airs étonnés si l'homme dont ils boivent le vin et salissent les draps avec leurs bottes refuse de trinquer ou d'accepter un cigare.

Pendant l'incessante guerre de tirailleurs qui leur est faite aux environs, nous sommes, je le répète, dans un tombeau, sans lettres, sans journaux, sans possibilité de sortir ou d'entrer. Cet emprisonnement au secret d'une population est pour eux un moyen de la démoraliser. Mais quelques avis pourtant nous parviennent; il semble que le but de Garibaldi soit de reprendre Dijon. Ce projet insensé ne peut aboutir à rien qu'à la destruction de la ville; ce n'est pas dans les villes qu'il faut livrer les batailles.

Quant aux succès de nos francs-tireurs, succès dus bien plus à l'énergie des bons Français qu'aux fanfaronnades de quelques chemises rouges, ils sont meurtriers pour l'ennemi, mais ils sont ruineux pour le pays. Une compagnie franche

va s'installer un soir dans un village; elle boit,
mange, dort chez le paysan ahuri; le lendemain
elle tire quelques bons coups de fusil sur une
colonne ennemie, et s'éclipse : l'ennemi furieux
canonne, brûle, pille le village; les hommes se
sauvent aux bois, et les femmes, les enfants, les
fermes, les bestiaux, demeurent victimes innocentes
d'une lutte qui aurait pu aussi bien se passer en
pleins champs. On comprend que le paysan, dans
des lieux indéfendables, redoute presque autant le
garibaldien que le Prussien. Il n'en est pas moins
vrai que le Prussien perd du monde à ces escarmouches, et les surprises de Genlis, de Saint-Jean-
de-Losne, de Châtillon, sans être bien glorieuses
pour nous, sont fâcheuses pour lui. Mais évidemment il ne songe pas à dépasser beaucoup Dijon : il
est venu ici pour manger, boire, s'approvisionner,
ruiner le pays, évitant soigneusement les lieux forts,
comme Autun, Langres, Auxonne, Dole, Besançon.
Il se coule dans l'intervalle des places dont il sait la
garnison trop peu nombreuse pour sortir, et il exerce
méthodiquement le métier de brigand dans un riche
pays désarmé.

Un officier qui voulait lier conversation avec moi,
et auquel je réponds brusquement mon opinion sur
les procédés allemands, me dit doucement : « Si,
vous autres Français, vous *pensiez tranquille* comme
nous, vous *comprendriez*. » Il y a quelque chose
d'effroyable dans ce mot. Ce n'est pas l'ivresse du

combat, l'emportement de la haine, l'aveuglement du triomphe qui les pousse aux horreurs que nous voyons, non : mensonge, violence, pillage, meurtre, tout cela est *pensé tranquille*.

Ce *tranquille penser* leur fait choisir les bonnes maisons pour installer l'état-major, boire le vin du maître, voler les voitures et souiller ignoblement les chambres, dans une ville où l'on a juré de respecter la propriété privée. M. von Werder brise le mobilier de l'hôtel de la Cloche le jour où un commissaire de police envoyé en parlementaire l'avertit qu'à Beaune on fusillera des officiers allemands prisonniers, si Son Excellence le bombardeur de Strasbourg ne veut pas cesser de faire fusiller les francs-tireurs qui se laissent prendre. M. Hohenlohe casse les bouteilles, et laisse brûler à même les bougies sur les meubles précieux dans la riche maison qu'il a choisie. Ce prince, qui préside aux ambulances, se plaint violemment des abus du brassard de Genève, tandis que sur la place Saint-Nicolas et à Montmuzard ses parcs d'artillerie sont entourés et protégés par une ceinture de fourgons où flotte le drapeau blanc à croix rouge; et dans ces fourgons soi-disant d'ambulance, je vois des cargaisons de fusils à aiguille neufs, bien emballés de paille, des barriques d'eau-de-vie, et du butin de toute sorte. M. le prince de Bade se grise de champagne à l'hôtel du Parc; M. von Beyer et compagnie transforment en lieu d'orgie la préfecture, où pendant que les soldats ivres déchirent les registres dans les bureaux au son de la musique, l'état-major danse et boit avec d'aimables personnes qu'on n'a pas besoin de réquisitionner, et qui sourient en entrant aux médecins-chefs qui surveillent le vestiaire.

Ce *tranquille penser* leur fait pratiquer méthodiquement le brigandage artistique qui consiste à mettre un pays en coupe réglée, proportionnelle et savante. Pourtant on se trompe quelquefois. Un village a eu la timidité d'accorder d'abord les quantités de viande, vin, bétail, fourrage, farine, exigées le fusil sur la gorge : or, les maires, les curés savent qu'avec ces brigands *tranquilles* on peut *marchander* et s'en tirer finalement pour le quart de la demande. Mais le village imprudent donne tout, et voilà sur la place deux fois plus de denrées que n'en peuvent porter les fourgons. Le commandant prussien offre avec sang-froid aux conseillers municipaux de racheter, moyennant une somme considérable aussitôt versée, la part qu'il ne peut emporter : le conseil refuse, alléguant l'impossibilité; mais le commandant, blessé de ce mauvais vouloir, réquisitionne chevaux, charrettes, charretiers, et force les pauvres gens, la baïonnette aux reins, à traîner en ville le surplus qu'il lui aurait fallu laisser.

D'ailleurs, ne songeant ici qu'à ce pillage en règle, la moindre alerte les met en déroute. Le samedi 12 novembre, toute l'armée part vers Gray avec armes et bagages; la ville renaît, les boutiques s'ouvrent. Les gens dévoués de l'Association internationale se remettent en campagne sitôt que la ligne prussienne ne leur ferme plus le chemin ; quelques lettres nous arrivent, quelques fusils même sortent de leurs cachettes. On s'aventure hors de la ville et on voit le désastre des campagnes. Le dimanche 13 commence donc comme un jour de fête. Mais dans l'après-midi on signale au nord un convoi : ce convoi est couvert de drapeaux d'ambulances ; il entre donc en paix, au milieu de la foule calme. On s'imagine que ces fourgons pacifiques viennent chercher dans nos hôpitaux les blessés allemands; mais ces fourgons pacifiques ne sont que l'avant-garde protectrice d'une nouvelle armée, prussienne cette fois; logements et réquisitions recommencent ; les habitants rentrent et courbent la tête sous la force énorme et brutale : que feraient-ils?

La mairie ayant fini par leur refuser toute fourniture, ils vont encore, à coups de canon, effrayer et piller les villages. Ils reviennent tous les soirs avec les chariots de paysans surchargés de pain et de foin, poussant des vaches, des taureaux, des moutons, qu'ils égorgent et dévorent aussitôt.

Huit jours après, l'attaque d'un poste, à la nuit, par quelques tirailleurs, les a mis en déroute : ils sont partis, Werder en tête, fantassins au pas de course, artillerie et cavalerie au galop ; c'était une panique générale. Les dragons, fous de peur, tiraient leur pistolet au hasard et sabraient les spectateurs stupéfaits. Cette retraite désordonnée s'est opérée sans trop d'accidents pour eux, grâce à leurs précautions ; car, dès leur première entrée, ils avaient tracé, à travers les jardins des faubourgs, plusieurs routes de sortie avec des poteaux indicateurs. Le lendemain ils sont rentrés, et leurs officiers les faisaient chanter ; c'est la seule fois que j'aie entendu chanter des Allemands en colonne. Ordinairement on n'entend que leur pas lourd et automatique, rhythmé par le tambour rauque et l'aigre fifre.

Nos cloches, je l'ai dit, ne sonnent plus, depuis l'invasion. L'église Saint-Michel est envahie par cette horde disciplinée. Et après les chants luthériens, mêlés de prières pour que Dieu dissipe l'aveuglement des Français qui ne veulent pas se rendre, un pasteur militaire, à la place du curé chassé, prêche aux vainqueurs leur religion. La même piété officielle s'exerce pour la partie catholique de l'armée ; et les bonnes âmes admirent l'attitude pieuse et recueillie des Prussiens à l'église. Il y a des gens, au centre de la ville, qui, satisfaits des soldats qu'ils logent, trouvent, comme un préfet fameux, que *les Prussiens se conduisent bien*. Je ne suis peut-être pas assez calme pour juger aujourd'hui cette armée et cette race. Chez la plupart des habitants, le sentiment qui domine est le mépris.

Quelques dépêches nous parviennent par des gens qui ont, dit-on, forcé les lignes. On se les passe mystérieusement; je les copie :

« Mairie de Langres. — Versailles saccagé par Bourbaki. De l'autre côté, sortie des Parisiens. Prussiens repoussés jusqu'à Montereau; soixante mille Prussiens hors de combat. »

« Châtillon-sur-Seine, 21 novembre. — Les Prussiens ont évacué hier Châtillon. Garibaldiens et francs-tireurs ont tué dix-huit cents hommes et fait deux cents prisonniers; pris deux canons, cent quatre-vingt-dix chevaux et la caisse contenant 70,000 francs. »

« Genève, 21 novembre. — La ville entière est illuminée à la nouvelle des succès français et du déblocquement de Paris. »

« Beauvais, 17 novembre. — Bourbaki a repris Beauvais et chassé les Prussiens devant lui. Duc d'Aoste roi d'Espagne. Cinq cent mille Russes au Bosphore. Flotte anglaise partie contre eux. Autriche demande révision du traité de 1866. Danemark soulevé. »

« Orléans, 17 novembre. — Une division française a lutté contre quarante mille Prussiens. Nous avons perdu environ deux mille sept cents hommes, les Prussiens quatorze mille, deux mille quatre cents

prisonniers, deux canons, quatre mille fusils. Les
mobiles ont été sublimes de courage. »

« Pithiviers, 16 novembre. — Un corps d'artillerie
a écrasé l'artillerie prussienne à force égale. »

« Amiens. — Bourbaki a écrasé un corps prussien
et a mis environ douze mille hommes hors de combat. Nous avons perdu deux mille six cents à trois
mille hommes. »

Dieu le veuille! Que le cœur humain s'accroche
vite à l'espérance! Mais comment le général Bourbaki peut-il être à la fois à Versailles, à Beauvais, à
Amiens? — Enfin, il doit y avoir quelque chose de
vrai dans tout cela. — Mais les journaux allemands,
que les officiers laissent volontiers traîner, ne contiennent que nouvelles désastreuses pour nous : armée de la Loire, armée du Nord refoulées, Belfort
investi, Paris cerné et affamé. — Mais les journaux
allemands sont pleins de mensonges : lisez le rapport
officiel sur la bataille de Dijon, où M. von Beyer
prétend avoir défait plusieurs régiments, enlevé des
remparts à la baïonnette, et franchi un fleuve sous
le feu de l'ennemi. Il est vrai qu'il y a devant la ville
l'égout de Suzon; et quant au rempart, que je ne
puis nommer, je crois que les victoires des Prussiens leur y coûtent assez cher : Vénus est plus redoutable que Mars.

Je me demande pardon à moi-même de plaisanter
ainsi. Mais comment faire autrement, quand on voit
ces généraux allemands stipuler dans la *convention*

leur nourriture spéciale et leur abreuvage, avec
truffes et *champagne*, dans les hôtels, à la préfecture,
au lycée, partout? En reçoivent-ils moins leur solde
de campagne? Ils fondent les chenets à force de
feu, et *réquisitionnent* même le blanchissage des
nappes et serviettes... Ne vaut-il pas mieux rire?...
Ah! dans notre désastre, gardons notre gaîté française, dernière arme du bon sens et du bon droit
contre la force. Cette arme piquera ces sauvages
couverts d'un vernis de civilisation, qui ne savent pas
tendre une main loyale au vaincu ; qui ne sauront
jamais nouer une cravate ni saluer; vainqueurs sans
dignité, horribles par leurs cruautés inutiles, et
par tous les autres côtés, grotesques! Quand nos
femmes voient leurs officiers à lunettes, qui dis-
tinguent leurs grades avec des boutons de culotte
et des pattes de bretelles, se dandiner dans leur
uniforme étriqué et traîner à grand bruit leur
long sabre, elles se consolent en riant et se
disent.....

D'ailleurs, ils sont forts, et tous les moyens leur
sont bons. Dans les pays français où des hommes
adroits et hardis coupent leurs lignes de chemins de
fer, ils lèvent des contributions énormes d'abord,
puis prennent, pour les mettre sur les machines
des trains, quelques notables de la ville voisine. En
quoi cela peut-il empêcher d'agir les francs-tireurs,
souvent étrangers au canton, qui risquent leur vie
pour enlever un rail? Ces francs-tireurs savent-ils

qu'un Français peut périr dans le déraillement? Et
quand ils le sauraient, ce Français même ne les en-
couragerait-il pas à faire leur besogne? Dans la
Haute-Saône et dans la Côte-d'Or, la résistance en
détail irrite les Prussiens depuis un mois ; ils déci-
dent qu'il faut effrayer le pays, et comme les exécutions sommaires de paysans, de francs-tireurs, voire
de femmes ou de médecins, ne produisent qu'un
effet contraire à celui qu'ils attendent, ils inven-
tent un moyen nouveau : les otages.

Mais comme M. von Bismark est aussi hypocrite
que méchant, il n'avoue pas le motif vrai qui lui
fait prendre des otages. Il prétexte qu'indûment, et
contrairement aux lois de la guerre, si exactement
observées par lui, des capitaines marchands de la
marine allemande ont été pris par notre flotte; ils
sont quarante, dit-il, la plupart Brêmois; et en
échange de ces pêcheurs de morue, il ordonne, au
nom de son roi, que quarante notables soient aussitôt pris en Bourgogne et internés à Brême. Il en
veut dix de Vesoul, dix de Gray, et vingt de Dijon.

Ici, trente habitants reçoivent tout à coup de la
mairie l'ordre de se tenir prêts à partir. Comment
cette étrange convocation vient-elle de la mairie?
nul ne le sait. On court, on s'informe, on voit le
petit homme irascible et rouge qui a nom von Werder. On lui objecte que la *convention* stipule, avant
tout, *la liberté des personnes ;* le vénérable évêque
télégraphie au roi Guillaume pour réclamer au nom

du droit et de la parole donnée ; quelques citoyens généreux demandent qu'au moins une liste générale de tous les notables soit dressée, et que parmi eux on tire au sort. Mais la liste de M. von Werder est faite, signée de lui et du maire ; il faut partir : on part.

C'est le 30 novembre que j'ai offert à la mairie qu'on mît mon nom sur cette liste étrange ; on la discutait encore, et je fus inscrit le dix-huitième. Le 31, l'un de ceux qui étaient désignés auparavant vint me demander que mon nom fût substitué au sien, et j'y consentis volontiers. M. Jenniol, attaché à l'état-major de M. von Werder sous les ordres du colonel Lecsinski, déclarait ce changement acceptable : « Le roi ne tenait pas à des notabilités seulement pécuniaires et honorables, mais politiques. » Sans bien comprendre le sens de ces paroles, je me trouvai convoqué à une heure, le 1er décembre 1870, à la mairie de Dijon, moi vingtième ; le maire et M. Jenniol étaient présents. M. Jenniol, qui s'exprimait bien en français, commença par expliquer aux otages « l'agrément de leur situation, les facilités qu'ils auraient en Allemagne pour leur vie et leur correspondance, etc. » Puis il ajouta : « Vous serez conduits par un homme qui appartient à la plus haute aristocratie allemande, le comte von Rantzau. Vous serez en très bonne compagnie. » A quoi l'on lui répondit : « Pardon, Monsieur, c'est lui qui sera en bonne compagnie. » Le départ nous fut fixé pour le lendemain matin, à neuf heures. Et comme on parlait de faire porter tous nos bagages à la mairie pour monter en voiture, il dit : « Pas de départ collectif! M. von Werder n'en veut pas. Chacun à part, en voiture ou en omnibus, sera pris à domicile par les soins de la mairie, et le convoi se formera à Saint-Apollinaire (trois kilomètres). »

Dans l'après-midi, M. Jenniol fit donner à chacun des otages une affiche à coller sur sa porte, pour exempter sa maison des logements militaires pendant sa captivité. De plus, il dicta à l'un d'eux cette petite feuille de renseignements :

« Étapes : Gray, Vesoul, Saint-Loup, Épinal. Il est permis aux otages, sur leur parole d'honneur, de coucher où ils veulent, à condition de se présenter le lendemain à l'heure fixée. Ils peuvent correspondre comme ils veulent par lettres ouvertes, tant qu'ils sont en France; en Allemagne, service ordinaire. Les maisons des otages sont exonérées de tout logement militaire pendant la durée de leur séjour en Allemagne. »

Mais ces promesses qu'il dictait, il ne voulut pas les signer ; il offrit une poignée de main qu'on refusa, et chacun fut à ses préparatifs. La population ne paraissait guère sensible à cette nouvelle violence, qui ne l'effrayait ni ne la domptait plus que les autres; aux yeux de la plupart, c'était une charge de plus au dossier allemand, voilà tout.

Donc, en l'an de malheur mil huit cent soixante-

dix, le dix-huitième et dernier du règne de Napoléon III, le premier de la troisième République française une et indivisible, le vendredi 2 décembre,
furent emmenés de Dijon, pour arriver le *treizième*
jour à Brême, vingt otages civils.

Les dates, les nombres et les jours néfastes sem-
blaient présider au voyage.

La liste signée par le maire de Dijon et approuvée
par le général von Werder portait en outre deux
suppléants, dans le cas où quelqu'un des vingt premiers eût manqué à l'appel ; sur cette liste étaient
marqués les prénoms, qualités et adresses de chacun.
Je crois inutile de publier ces noms et ces indica-
tions, superflues pour ceux qui nous connaissent, et
sans intérêt pour les autres lecteurs, auxquels il
suffira de savoir que ce groupe, formé on ne sait trop
par qui, comment, ni pourquoi, comprenait des
conseillers généraux et d'arrondissement, des membres du tribunal de commerce, des avocats, des magistrats, des professeurs, des banquiers, des industriels, des négociants, des agriculteurs, des propriétaires, gens de fortune et de position fort diverses, qu'un caprice, un calcul ou une méchanceté
avait tout à coup réunis sous le nom de *notables* et
condamné au sort d'*otages*.

Pour eux, j'ai droit de dire que, sauf l'ennui de la
circonstance qui les rassemblait, ils furent heureux,
ceux qui étaient déjà liés, de retrouver des amis ;
ceux qui ne s'étaient pas encore vus, de faire d'ai-

mables connaissances. Il n'est pas commun de ren-
contrer vingt personnes qui soient toutes de bonne
compagnie, d'esprit suffisant, de conversation supportable et de caractère agréable; le maire et M. von
Werder ont sous ce rapport eu la main heureuse, et
nous les en remercions. Dans la colonie qu'ils exi-
laient le 2 décembre, il y avait des notes et des tons
différents, assez pour empêcher la monotonie, mais
non pour troubler l'harmonie. Je ne ferai en particulier l'éloge de personne, mais je crois que chacun
est satisfait des autres; ce mélange de discrétion et
de familiarité qui constitue la politesse française
devait entretenir certainement le charme des relations, sans qu'il survînt de froideur, de gêne ou
d'ennui.

Quelques dames se sont bravement jetées dans
cette aventure, sans savoir où elle mènera.

Le nombre de ces épouses fidèles s'augmenta
plus tard ; mais saluons d'abord l'héroïsme des premières, qui partirent ainsi pour l'inconnu sans sour-
ciller ; leur caractère ne se démentit pas dans les
plus dures circonstances, et leur perpétuelle bonne
humeur égaya nos plus tristes étapes. La meilleure consolation pour l'exilé qui ne peut voir la
France, c'est assurément de voir des Françaises.

Ainsi qu'il avait été convenu la veille, des voitures
fournies par la ville devaient prendre individuellement ou par petits groupes les otages à leur domicile et les conduire à Saint-Apollinaire, où le rendez-

vous général était fixé pour neuf heures et demie.
Le but de cette mesure était d'éviter le spectacle
d'un convoi de huit voitures traversant la ville au
milieu d'une escorte militaire. L'autorité prussienne
redoutait une manifestation; elle avait voulu l'éviter, et elle l'eut.

Quand nos voitures, qui étaient presque toutes en
retard, arrivèrent à dix heures à la barrière de Gray,
où le bureau d'octroi était transformé en corps de
garde prussien, le factionnaire croisa la baïonnette et
refusa de nous laisser sortir de la ville; puis, inquiet
ou mécontent de l'encombrement que ces voitures
faisaient à la barrière, le chef de poste donna l'ordre
de les conduire à la mairie. Nous voilà donc prenant
la file et gardés par quelques fantassins, reconduits
au pas à travers le faubourg de Gray et la rue Saint-
Nicolas jusqu'à la place d'Armes. On se mettait aux
portes et aux fenêtres; sur la place se forme un
rassemblement de curieux, parmi lesquels quelques
amis viennent nous serrer la main. L'un de nous descend; un soldat, croyant sans doute qu'il veut s'é-
chapper, lui présente aussitôt la pointe à hauteur de
poitrine; quelques cavaliers arrivent et dispersent
brutalement les gens inoffensifs qui entourent les
voitures. M. Jenniol paraît à cheval, fort en colère,
et fait une scène en allemand à ceux qui nous ont
ramenés; il se met à la tête du convoi, qui s'ébranle;
on regarde beaucoup, mais sans bruit; nous recevons quelques derniers saluts, et après des pour-

parlers la barrière s'ouvre enfin. M. Jenniol continue à nous escorter, de crainte que les sentinelles
échelonnées sur la route ne nous arrêtent encore
avant Saint-Apollinaire.

Nous montons la côte de Montmuzard. Je revois ce
long mur écorché par les balles, cette petite maison
percée de boulets, et ce grand champ devant la Bou-
dronnéc, piétiné par les chevaux et sillonné en tout
sens par les ornières des canons. Au premier départ,
notre voiture était sortie par la porte Neuve ; nous
avions revu les restes mornes de l'incendie et remarqué un pan de mur noirci, dont la fenêtre béante
portait encore un pot de fleur desséché. Plusieurs
fois dans ce voyage, ce frêle vestige de vie et de joie
au milieu du chaos de la mort s'est représenté sur
des ruines.

A Saint-Apollinaire, notre convoi s'arrête pour
attendre l'escorte et M. von Rantzau. Nous descendons pour nous serrer la main et battre la semelle,
et c'est là que je peux observer comment nous sommes tous installés et attelés : c'est un mélange de
grandeur et de misère, d'élégance et de ridicule
digne du burin de Callot.

D'abord, un misérable fiacre à un cheval, dont le
cocher, qu'on va emmener jusqu'au-delà d'Epinal, a
été pris sur la place, ne croyant faire qu'une course.
Il a pour toute ressource un mouchoir sale, et sa
femme l'attend pour dîner. Puis des omnibus grands
et petits, qui font ordinairement le service de la gare

aux hôtels, et portent encore leurs annonces voyan-
tes. Mais la palme appartient à une antique diligence
bleue et rouge, dont la masse pesante roule péniblement avec des grincements et des bruits de ferraille;
elle semble vouloir sans cesse écraser les deux hari-
delles qu'elle éreinte, et cherche à s'arrêter à tous
les tournants comme un mastodonte essoufflé. Une
voiture à deux chevaux a meilleur air; mais qu'est-
elle auprès d'un confortable omnibus de chasse avec
trois beaux chevaux de front et un irréprochable
cocher? C'est d'un grand goût, et les officiers allemands, admirant d'un œil d'envie, semblent songer
à la réquisition.

Les voyageurs, en attendant l'escorte, se dispersent dans le village. Quelle ruine! Plus d'habitants,
plus de meules, plus de bétail ni de volailles. Çà et
là, des soldats prussiens fument sur les portes, à
travers lesquelles on voit les débris du pillage. Un
peu au delà du village, le champ de bataille, par des
plaques de paille, indique les endroits où l'on a couché les blessés; des élévations de terre fraîche
cachent les morts, hommes et chevaux; des cendres
et des bouteilles cassées marquent le bivac. Il y a
deux mois que c'est ainsi; qu'il n'y a plus ni pain ni
paysans; que l'ennemi est installé dans ce paisible
et riant hameau, qui n'avait commis d'autre crime
que de se trouver sur sa route. Nous en verrons bien
d'autres; et pendant plus de cent lieues, à travers la
Bourgogne, la Comté, la Lorraine et l'Alsace, ce sera

toujours la même chose. Quelle mort ! car, au milieu
de cette horreur, l'Allemand, noir, sale et silen-
cieux, n'a pas l'air d'un vivant, mais d'un spectre
de malheur. Il n'y a même plus de chiens errants ;
pas un bruit ; on n'entend que la bise et les corbeaux. L'auberge, transformée en corps de garde,
n'offre comme refuge qu'un taudis, avec un lit brisé
et un poêle sans feu. Là, debout, une grande femme
maigre, aux cheveux gris ébouriffés, murmure : «Les
brigands! les brigands!» Je lui demande à boire :
« Je n'ai plus rien ; ils m'ont tout pris, tout pillé... »
Et alors sa bouche de sorcière vomit un torrent de
regrets sur son vin, ses liqueurs, ses fils et son
cochon, avec un intarissable mélange d'injures et de
malédictions folles et terribles. Tout ce qu'elle peut
m'offrir, c'est le fond d'une bouteille qu'un cocher
prussien lui a donné.

Enfin l'escorte arrive, une escorte d'infanterie,
en sorte qu'il faut aller au pas. Il est midi, et nous
atteignons à peine Varois, à sept kilomètres de Dijon.
L'église neuve et blanche porte la trace des coups
de canon stupidement tirés contre elle, car elle
est à cinq cents mètres du village, où quelques
Français avaient essayé de lutter. Dans les champs
à droite de la route, les soldats prussiens établis-
sent activement un télégraphe définitif sur de grands
poteaux, parallèlement au télégraphe de campagne
installé depuis longtemps sur des pieux jaunes de
deux mètres et demi.

A Arc-sur-Tille (dix kilomètres de Dijon), c'est un vrai camp allemand. La place et les prairies sont encombrées de chariots. Un régiment de landwehr, avec son schako en éteignoir à croix blanche, nous croise, et nous force à faire halte au milieu de la poussière et de la cohue. Tout cela est sale et laid, mais solide et suffisamment équipé. A voir cette foule qui descend encore vers notre pauvre ville ruinée, il n'y a qu'à courber le dos sous la verge de la Providence en répétant : « Que votre volonté soit faite ! »

Jusqu'ici nous avions été sans rapport avec notre conducteur M. le comte Otto von Rantzau, qui trottinait derrière nous à la tête d'une trentaine de fantassins, tandis que quatre dragons nous précédaient ou caracolaient en flanc. Il y avait de la poussière, malgré la cruelle gelée qui devint sans cesse plus âpre jusqu'à Epinal. Les convois, finissant toujours par broyer sous leurs pieds et leurs roues innombrables la chaussée la plus dure, fabriquent au cœur même de l'hiver, s'il gèle de la poussière, et de la boue s'il neige.

On fit observer à M. von Rantzau qu'à ce train nous n'arriverions jamais. Alors, avec beaucoup de politesse, il nous demanda si nous pourrions lui donner une place : ce qui fut fait immédiatement dans l'un des omnibus. Son brosseur, jeune Teuton très engourdi, fut hissé avec tout son fourniment, casque, sac, gamelle, fusil à aiguille et cou-

verture, sur la banquette de la vénérable diligence ;
et la malle de M. von Rantzau monta sur l'omnibus.

On avait déjeûné en voiture avec les provisions
que les gens prudents offraient généreusement aux
autres, sans songer à l'avenir; d'aucuns même
avaient emporté de bon vin, en sages Bourguignons :
car à quoi bon le laisser aux Prussiens? Le temps
était beau, quoique froid : on regardait à travers les
vitres le pays gracieusement accidenté et çà et là
boisé, la route solitaire où de loin en loin apparais-
sait, comme pour nous rappeler sans cesse notre
malheur, la flamme noire et blanche des lanciers
prussiens.

Mirebeau-sur-Bèze (vingt-quatre kilomètres de
Dijon) est un gros bourg de quinze cents âmes. Pendant que les chevaux soufflent, quelques-uns vont
donner un coup d'œil au beau château construit sous
François 1er ; la plupart entrent dans l'auberge, où
l'on a grand'peine à obtenir du feu et du pain. On
ne voit que Prussiens partout : les uns posent un
télégraphe ; le plupart transportent des farines et
des fourrages ; la Bèze bouillonne tristement le long
des moulins arrêtés. Peu ou point d'habitants.

A la nuit nous traversons Renève, où la vieille
Brunehaut périt en 613, attachée à la queue d'un
cheval. Depuis douze cents ans, les mœurs royales
ont-elles fait de grands progrès, et la brutalité
sauvage de Clotaire est-elle plus criminelle que
la savante hypocrisie de Guillaume? Après Renève,

nous apercevons au clair de lune Essertenne et Mantoche, déserts, sans une lumière ; là dans les bois se sont battus nos pauvres *mobilisés*.

Enfin, voici Gray ; notre convoi traverse le grand pont sur la Saône ; l'obscurité nous empêche de distinguer les ruines de la gare, brûlée sans motif. A travers la ville silencieuse, nous montons lentement jusqu'à la place, où de vieux Prussiens de la landwehr, coiffés du schako de cuir à gouttière, nous regardent en grommelant. Au bout d'une demi-heure, nous sommes libres de quitter nos voitures glacées, et nous trouvons un dîner abondant que la municipalité de Gray, malgré tous ses soucis, a bien voulu commander pour nous; elle a songé aussi à nous coucher : merci pour cette française hospitalité.

Le dîner fut gai, la conversation s'anima; les Graylois nous racontèrent l'histoire de leurs otages enlevés l'avant-veille. Le sous-préfet avait été pris avant tous les autres, en punition de son langage patriotique et républicain en face de M. von Werder. M. Thénard avait vu son château de Talmay cerné par un détachement de cavalerie dont le commandant lui avait refusé même le temps de faire sa barbe. Son ardeur pour la défense nationale devait le signaler ; il était de ces hommes de cœur qui ne désespéraient point, et auxquels l'amour de la patrie faisait abdiquer leurs plus intimes convictions dans l'espoir du salut ; ses chevaux, ses voitures,

6

ses domestiques étaient mis au service de Garibaldi,
et la seule apparence de défenseur de la France avait
vallu au *condottiere* la poignée de main d'un Thénard. Sept autres notables, de positions et d'opinions diverses, avaient été choisis sur une liste
générale de cent trente; de petites intrigues, des
rancunes mesquines et des querelles de clocher
avaient fait désigner les noms. Enfin, le dixième
otage Graylois était administrateur des forges
de Pesmes. Il n'avait pu prendre ni une chemise ni
un sou : le motif de son arrestation était simplement la résistance honorable des habitants dans
une commune où il n'avait aucune fonction officielle.
Cette liste arbitraire et bizarre n'avait pas été ar-
rêtée sans pourparlers ni changements :

Il est avec Bismark des accommodements (1).

Quatre notables fort riches s'étaient fait effacer
sous des prétextes risibles : par exemple, un gros
épicier avait obtenu de rester, parce que son départ aurait privé la ville et l'armée allemande d'approvisionnements suffisants : MM. les officiers songeaient à leur café et à leur moutarde avec un soin
digne d'être noté dans les annales de la guerre.
D'ailleurs, les réquisitions, les violences, les logements militaires et les exactions se pratiquaient à

(1) Molière, *le Tartuffe*, IV, v.

Gray comme partout. Le sang même était versé
sans qu'il y eût un recours quelconque contre la
raison du plus fort. Tous ces tristes détails prolon-
gèrent la conversation, et l'on s'endormit tard.
Quelques-uns prirent gîte chez des amis ; la plupart s'installèrent dans la sous-préfecture transformée en dortoir.

Le lendemain matin (3 décembre), avant le départ, nous eûmes le temps d'admirer, des jardins
de la ville haute, la vue qui s'étend dans la vallée
de la Saône. La gracieuse colonnade espagnole de
l'hôtel de ville, chef-d'œuvre de la Renaissance
(1568), était salie par les bivacs prussiens ; devant la jolie église, quelques paysannes vendaient,
en grelottant, du beurre et des œufs ; le port, les
usines, tout chômait, et sur les murs nous lisions
une affiche signée von Werder, annonçant que
quatre Graylois, dont étaient énumérés les noms
et qualités, venaient d'être fusillés pour avoir été
pris les armes à la main *sans faire partie de l'armée régulière.* Ainsi, à l'époque où le gouvernement
de Tours et de Bordeaux avait mobilisé tous les
hommes valides, la nation allemande, ayant elle-
même tous ses hommes sous les armes, assassinait
juridiquement le paysan qui se levait contre l'invasion, l'employé de chemin de fer qui défendait sa
gare, le jardinier qui tirait sur le maraudeur de ses
choux.... Et l'auteur de ces froides exécutions était
ce petit vieillard rouge, qui se dandinait dans ses

bottes d'un air si goguenard à la parade, sur la place
d'Armes de Dijon ; ce M. von Werder avait la conscience aussi légère après ces meutres-là qu'après le
bombardement de Strasbourg, et le vin de Champagne ne lui paraissait pas amer.

En partant de Gray, vers neuf heures, nous
signâmes à M. von Rantzau un engagement de ne
nous point échapper, moyennant quoi nous pûmes
faire à pied une partie de la route.

Elle est belle, cette vallée de la Saône, bordée de
collines boisées, au milieu desquelles Gray, en amphithéâtre, découpe ses clochers et ses toits sur le
ciel du matin. Mais que les villages sont tristes !
Dans quelques-uns, complétement abandonnés, on
ne remarque que la voirie où pourrissent les peaux
et les entrailles des bestiaux abattus : les cabanes
vides, ruinées, autour de ce charnier, ont un aspect sinistre. Ailleurs, des femmes regardent timi-
dement derrière le volet, et poussent à demi voix
une malédiction.

A l'entrée de la forêt de Bellevaivre, nos réflexions sont tout à coup interrompues par le bruit
lointain du canon. On s'arrête, on se consulte ; notre
conducteur hésite, déploie ses cartes *françaises*, et
finit par conclure que c'est sans doute le bombardement de Belfort : mais Belfort est à dix-huit
lieues en ligne droite. Pendant ce temps on réquisitionne des chariots de paysans pour l'escorte, afin
de pouvoir trotter. Nous repartons malgré le gron-

dement qui semble s'approcher; nos voitures courent au milieu des grands bois, tandis que, loin
derrière nous, l'escorte, dans une longue charette,
assomme le cheval de labour chargé de vingt
hommes, jusqu'à ce qu'il tombe mort et reste là sur
le bord du chemin. Sous un temps gris et froid, dans
cette campagne glacée où l'on ne voit ni une âme ni
une fumée, au son des détonations mortelles, les cadavres de chevaux abandonnés dans les fossés, avec
leurs jambes raides et leurs yeux ternes, font mal à
voir. Eux du moins, qu'ont-ils fait pour périr ainsi?

A gauche se dresse la tour de Beaujeux, célèbre
par sa légende; nous apercevons, sur les deux rives
de la Saône, Seveux et Sevoyeux, avec leurs grandes
usines endormies. Nous nous arrêtons à Vellexon,
au pied du château du duc de Marmier, pour essayer
de manger; mais quoi? Dans l'auberge, il n'y a
même plus de pain; à grand'peine un peu de feu
s'allume, et là, pour la première fois, j'observe le
dérangement d'esprit produit par les désastres de la
guerre. L'hôte, autour de nous, tourne en parlant
sans cesse, répétant à tout moment : « Ils m'ont
tout pris ! » Cet homme ne comprend plus ce qu'on
lui demande : son malheur a engourdi sa raison ; il
reste là par habitude, repensant et répétant son
idée fixe. Souvent encore, le long de la route, nous
verrons cette ruine de l'intelligence s'ajouter aux
autres, et rendre plus cruel le douloureux tableau
qui se déroule indéfiniment sous nos yeux.

6.

Cependant il neige, nos chevaux s'attellent lentement, et semblent fatigués. A la nuit, nous avons à
peine fait deux lieues, et la neige redouble. M. von
Rantzau essaie de nous arrêter au village de Fres-
nes : le commandant de place s'y refuse, et donne
l'ordre d'aller quand même ; c'est bon à dire, mais
les chevaux n'en peuvent plus, ils glissent, ils tombent ; la grosse diligence s'arrête définitivement,
tandis que le reste du convoi s'embarrasse dans une
longue file de chariots allemands. Il faut descendre
dans la neige, pousser à la roue, et subir les me-
naces des uhlans si l'on parle de rétrograder. Enfin,
l'administration allemande se décide à donner des
chevaux de renfort, et au milieu de la nuit, par un
pied de neige et un froid de quinze degrés, on arrive
au village de Noidans-le-Ferroux.

Nous avons mis plus de douze heures pour faire
moins de dix lieues depuis Gray. A grand'peine une
maison s'ouvre, demi-ferme, demi-auberge. Le curé,
effrayé d'abord, consent à loger les dames. Le feu
s'allume, et une abominable friture écarte du four-
neau par son odeur ceux que le froid y pousse. Cependant les tables se dressent, chacun tire ses provisions, les armoires se vident et fournissent quelques restes : la gaieté française finit par rendre
charmant cet impossible festin.

Mais il faut dormir, et il n'y a que deux ou trois
chambres, qu'on a peine à faire accepter aux plus
âgés : ils voudraient partager le sort commun,

c'est-à-dire la paille étendue à la place même où
nous venions de manger; chacun se roule dans son
manteau, et s'endort d'aussi bonne volonté qu'il a
dîné : ô Faim! ô Fatigue! quelle cuisinière et quel
matelas vous êtes!

M. von Rantzau veut coucher tout botté avec
nous; est-ce prudence ou courtoisie? Courtoisie,
assurément, car depuis qu'il est dans notre voiture
nous avons pu apprécier ses manières.

Par une singulière rencontre, l'officier allemand
qui emmène aujourd'hui contre tout droit vingt *notables* dijonnais, descend de l'illustre maréchal de
Rantzau qui défendit vaillamment Dijon et Saint-
Jean-de-Losne contre le maréchal autrichien Gal-
las, en 1636. Cette famille, danoise d'origine, avait
produit trois ou quatre généraux célèbres; mais nul
ne parvint à la gloire du maréchal, ami intime de
Louis XIII : borgne à Dole, puis manchot, et enfin
orné d'une jambe de bois à Arras, il avait reçu
soixante blessures, et livré deux fois plus de batailles; il n'en buvait pas un coup de moins, pour
n'avoir qu'un œil, une main et un pied; le poète
disait, avec raison :

Et Mars ne lui laissa rien d'entier que le cœur.

Son descendant, auquel je ne souhaite pas une
gloire aussi chère, a d'autres qualités : il est plus
diplomate que guerrier. Il parle français sans trop

de difficulté, bien que certains mots lui échappent :
il nous appelle « Messieurs les *outrages ;* » mais nous
comprenons qu'il ne veut pas nous en faire un ; et
comme il est homme d'esprit et de bon ton, nous cau-
sons volontiers. Il nous sonde d'abord par des éloges
discrets de M. Gambetta, et nous nous empressons
de reconnaître que M. Gambetta déploie une grande
activité ; il nous raconte ensuite qu'il a entendu
M. de Gramont déclarer la guerre, dans la séance
du 15 juillet, au Sénat ; puis il nous parle des réu-
nions publiques où il allait incognito ; il fait timide-
ment l'apologie de l'empereur ; et, doucement, il finit
par s'apercevoir que ses prisonniers sont tous gens
de bonne compagnie, appartenant aux partis légiti-
miste, orléaniste, ou républicain sage : il ne peut
dissimuler son étonnement. Comme la défense en
Bourgogne a pris un caractère démagogique par le
nom de Garibaldi, c'est le parti *radical,* comme on
dit, que M. de Bismark a voulu effrayer et frapper
par l'enlèvement d'otages ; il les a demandés « *de
l'opposition,* » et il a été joué ; les gens *de l'opposition,* aujourd'hui, sont ceux qui protestent contre la
République dictatoriale de M. Gambetta ; et ce sont
eux que la liste faite, on ne sait par qui, a livrés.
M. von Rantzau n'a pas l'air de s'en plaindre : « *Ça
lui est ben égal,* comme dit Brasseur, *mais c'est Bismark qui sera pas content !* »

On dort mal, sur une paille déjà brisée et peut-
être habitée, par un froid de quinze degrés, dans

une cuisine où l'odeur de la graisse ne gèle pas.
Chacun, plus ou moins engourdi et courbaturé, se
lève au petit jour, et dans l'église glacée, où le vent
siffle à travers les vitres brisées, le curé dit en fris-
sonnant une messe matinale pour les voyageurs.

L'enfant qu'une mère hardie a emmené aurait
besoin de lait : mais où en trouver ? Nul paysan
n'avouera qu'il a encore une vache cachée dans un
recoin inconnu aux pillards ; cependant, avec pré-
caution et intermédiaires, une vieille procure le lait
mousseux, et refuse qu'on le paie ; un brave homme
demande au moins « l'honneur de le porter. » Un
domestique modèle met dans son dos le biberon
pour l'empêcher de geler.

On attelle vivement, et fouette cocher! Mais la
neige dure est glissante ; il faut aller doucement.
Tout à coup, auprès du village de Raze, sur une
pente bordée de taillis, les trois uhlans de tête
partent au galop, les voitures filent en patinant, et
contre notre omnibus, qui ferme la marche, les deux
uhlans de queue se serrent en baissant la tête ; le
nez blanc de givre de leurs chevaux fumants entre
par la portière. M. von Rantzau, d'un ton moitié
plaisant, moitié ému, nous dit que tout à l'heure
il pourrait être notre prisonnier, qu'il nous prie,
en ce cas, de sauver sa malle et ses bijoux pour les
envoyer à sa famille ; il se déganle et nous laisse
voir ses bagues..... La veille, en cet endroit, passait
un convoi de quatre-vingts prisonniers français ;

soudain des coups de feu partis du bois ont dispersé
les uhlans, et les prisonniers ont regagné Besançon
avec la poignée de braves qui les a hardiment
délivrés sur la route de communication de l'armée
prussienne. Nous comprenons l'inquiétude de M. von
Rantzau ; pour nous, qu'avons-nous à craindre ?
Sans doute des amis ne tireraient pas sur nos voitures contre lesquelles les uhlans se collent. Mais à
quoi servirait cette délivrance ? Vingt autres Dijonnais seraient pris demain, et la ville paierait peut-
être cher le dévouement de nos libérateurs. Le danger, pour le moment, c'est qu'un cheval ne tombe
dans cette glissade effrénée. Au bout de cinq minutes tout se calme ; le passage dangereux est franchi : à droite et à gauche, les paysans, réquisitionnés
par l'Allemand irrité, rasent le bois ; les uhlans, ca-
racolant fièrement, font le moulinet avec leur lance
et nous donnent le spectacle d'une *fantasia* germaine. M. von Rantzau remet ses gants ; la conversation reprend.

Les collines s'élèvent et deviennent presque montagnes. Dans la plaine, à chaque village, s'étendent
des parcs de trains prussiens. Devant nous se dresse,
sur un piton isolé, la pointe gothique de la Motte ;
nous passons une petite rivière ; nous voyons quelques
beaux bâtiments, et nous sommes dans la Grande-
rue de Vesoul. Après attente dans les voitures, l'administration allemande nous loge dans deux hôtels
où nous pouvons enfin nous chauffer et manger.

Les Vésuliens, écrasés par l'invasion, nous témoignent les meilleurs sentiments. Nous sommes invités et reçus avec la plus vive cordialité dans les cercles ; les marchands nous vendent bon marché les objets que nous n'avons pas eu le temps d'acheter à Dijon. Un coutelier, qui me prend d'abord pour un officier allemand, demande trois francs d'un couteau ; je lui explique qui je suis : « Alors, Monsieur, c'est trente sous ; et permettez-moi de vous embrasser. » Nous pouvons voir et consoler à l'hôpital quelques-uns de nos mobiles blessés dans les combats de la Saône.

Les dix otages de Vesoul ont été enlevés d'une manière aussi abitraire et inexplicable que ceux de Gray et de Dijon. La veille de leur départ, l'ennemi, pris de panique, les a fait monter tout à coup en voiture, et les a emmenés passer une nuit glaciale hors de la ville. Nous les retrouverons à Lunéville avec ceux de Gray.

Vesoul n'a guère de monuments : église, casernes, préfecture, palais de justice, sont de la fin du dernier siècle. Nous obtenons la permission de monter sur la montagne de la Motte. Il fait un temps froid, calme et clair. En haut s'élève un portique gothique surmonté d'une flèche : ce portique abrite une statue de la Vierge, et sous le monument, dans une grotte naïvement parée de bouquets, quelques cierges brûlent devant un autel. La vue immense s'étend des Vosges au Jura ; la ville s'allonge dans la vallée, et plus de trente villages dorment au loin sous la neige, au pied des montagnes blanches ; au milieu de ce vaste silence de la nature engourdie, les détonations régulières du canon de Belfort arrivent comme un glas ; la sentinelle prussienne bat des pieds à côté d'un poteau garni de paille goudronnée qui doit s'allumer la nuit en cas d'alarme.

Le 6, au matin, le convoi prend la route de Saint-Loup-lès-Luxeuil. Le froid plus vif force à tenir les glaces fermées, et les arborescences qui les couvrent empêchent de voir le pays. A Conflans, au bord de la Lanterne, qui n'est point gelée, on déjeune de poisson frais, et avant la nuit on entre dans Saint-Loup. La petite ville, sur ses deux jolies rivières, est envahie de Wurtembergeois en capotes grises, et nous aurions grand'peine à trouver un gîte. Mais cette nuit doit être la plus agréable et la plus gaie du triste voyage, grâce à l'hospitalité de M. et Mme de Maillard. Dans leur château, où s'est installé un major prussien avec tous ses accessoires, ils veulent nous loger tous ; les chambres s'arrangent et les lits se multiplient comme par enchantement ; dans la vaste salle à manger pétille un feu seigneurial, et sur la longue table, les plats et les verres multiples nous feraient oublier que nous sommes en pays conquis et ruiné, si les maîtres de la maison n'étaient obligés, par prudence, d'y inviter trois officiers allemands. Le gros major, les coudes sur la table, se grise doucement, son dictionnaire d'une

main et son verre de l'autre ; un aide de camp appuie son genou botté contre la nappe ; cela n'empêche point la gaîté ni l'esprit français d'avoir cours ;
il est impossible d'être plus cordialement gracieux
que les châtelains ; nous devons leur causer du tra-
cas sans doute, mais ils font une bonne action, que
nous n'oublierons pas : en vérité, ils nous rendent
pour un instant la patrie et la famille. Ils ne se
doutent pas qu'en nous versant du vin de Champagne, ils s'attireront le lendemain l'injonction d'en
offrir journellement au gros major. Les conversations s'animent, les cigares s'allument, et bien tard,
chaque bande, le corps et le cœur réchauffé, gagne
son dortoir : le froid est terrible, près de vingt degrés ;
mais le feu ronfle partout, et l'on s'endort oubliant
les soucis. Ah ! qu'elle est bonne cette hospitalité française ! et que bénis sont ceux qui nous firent ce jour-
là, je le répète, passer la meilleure soirée du voyage !

Malgré la rigueur de la saison, l'étape du lendemain, 7 décembre, fut agréable. Le temps était
beau, et la route ferme. Pourtant nous avions la
douleur de voir réquisitionner aux paysans du foin
pour les chevaux qui nous menaient ; on leur prenait même des chevaux de renfort. Un homme dont
la bête avait été ajoutée à notre attelage, s'accro-
cha sur le marchepied, et par ce froid terrible
resta là pendant six heures ; sans cela il n'aurait
pas revu son cheval. Nous essayons autant que possible d'indemniser ces malheureux ; mais notre

passage à nous n'est qu'une goutte d'eau dans le torrent des misères.

Nous quittons la vallée double de l'Augronne et de la Semouse pour entrer dans celle de la Combeauté. Toutes ces limpides rivières, qui vont se jeter dans la Lanterne pour grossir la Saône, sont bordées d'agréables collines. Nous traversons Fougerolles et ses vergers de cerisiers qui produisent un kirsch célèbre. Les bois noirs se dressent sur les pentes argentées aux pieds desquelles court le torrent que surplombe la route ; sous cet aspect algide, ce pays si vert et si frais en été n'est pas moins charmant. Plombières paraît enfin dans sa « fondrière entre plusieurs collines hautes et coupées qui le serrent de tous côtés, » comme dit Montaigne (1). C'est par « la fondrière » que nous entrons.

En hiver même la nature est toujours belle ; mais les villes d'eaux fabriquées uniquement pour une saison d'été, sont tristes comme un salon illuminé, poudreux et vaste, après le départ des danseurs. A cette tristesse de Plombières se joint l'énormité fastueuse et sans goût des constructions impériales. Nous n'avons pas eu le temps de visiter les antiquités : est-ce l'amour de César et de Néron qui attirait là Napoléon III ? L'église est un monument gothique du style impérial.

(1) *Journal du Voyage de Michel Montaigne en Italie, par la Suisse et l'Allemagne,* en 1580 et 1581, avec des notes, par M. de Querlon; Rome et Paris, Lejay, 1774; *init.*

Nous montons à pied la grande côte d'où peu à peu la vue s'étend sur la vallée dans laquelle la ville est étranglée. Les habitants regardent d'un air curieux et s'étonnent que nous ne nous échappions pas pendant que voitures et lanciers glissent péniblement sur le verglas de la montée. De ce plateau qui domine Plombières au nord, la vue est belle de tous côtés; les monts Faucilles se montrent à l'est, et la route, qui est une espèce de col, aboutit, par une descente rapide, au gros bourg de Xertigny : sa situation est pittoresque, mais nos yeux y sont blessés par la surabondance de l'uniforme allemand, et pendant que les chevaux soufflent, à travers les montagnes aux cascades cristallisées, nous marchons jusqu'à Dounoux. A gauche, le grand pont du chemin de fer est coupé; les piles se dressent comme des obélisques mal dégrossis, et vingt chevaux de réquisition traînent péniblement la charpente croisillée qui doit permettre aux wagons allemands d'amener plus vite des munitions et des hommes en Bourgogne. A Dounoux, comme partout, s'étale la désolation et l'abrutissement produit par le malheur. Les voitures nous rattrapent; la nuit empêche d'apercevoir de loin Epinal (1), où nous sommes conduits d'abord à la préfecture.

Le préfet allemand nous reçoit dans un vaste bureau fort chauffé par un gros poêle et de nombreux

---

(1) « Espiné, belle petite ville. » Montaigne, *ibid.*

officiers d'administration; en son langage mi-fran-
çais, il fait l'appel de nos noms, nous fait renouveler
l'engagement déjà signé à Gray de ne nous point
échapper, et nous laisse libres sur parole jusqu'à
nouvel ordre. Le convoi passe les ponts, et nous nous
entassons, tant bien que mal, dans deux hôtels le
long du bras gauche de la Moselle. Le lendemain,
8 décembre, malgré la neige intense, nous visitons la
ville, qui est jolie; les cercles nous accueillent; mais
nous aimons mieux regarder la Moselle divisée en
trois bras, dont l'eau pure et rapide embrasse tous
les quartiers. L'église romane, quoique gâtée par
des réparations successives, est curieuse et belle;
le musée est riche, et le parc agréable sous sa toilette d'hiver. Les Allemands ont brisé les planches
des fameux imagiers d'Epinal, à cause du caractère
trop patriotique de leurs enluminures.

STRASBOURG, 10 décembre 1870.

Nous ne savions, en arrivant à Epinal, ce qui serait fait de nous. Les otages dijonnais y attendaient
la réponse que ferait le roi Guillaume aux prières de
l'évêque et aux justes réclamations contre la violation de la convention du 31 octobre, où « la liberté
des personnes » était garantie. Quelques-uns pen-
saient que l'erreur commise dans la *qualité* des
otages déciderait à revenir sur sa décision arbitraire

M. von Bismark, qui avait demandé de l'absinthe et auquel on avait servi de l'orgeat. Mais M. von Bismark est plus infaillible que le Pape ; il est infaillible par la force, comme le loup.

L'ordre de départ est donné ; un otage est malade, et l'ami qui demande à rester avec lui reçoit un refus brutal : il faut que le malheureux demeure seul, à l'hôtel, aux mains des médecins prussiens, ou qu'il suive ; Dieu merci, il peut suivre, et cela vaut mieux.

Il fait un pied de neige ; nous marchons au nord. A partir de Châtel, la route devient accidentée ; chevaux ni voitures ne sont faits pour de pareils voyages ; nous rattrapons un long convoi prussien qui marche dans le même sens : il faut aller parallèlement à lui, au risque de couler dans le fossé ; sur la neige tassée les chevaux glissent, les voitures dévoient, tantôt vont trop vite, et tantôt reculent. Quelques-uns mettent pied à terre ; enfin nous entrons à Charmes, petite ville dominée par une colline neigeuse, et bordée par la Moselle que nous traversons : l'eau noire enserre capricieusement des îlots d'argent.

La station du chemin de fer est encombrée ; et, les pieds trempés, nous sommes entassés dans des voitures de troisième classe, après avoir dit adieu à nos pauvres cochers, qui regagneront Dijon comme ils pourront, avec leurs équipages fourbus. En sortant de la gare, nous voyons les peu rassurants dé-

bris d'un accident : wagons défoncés, machines
écrasées; cependant nous filons à travers la forêt
de Charmes vers Bayon ; et il nous semble comme
un réveil d'entendre le sifflet des machines; nous
avions depuis six semaines perdu l'habitude de ce
cri sonore de la civilisation.

Que dirait Mathieu de Dombasle, s'il revoyait
envahies et pillées par la guerre, les plaines heu-
reuses où il avait fondé son institut agricole?
L'antithèse de Virgile

> Et curvæ rigidum falces conflantur in ensem (1),

est sans doute un mot heureux ; mais il ne prend
pas le cœur de l'agriculteur comme le sanglot de La
Fontaine :

> Les animaux périr ! (2)

Il n'y a plus d'animaux, ni de foin, ni de blé : le
Prussien vorace est obligé, dans son propre intérêt,
de nourrir un peu le pays qu'il a trop dévasté.

Nous laissons à gauche le chemin de fer qui mène
à Nancy, la pâle capitale de Lorraine prise par quatre uhlans, et avec la nuit nous entrons à Lunéville,
où la mairie nous distribue des billets de logement
chez les habitants. Ils nous reçoivent avec joie, et
leur hospitalité cordiale prouve combien ils restent

---

(1) *Géorgiques*, I, 507.
(2) *Contes*, V, x, *Philémon et Baucis*.

français malgré l'occupation. Dans cette ville bien
percée, nous avons le temps d'admirer les tours
et la nef de Saint-Jacques, l'église neuve de Saint-
Maur et l'imposant château. Dans le vaste manége
n'évoluent plus nos glorieux cuirassiers de Reichsoffen : partout le Prussien et la neige ; mais sous la
neige et les Prussiens, la terre et les cœurs sont
français.

Le 10 décembre, nous sommes réunis aux vingt
otages déjà arrivés de Gray et de Vesoul. Le train,
énorme, emporte avec nous de nombreux malades
allemands et des prisonniers français ; les soldats
employés à la gare nous menacent du sabre si
nous prétendons descendre ; cependant les officiers
de ligne que nous trouvons dans les voitures nous
parlent avec douleur de Metz et de Sedan, avec
haine et dégoût des Allemands ; et ce train prussien
nous emmène à travers ces vallées des Vosges, si
françaises de mœurs et d'aspect.

A Héming, la route, le canal et le chemin de fer,
serrés entre les montagnes, semblent se disputer
l'étroit passage ; voici Sarrèbourg, et les sommets
escarpés des Vosges, et le long souterrain de Hom-
marting.

Que ce pays est beau ! Mais quelle tristesse de
penser que ces défilés infranchissables ont été abandonnés sans défense : ah ! si ce tunnel, en s'écrou-
lant, pouvait couper les communications allemandes
et empêcher les canons Krupp d'aller bombarder

Paris ! Mais on n'y a pas songé. Ces pitons de grès rouge, ces sommets couverts de chênes offraient des postes inabordables, sous lesquels l'envahisseur eût été écrasé comme Roland dans Roncevaux. Mais on n'y a pas songé.

Nous longeons la Zorn dominée par le château de Lutzelbourg ; là, derrière la montagne, à une lieue, agonise Phalsbourg aux deux portes, fortifiée par Vauban. La petite forteresse tient encore, et semble, au milieu de l'océan envahisseur, un rocher unique, que la marée prussienne atteindra demain. Pendant que nous passons, la garnison brûle ses dernières gargousses et mange ses derniers biscuits.

Nous sommes en pleine montagne ; les souterrains et les viaducs se succèdent, et ces rapides échappées de vue, sur les fonds et les crêtes, nous charmeraient si nous ne nous disions sans cesse : Comment l'Allemand a-t-il passé ? Comment cette admirable barrière bâtie par la nature n'a-t-elle pas été gardée ?

A Saverne, le long de la voie, des femmes et des enfants en foule font amitié aux Français. L'autorité allemande leur interdit d'approcher ; mais des gamins se glissent à travers les poteaux et les sentinelles ; ils nous offrent, de la part d'une femme qui nous salue, quelques pralines, et dans une seconde expédition, des macarons. Cependant de loin celle qui offrait ces bonbons agitait son mouchoir,

et par la portière nos bras lui répondaient. Les
larmes me viennent aux yeux quand je songe à
ces pauvres bonbons, portés furtivement par un
enfant. Merci, Madame, qui que vous soyez; vous
faites bien, et la patrie est immortelle.

Malgré le crépuscule, tout le long de la voie, à
Dettwiller, à Hochfelden, à Pfaffenhofen, à Mom-
menheim, à Brumath, à Vendenheim, une foule inquiète de femmes et d'enfants salue les prisonniers,
moitié riant moitié pleurant. Cette émotion constante ne nous laisse guère le temps de songer à l'histoire ni aux curiosités de cette riche plaine d'Alsace,
et entre les remparts, à peine écorchés, notre
train pénètre dans la gare brûlée de Strasbourg.

Pendant que chacun courait aux hôtels, j'ai été
droit au Munster. Dans la nuit, il se dressait,
infini, à travers le brouillard demi-transparent, et
semblait monter au ciel pour s'y perdre..... Mais il
faut rentrer; l'administration allemande défend de
passer trop tard dans les rues éclairées de petites
lanternes suspendues à tous les étages; et la fatigue
force à dormir quand même dans une sale alcôve de
l'hôtel de *la Maison-Rouge,* qui veut sans doute
nous donner un avant-goût des lits allemands, et
nous rançonne comme des ennemis.

Quelle belle ville, et quelle horrible ruine! Là,
dès le début de la guerre, l'Allemand s'est révélé
barbare; mais là aussi le patriotisme alsacien s'est
élevé d'abord à l'héroïsme. Il est facile aux Fran-

7.

çais d'être héroïques dans l'enthousiasme d'une bataille d'un jour ; mais le demeurer sans interruption pendant les longues journées et les plus longues nuits d'un siége atroce, cela est vraiment beau. Par cette persévérance impassible en face d'une mort lente et de tous les instants, Strasbourg s'est immortellement sacrée française, et l'Allemand, féroce ou doucereux, n'y régnera jamais qu'en étranger.

Le calme avec lequel ils racontent ce long martyre émeut. C'est le 14 août que fut frappée la première victime du bombardement, qui clouera au pilori de l'histoire M. von Bismark et M. von Werder ; — et jusqu'au 28 septembre, par une alarme continuelle et des angoisses inouïes, par des tortures physiques et morales sans pareilles, le courage des hommes, des femmes, des enfants, n'a jamais eu un instant de défaillance.

Je ne raconterai pas ce siége, qui a déjà ses historiens. Mais quelques faits qu'on me cite, et que prouvent ce que nous voyons, méritent d'être notés.

Les Allemands n'ont ni fait ni songé à faire un siége régulier. Toute leur tactique s'est bornée à un investissement rendu facile par leur nombre et l'absence de garnison.

Ensuite ils ont établi sans peine, hors de la bonne portée des canons de la place, leurs batteries armées de canons supérieurs, dont les projectiles, passant

par-dessus toute la ville, pouvaient démonter par
derrière les pièces établies sur le rempart opposé.
Il y avait là une incontestable supériorité, qui ne
s'est que trop manifestée pendant la durée de la
guerre.

Mais les canons allemands n'ont guère tiré sur les
nôtres. En somme, à l'exception de la citadelle,
dont le feu leur était redoutable, ils n'ont fait
qu'écorcher les remparts, et ils ont pris d'autres
objectifs. Connaissant le petit nombre de la garnison, composée surtout de gardes nationales, ils
ont voulu dès l'abord effrayer la population, dans
l'espoir qu'elle forcerait le commandant à capituler.

Ceux-là seuls qui les ont subies savent l'horreur
de ces nuits où, pendant que les femmes, les enfants,
les infirmes étouffaient dans les caves où l'on nais-
sait et mourait, les gens valides étaient aux remparts ou aux pompes, sous la pluie de feu stridente
qui s'abattait sciemment sur les points choisis par
l'habileté de chefs calmes, instruits et sauvages.

Dans les plus sombres nuits de l'histoire, aux
époques sanglantes où il semble que l'éternel flam-
beau de la civilisation s'éteint sous le vent mortel
de la barbarie, jamais acte plus barbare n'a été commis, que le refus de laisser sortir les innocentes victimes de ce massacre à longue portée. M. von
Werder, qui avait le 20 août fait assassiner un parlementaire, quitte à s'excuser le lendemain, déclara
« que les femmes, les enfants et les vieillards

étaient un élément de faiblesse pour la ville, par
conséquent un élément de force pour lui, et qu'il
ne pouvait abandonner cet avantage *précieux* (1). »
La Suisse seule, dans cette détresse, a pensé à
Strasbourg, et a su arracher quelques victimes à la
férocité.

C'est parce que je l'ai vu que je le dis : Strasbourg n'a pas été *assiégée*, Strasbourg a été au tiers
détruite et assassinée suivant un plan méthodique
dont le monde se souviendra.

Pour conquérir cette ville sans la *prendre*, il faut
fomenter une émeute par la peur de la mort : le
faubourg de Pierres, peuplé de milliers d'ouvriers,
est anéanti. Il n'en reste qu'un vaste champ de
décombres noircis, au milieu desquels la mère ne
reconnaît plus où était le berceau de son enfant ni
l'outil de son mari : il faut des arpenteurs pour
trouver les limites des propriétés. Cette foule affolée
et nue est en masse installée dans des baraques ou
au théâtre : aussitôt le théâtre brûle.

« Essayons des riches ! » se dit M. von Werder :
et les charmants hôtels du *Broglie*, la Préfecture,
le Quartier général, la Mairie servent de mire.

« Essayons des protestants ! » Et le Temple neuf,
chef-d'œuvre du XIIIe siècle, s'écroule sous les
bombes ; le Gymnase flambe.

---

(1) M. Gustave Fischbach, *Le Siége et le Bombardement de
Strasbourg*, 1870.

« Essayons des malades et des blessés ! » Le bombardement frappe le Lycée, l'Evêché, transformés en ambulances ; les écoles, les hôpitaux sont atteints mathématiquement.

« Essayons de l'orgueil national ! » s'écrie l'Allemand furieux. Et aussitôt tous les monuments, gloire et amour de la cité, pour lesquels les Strasbourgeois donneraient leur vie, sont anéantis : la bibliothèque avec ses irréparables trésors, le musée avec ses chefs-d'œuvre ; la cathédrale, surtout, devient le point choisi où les obus s'abattent avec prédilection.

Mais son immense toiture peut brûler, les projectiles peuvent s'acharner à ses flancs et faire voler en poudre ses dentelles de sculpture ; le géant splendide est trop dur pour les dents de feu du vandale : il reste debout, solide comme le bon navire auquel la tempête impuissante ne peut que briser quelques vergues et arracher quelques cordages.

Je n'avais point vu Strasbourg ; nul monument ne m'a causé une émotion pareille à celle que j'ai sentie devant le Munster. Toute la religion chrétienne anime ce colosse de granit et de grès, véritablement vivant. C'est l'expression définitive et poignante du christianisme par l'art ogival, lequel, quoi qu'on dise, est français.

Depuis la crypte sombre, à travers le chœur terrible et la nef céleste, la pensée divine va toujours grandissant jusqu'à la façade gigantesque, qui s'entasse et s'allonge indéfiniment dans l'extase. Jamais le cri de l'âme en exil sur terre et qui monte à Dieu n'a été jeté plus éclatant : « *Gloria in excelsis! In domum Domini ibimus!* » Jamais, depuis Pilate, la croix du Christ n'a tendu ses bras au Père sur un plus sublime Golgotha!

Il n'y avait plus de vitraux ; l'orgue était crevé d'un grand trou, et sur les dalles abîmées d'éclats d'obus, sous la voûte suintante depuis que la couverture a brûlé, la foule en deuil, à genoux, écoute la messe basse, pendant que les soldats allemands regardent chanter le coq à l'horloge. Non, jamais ceux qui prient là ne seront des Prussiens!

C'est un monde et une foule de siècles que cette église. Quelles sculptures partout ! Que d'émotions, d'idées, de douleurs, d'espérances mille fois senties et immortellement imprimées de mille manières ! Je ne puis pas décrire : il faudrait être un grand poète pour redire en paroles ce que là le génie chrétien et français a dit en pierre.

La moitié de notre temps s'est passée à la cathédrale ; le reste à regarder la dévastation. Puis, le cœur serré, mais fier, nous sommes repartis vers l'exil ; le spectacle de ce désastre m'a presque consolé. Je commence à y voir clair dans les choses étonnantes de nos jours ; je commence à juger qui ils sont, et qui nous sommes.

BRÊME, 15 décembre 1870.

Je n'ai pas eu le temps d'écrire depuis le départ de Strasbourg, et je n'ai pu résumer comme j'aurais voulu la description de cette belle et glorieuse ville. Mais je ne fais pas un *Guide*, et les étranges circonstances du voyage feront excuser les lacunes ou les erreurs de mon journal ; d'ailleurs, que garder dans la mémoire, sinon le souvenir des ponts brisés, des temples et des monuments dont ne restent que des murs menaçants, des maisons brûlées, où le feu capricieux a laissé ici un pot de fleurs sur le balcon, là une batterie de cuisine pendue au mur, ailleurs un berceau suspendu sur un reste de plancher ? Mais ce désastre matériel est-il comparable aux douleurs ?

Nous avons quitté la capitale de l'Alsace le 10 décembre, et la locomotive allemande nous a traînés vers le nord, à travers la moitié du département. Nous traversons d'abord la forêt de Brumath ; les sapins étendent leurs bras sombres, et les feuilles sèches des chênes frissonnent.

A Bischwiller se réunissait depuis 1686 la corporation des musiciens de la Basse-Alsace. Mais de longtemps, Alsace ! ne joueront plus tes musiciens ni ne dansera ta jeunesse.

A Marienthal, au bord de la forêt, venaient autrefois des pèlerins en foule prier la Vierge, et Marie Leczinska y entendit pour la première fois parler de Louis XV.

Après Haguenau et Soultz, s'étend la plaine de Wissembourg, où le 4 août dix mille Français, commandés par M. Abel Douay, ont été écrasés par quarante mille Allemands. C'est là que les turcos enlevèrent à la baïonnette les batteries prussiennes, et se firent tuer sur les canons pris, sans écouter la sonnerie de retraite qui les appelait vers le col du Pigeonnier, aussi mal défendu que les lignes de Wissembourg établies par Villars en 1706. En 1870, le chef de la France n'a pas su garder ces infranchissables barrières de Louis XIV, derrière lesquelles Hoche avait refoulé victorieusement l'invasion de 1793.

Là tout près, à l'ouest, au pied des montagnes, sont Niederbronn, Wœrth, Freschwiller, Reichsoffen, où l'armée du maréchal Mac-Mahon, le 6 août, a succombé sous le nombre et l'artillerie.

Dans cette plaine gisent, sans qu'on sache ni leur place ni leur nom, des milliers de Français qui sont venus périr inutilement pour la patrie, comme Frédéric de Caqueray, dont nous n'aurons point de nouvelles et ne retrouverons jamais la tombe. Cet enfant, orphelin, engagé aux turcos, où il était sergent, fait cent démarches pour ne point rester au dépôt, obtient de partir, et pendant huit jours, sans arrêt, traverse l'Algérie, la Méditerranée, la France,

pour courir à l'affreuse mort de la bataille. Oh! les
froides agonies, dans la boue, sous la nuit pluvieuse,
pendant des heures infinies, sans secours, sans ami,
seul! Heureusement qu'il y a un Dieu.

Les princes qui déclarent la guerre ont-ils vu les
horribles blessures, les têtes fendues, les ventres
ouverts, les mains crispées, les yeux ternes? Ont-
ils entendu le râle nocturne du champ de mort?
Ont-ils pensé aux trésors de douleurs et de haines
amoncelés là? Savent-ils qu'il y a des femmes et des
mères? Ont-ils un cœur? Sont-ils hommes?....

Un coup de sifflet, nous passons la Lauter et nous
sommes en Allemagne. Landau garde encore au
front de ses portes le soleil de Louis-le-Grand; la
magnifique ruine de Meidenburg se dresse au bord
du Rhin; devant nous défilent de hauts châteaux,
entre autres Maxbourg : tout ce pays est plein de
notre ancienne gloire.

A Neustadt, la nuit nous prend; nous traversons
le Rhin au milieu du brouillard sur le pont de Ludwigshafen, où se croisent brusquement trois ou
quatre chemins de fer; malgré son nom allemand,
le Ludwigshafen (*Port-Louis*) actuel a été rebâti en
1813 par les Français, qui s'y étaient battus maintes
fois pendant la Révolution, et l'avaient démoli en
1798; cette tête de pont verra peut-être encore les
horreurs de la guerre.

Nous couchons à Mannheim, trois fois détruite et
refaite depuis la guerre de Trente ans. Il résulte de

ces destructions successives une ville toute neuve, mathématiquement régulière, aux rues en équerre, aux maisons confortables et monotones. On se perd et on s'ennuie dans ce damier dont toutes les cases se ressemblent. Il y a un énorme palais qui n'est qu'un entassement de casernes ; des places larges et froides, des églises en style jésuite, et des monuments peints à l'huile surmontés de frontons et de statues en plâtre. Tout cela est laid, ennuyeux, allemand ; mais la Neckar bordée d'arbres se jette dans le Rhin majestueux ; le port est plein de barques ; les ponts sont grandioses ; on peut, au bord de l'eau, oublier un instant la ville. L'oublier ! non, je ne puis ! Comme nous entrions en gare, à dix heures du soir, par une gelée terrible, nous longions un train de prisonniers français : ils étaient debout, sous le rayonnement glacial, les pieds encastrés dans la glace des wagons découverts ; et plusieurs heures ils restèrent là, sans pouvoir descendre, supportant à demi-vêtus le supplice du froid, pratiqué par l'Allemand avec autant de raffinement que celui du feu par le Peau-Rouge.

L'officier prussien auquel nous demandons l'explication de cette atrocité répond « qu'on est encombré de prisonniers, qu'on ne sait comment les nourrir, et qu'il faut à toute force les transporter ainsi pour ne pas les laisser mourir de faim. » Froid ou faim, qu'importe ? Nous allons vous pendre, messieurs, pour ne pas vous guillotiner. Le calme de ces raisonnements est stupéfiant. C'est le *penser tranquille*.

Cependant nous recevons des billets de logement, par groupes de cinq ou six, dans les hôtels de Mannheim, qui ne sont que des auberges avec des enseignes fort mêlées de bêtes et de couleurs : le *Mouton vert*, l'*Oie rouge*, le *Tigre bleu* ou quelque combinaison analogue; et pour la première fois nous dormons ou plutôt nous ne dormons pas dans des lits allemands : je crois que la paille de Noidans-le-Ferroux valait mieux. M. Ad. Joanne et M. Louis Viardot (1) ont déjà décrit cet instrument de torture, mais nous l'avons trop subi pour n'avoir pas le droit d'en parler à notre tour.

Le rez-de-chaussée de l'auberge est une vaste brasserie où l'on boit, fume et mange pêle-mêle à toute heure. Les chopes, la charcuterie, la pipe et les naturels exhalent un brouillard chaud et nauséabond, qui affecte à la fois les yeux, la gorge et le nez.

Un escalier de bois conduit au long corridor sur lequel s'ouvrent les chambres ; qui en voit une les a toutes vues.

Dans un rectangle éclairé de deux fenêtres sans volets, à petits rideaux sales, deux caisses en bois

---

(1) *Itinéraire de l'Allemagne*, par Adolphe Joanne. *Allemagne du Nord*, Paris, Hachette, 1862. *Renseignements et conseils aux voyageurs*, in-8°; *Hôtels*, p. 35.

peint, trop courtes et trop étroites, sont posées
la tête à chaque fenêtre, les pieds vers la porte.
Dans ces caisses, il y a pour matelas deux ou trois
oreillers de crin juxtaposés, couverts d'un petit
drap de coton non bordé : c'est la couche ; pour
toute couverture, un long oreiller de plume enfermé
dans une taie de perse grossière, qui sert à tout
le monde jusqu'à·ce que la crasse ait terni sa couleur fausse. Là dedans on a le vent des fenêtres
sur les oreilles, les pieds gèlent contre le bois,
l'estomac étouffe sous l'édredon, les reins se coupent sur les plis du drap qui se roule en corde, les
coudes se cognent aux bords de la caisse. Il y a
là de quoi expliquer tous les cauchemars de la
poésie et de la philosophie d'outre-Rhin; mais ce
qui est inexplicable, c'est qu'ils aient tant d'enfants:
j'ai beau me retourner prudemment dans mon étau,
je ne comprends pas.

Une tasse et une assiette pour toilette, un mouchoir pour serviette, un vase suspect, deux chaises
et un poêle. Cet ameublement peut varier entre cinquante et cinq cents francs, mais il est universel. A
peine dans les grandes villes trouve-t-on un hôtel
cosmopolite où il y ait quelquefois un fauteuil et une
pendule; mais toujours la boîte peinte, l'édredon,
l'eau rare et le linge rétréci.

Notre groupe se composait de six personnes,
auxquelles furent assignées trois chambres; dans
l'une un mari et sa femme, dans l'autre deux

hommes, c'était bien ; mais dans la troisième l'hôtelier voulait loger un otage et une femme de
chambre. Il paraît que les mœurs du pays ne s'op-
posaient pas à cette cohabitation. On finit par obtenir un taudis pour la bonne, mais de draps point.
Comme elle en réclamait en parlant la langue des
nègres, et essayait d'avoir de l'eau chaude pour le
baby, on finit par lui monter une vaste chope en lui
demandant deux sous.

Nous quittâmes la « proprissime » Mannheim de
Gœthe le 12 décembre, après avoir pris du café
au lait aux frais du roi Guillaume. Les wagons,
fort sales, se sentaient de la guerre : glaces cassées,
point de boules ; mais qu'était-ce pour nous, au
prix des souffrances des prisonniers ?

La Neckar franchie, le chemin de fer court au
nord, bordé à l'est par les petites montagnes de
l'Odenwald. J'apprends les noms des lieux dans un
Guide bien fait, par M. Bædeker, à Coblentz : l'Alsace, les Vosges, une portion de la Lorraine y font
déjà partie du territoire germanique, et sont dé-
crites pesamment avec le reste de la « patrie allemande. » Cette route s'appelle un peu pompeusement *Bergstrasse*, « route des montagnes, » car ce
ne sont que des collines boisées, couronnées çà et
là de ruines. On y fait « l'ascension » du Méli-
bocus, cône granitique de cinq cent quarante
mètres, d'où la vue s'étend sur la plaine du Rhin.

Ce pays de Hesse est peuplé d'agréables petites

villes, Weinheim, Heppenheim, Bensheim et autres
noms à effrayer Boileau, à travers lesquelles on
arrive à Darmstadt, capitale du « grand-duc des
uniformes. »

Il paraît que chaque prince allemand se croit
obligé d'avoir une manie excentrique pour occuper ses loisirs et dépenser l'argent de ses sujets;
le roi de Bavière, sauvage comme Hippolyte,
court seul les forêts sur un cheval à panache, et
dort dans une chambre éclairée d'une lune artificielle où murmure un jet d'eau pendant qu'une
chanteuse lointaine distille la musique de Wagner.
Le Grand-duc de Hesse charme ses loisirs en inven-
tant des costumes pour ses sujets de toute classe;
il y a un uniforme spécial pour les maîtres d'école,
les concierges et les porteurs d'eau : le tour des
femmes viendra; que diront-elles, quand il leur
faudra afficher leur métier sur leur jupe, et étaler
leur grade sur leur corsage?

Nous ne nous arrêtons point dans cette ville, où
l'uniforme d'otage n'est pas encore fixé; nous
sommes privés de voir le musée, le château et
la tombe de la grand'mère du roi Guillaume, sur
laquelle Frédéric II inscrivit : « *Femina sexu, in-
genio vir.* » Triste caractère *viril* de cette famille!
En France, le *vir* a du cœur, parce que la femme
sans se faire homme, sait donner du cœur à ses fils.

La plaine est monotone jusqu'au Mein, qu'on
passe en entrant à Francfort. Nous sommes tous

logés à l'Hôtel de Bruxelles, près de la porte du
Taunus. C'est la première et seule fois dans tout
le voyage que l'administration allemande nous hé-
berge convenablement. Les chambres sont relativement propres, le lit germain a un oreiller, et le
poêle flambe. Un repas nous attend dans la salle
à manger, où le gaz s'allume à trois heures; nous
mangeons un dîner étrange, où les confitures se
mêlent aux salades; le vin du Rhin, fade et capiteux, s'étale en centaines de petites fioles à long
cou.

Malgré la neige, nous courons la ville, qui est
grande, belle, intéressante à maint titre. Elle forme
un hexagone dont le grand côté s'appuie sur la rive
nord du Mein, en face d'un faubourg appelé Sa-
chsenhausen; le vieux pont de pierre est orné d'un
Charlemagne en grès rouge. Tout le long du quai
passe le chemin de fer comme à Nantes. La large
rivière est gelée; les glaçons sales, amoncelés en
désordre, forment comme une houle jaunâtre et pé-
trifiée.

En entrant par la porte du Taunus, on arrive
à la place du *Rossmarkt* (marché aux chevaux),
vaste, irrégulière, entourée d'hôtels, de cafés, de
comptoirs. On y regarde la triple statue de
Gutenberg, Fust et Schœffer, les trois inventeurs
légendaires de l'imprimerie. Je suis choqué de
voir les deux derniers mis au même niveau que
le maître ruiné par eux; on pourrait au même

titre faire trôner Ojeda et Vespuce à côté de Colomb.
Quoique compliqué, ce monument est inférieur à
celui de Strasbourg, où véritablement Gutenberg fit
seul ses premiers travaux avec l'argent de Dritze-
hen; la mort de celui-ci le força de s'associer au
changeur Fust, qui l'évinça bientôt et exploita son
invention et sa gloire en compagnie de Schœffer : *Sic
vos non vobis*. C'est à Strasbourg, où Clovis, roi de
France, avait un palais, que les Allemands du XIXᵉ
siècle ont renouvelé l'incendie d'Attila, et détruit les
archives de l'imprimerie là même où elle fut inven-
tée; cette destruction a eu lieu, pour ainsi dire, sous
les yeux du Gutenberg en bronze qui dit : « Et la
lumière fut. » Quelle lumière !

La statue de Gœthe est lourde et emphathique. Le
culte de sa maison atteint au fétichisme. Après tout,
l'Allemagne n'est pas assez riche en hommes de génie pour ne pas s'enivrer d'en posséder un ou deux;
elle étale son Gœthe et son Schiller partout, comme
un parvenu son blason neuf.

Après la place où se dresse Schiller, on entre
dans la *Zeil*, une des plus larges rues du monde,
qui traverse la ville de l'ouest à l'est : hautes
maisons, brillantes boutiques, voitures et mouvement.

Le *Rœmer*, (le *Romain*, en mémoire du palais de
Charlemagne, ou bien des marchands italiens qui
vendaient là leurs richesses aux foires du moyen
âge qui subsistent encore) est un palais d'architec-

ture diverse et complexe, où se réunissaient les électeurs et se couronnaient les empereurs. En payant, car il faut payer partout, on se fait montrer le manuscrit de la Bulle d'Or. Près de là s'élève une mosquée moderne en style byzantin ou mauresque : c'est la Bourse, la fameuse Bourse de Francfort.

La cathédrale vaut mieux : bâtie du Xe au XIVe siècle, elle offre toutes les variations curieuses et gracieuses de l'art ogival. Elle est restée catholique à côté d'une énorme tour (*Sparrthurm*) devenue protestante. Il y a encore une foule de monuments du moyen âge, pleins de vie et de souvenirs. O glorieuse ville libre, centre vénéré de l'empire de la Confédération germanique, vous avez perdu votre couronne de gloire et de liberté ! Vos banquiers sont toujours riches, et votre commerce florissant ; mais l'antique capitale de l'Allemagne n'est plus qu'un chef-lieu d'une province prussienne : plus de priviléges, de conciles, d'électeurs, d'empereurs, de Diète. Et vous payez gaiement l'impôt de l'or et du sang à la Prusse, pour le stérile plaisir de vous venger des Français !

Car à Francfort il n'y a plus d'idée de liberté : la haine contre la France a fait oublier déjà les violences et les rançons de 1866. Le gouvernement royal pousse la prudence à l'excès, en évitant d'y interner des prisonniers. M. de Bismark n'a rien à craindre : Francfort vit toujours, plus belle et plus prospère ; mais son cœur a changé sans retour, elle

8

est comme la vierge violée qui devient amoureuse
de son brutal amant.

La vieille ville, qui disparaît peu à peu et s'obli-
tère comme les pepins d'un fruit perfectionné,
vaut mieux que tout le reste. Dans la rue des
Juifs, à moitié démolie déjà, il ne faut aucun
effort d'imagination pour se croire transporté en
plein moyen âge. Des masures étroites et sur-
plombantes, à pignon ruiné, s'appuient et s'entassent, noires, usées, branlantes, avec leurs bois
sculptés, leurs étages écrasés, leurs vitraux de
plomb et leurs gargouilles menaçantes. C'est vieux,
triste, sale et beau par un crépuscule gris, un
jour de dégel. Que de douleur et de persévérance imprimées au front branlant de ces cases vermoulues!
Dans l'une, dit-on, naquirent tous les Rothschild :
Aurum ex stercore. Les édifices nouveaux, quand
ils n'affectent pas le gothique, sont grands, plats,
sans style, et si, comme il est probable, les monuments doivent rester dans l'avenir le terme de comparaison entre la civilisation des époques passées,
le moyen âge, aux yeux des antiquaires futurs, pa-
raîtra bien supérieur à notre « siècle des lumières. »
Mais, que dis-je? nous balayerons si bien les débris du moyen âge, qu'on n'en retrouvera pas la
poussière.

Après l'embranchement qui mène à Hombourg,
où le maréchal de Mac-Mahon achève de se guérir,
nous voyons à gauche les hauteurs du Johannisberg

et Nauheim, célèbre par ses eaux salées, qui fournissent de sel une partie de l'Allemagne. On y prend aussi des bains, et l'une des sources artésiennes chaudes jaillit quelquefois à vingt mètres.

Nous dépassons Giessen, célèbre par son Université et par les travaux de M. von Liebig, qui y a installé un laboratoire modèle.

La vallée de la Lahn s'allonge entre des croupes couronnées de châteaux en ruine. Marbourg, où gisent les reliques de sainte Élisabeth de Hongrie, nous montre ses clochers et ses bâtiments en amphithéâtre. Denis Papin, chassé par l'édit de Nantes, y devint professeur en 1687, et le laboratoire de chimie conserve sa première *marmite*. D'ailleurs, la France ne se sépara jamais de cette gloire nationale, exilée par la politique. En 1699, Mᵐᵉ de Maintenon régnant, il fut nommé membre correspondant de l'Académie des sciences. Cette académie ne pouvait, sans déshonneur, ne pas compter parmi ses membres l'inventeur français du premier bateau à vapeur essayé sur la Fulda, en 1707, plus de quatre-vingts ans avant les expériences de Rumsey et de Fulton. Cette calme petite ville, si doucement étagée au flanc d'un coteau, sous le château des landgraves de Hesse, servit de chef-lieu à l'ordre Teutonique, et son Université, encore florissante aujourd'hui, entendit, en 1529, le redoutable colloque entre Luther, Zwingle, Mélancthon,

Œcolampadius et autres réformateurs, au sujet de la présence réelle.

A l'approche de Cassel, chacun se met aux portières dans l'espoir déçu d'apercevoir Wilhelmshœhe. En gare, on nous annonce un arrêt de six heures, et quelques-uns s'imaginent qu'on a voulu nous ménager une entrevue avec l'empereur. Il est certain que des chambellans ou officiers d'ordonnance, en bourgeois, se promènent dans les salles d'attente ; des brochures justificatives de la capitulation de Metz sont distribuées, et l'on offre discrètement des voitures pour Wilhelmshœhe, qui n'est qu'à une demi-heure, dit l'officieux cocher.

Le roi de Prusse ne serait pas fâché de terminer promptement la guerre en traitant avec Napoléon III ; l'empereur serait plus coulant que la République ; aussi l'administration allemande favorise-t-elle les rapprochements entre les Français et la cour déchue ; si ces intrigues n'aboutissent pas, elles auront du moins pour effet d'énerver la France en ranimant les bonapartistes. Pour mettre fin à ces tristesses, nous tournons le dos aux émissaires de Wilhelmshœhe et nous allons voir la ville.

La gare, comme la plupart de celles que nous avons traversées, est un édifice féodal en briques : étrange mode d'associer des choses aussi opposées que l'architecture gothique et les chemins de fer ! Ces disparates ne choquent pas les Prussiens. Chacun a vu, rue de Lille, le portique égyptien plaqué, en guise de véranda, contre la façade-caserne de leur ambassade.

Il y a deux villes dans Cassel : la vieille est très pittoresque, avec ses maisons de bois capricieuses, dont les pignons pyramidaux se touchent au-dessus des rues tortueuses, et versent leur neige fondante dans les fentes noires qui séparent chaque habitation, sans doute par crainte des incendies : le mur mitoyen est aussi inconnu que l'alignement et la perpendiculaire ; la ville neuve, aux places immenses, étale des temples grecs massifs et des palais lourds, écrasant des colonnes de plâtras peint à l'huile : c'est grandiosement laid. La promenade et la vue au bord de la Fulda sont agréables.

D'après les descriptions, Wilhelmshœhe et ses jardins sont l'œuvre insensée d'un petit prince qui a voulu trancher du Louis XIV, et se payer un Versailles germain. Ces électeurs de Hesse, bâtisseurs d'énormités mal dégrossies, vendaient quelquefois leurs soldats par milliers pour payer leurs folies. Par une juste fortune, la dynastie napoléonienne vient mourir non sur un champ de bataille près d'Austerlitz ou d'Iéna, mais dans la voluptueuse retraite où elle dégoûta l'Allemagne par le spectacle cynique de ses bourgeoises débauches : Napoléon III couche dans le lit du roi Jérôme.

Je regretterais qu'on vît dans les notes que j'ai prises jusqu'à ce jour une disposition critique. Je tâche de faire ce voyage de bonne humeur, en tou-

8.

riste; je réserve pour plus tard ma bile ou mon contentement, car je ne peux porter des jugements généraux à vol d'oiseau. Je me contente pour le moment de regarder, d'écrire à mesure, pour ne pas oublier mes impressions premières.

Je lis en marchant le *Guide* de M. Bædeker, et celui de M. Ad. Joanne, qui pousse l'exactitude à l'extrême. Notre auteur français ne me paraît pas inférieur à son rival de Mayence, excepté pour les cartes, et je lui emprunte de confiance plus d'un renseignement historique et géographique.

En 1868, j'ai failli partir pour l'Allemagne sur une promesse de M. Duruy qui n'a pu s'accomplir. M. de Bismark me fait faire aujourd'hui cette tournée. Sans abjurer mon patriotisme, j'adopte autant que possible la théorie de Descartes : « que tous ceux qui ont des sentiments fort contraires aux nôtres, ne sont pas pour cela barbares ni sauvages (1), » et j'essaie de voyager, toute proportion gardée, comme Montaigne. Ce que j'ai écrit jusqu'ici n'est pas une opinion sur le fond de l'Allemagne, que je ne connais pas encore.

Au départ de Cassel, il fait nuit ; nous ne voyons ni la Fulda, ni la Werra, ni le Weser qui va comme nous à Brême. Nous brûlons Gœttingue et son illus-

_____

(1) *Discours de la Méthode,* 2ᵉ partie.

tre université, dont quelques professeurs sont chez nous renommés, Hildesheim et son dôme doré.

Nous couchons à Hanôvre (13 décembre). L'hôtelier, réveillé trop tard, nous sert à grand'peine un peu de jambon et de bière. Quant à l'eau, c'est une liqueur rare et peu demandée, qui arrive tardivement dans de petits carafons où nous croyons voir du kirsch.

Cette capitale d'un royaume à peine disparu compte soixante-quinze mille habitants, et vaut la peine d'être vue. La dynastie, qui règne encore en Angleterre, est exilée depuis 1866, mais elle a encore des fidèles; jusqu'ici nous n'avons pas rencontré de cité moins prussienne. Elle l'est pourtant en majorité, et là, pas plus qu'ailleurs, nous ne trouvons d'amis. L'amour pour la Prusse peut, suivant les pays, avoir des degrés : la haine pour la France est unanime. Elle ne se manifeste pas partout d'une manière ostensible; elle est parfois latente, ou même mitigée; elle n'accepte pas moins le joug juste ou non du prince qui sait nous battre.

La vieille ville aux rues humides plaît à l'artiste. La ville neuve, bien percée, offre une architecture qui parcourt toutes les gammes de l'art. Le palais royal est grand; il n'y a guère qu'une belle église, celle du Marché (*Marktkirche*), en pur gothique du XIVe siècle. Une haute colonne, à la gloire des Hanovriens de Waterloo, attire les regards plus que le petit temple rond de Leibnitz, philosophe al-

lemand qui eut l'esprit d'être Français et d'écrire en
français. Devant la gare, le roi Ernest-Auguste, à
cheval, dresse vers le ciel un étonnant plumet de
bronze. Mais le sifflet nous appelle ; dans quatre
heures nous serons à destination.

Il est impossible d'imaginer un pays plus plate-
ment triste que les plaines qui s'étendent entre Hanôvre et Brême. Du moins les Landes ont leurs pins,
et la Crau son soleil. Un sol noir et tourbeux, sans
arbres, sans horizon ; des fossés pleins de glace sale ;
quelques basses maisons dont les toits descendent à
terre, ciel brumeux ; les stations se succèdent monotones.

Parmi nous, les plus gais demandent si dans ces
huttes nous devons remplacer en tout et pour tout
les fameux pêcheurs de morue que nous représentons
ici pendant qu'ils jouent au billard à Clermont.
Va-t-on nous envoyer au pôle harponner la baleine ?
Allons-nous de gré ou de force épouser en leur
place des femmes marines nées dans ces marécages ?
Ont-elles des queues de poisson comme les sirènes ?
Voici la gare de Brême.

BRÊME, 20 décembre 1870.

Nous sommes donc arrivés ici le 14 décembre.
Une salle de la gare avait été fermée au public.
M. von Rantzau, dont la courtoisie ne s'était pas
démentie un seul instant, nous présenta à un

grand vieillard, colonel commandant la place de Brême, nommé **M. Bruggemann**. A côté de lui se tenait un petit homme mal habillé de noir, mal cravaté de blanc, avec des yeux saillants et une vaste bouche pleine de larges dents jaunes : on ne saurait mieux dépeindre sa tête que par le sobriquet qui lui fut aussitôt donné : « le nègre blanc. »

Ce monsieur, avec de vifs mouvements de reins et force gestes, prit un ton de prédicateur pour nous traduire en français le discours du colonel : il commença par « nous saluer cordialement au nom de la ville libre et hanséatique de Brême. » Les plus romantiques brigands de Grèce ou de mélodrame ne sont pas plus courtois : « Monsieur, je suis confus de l'honneur de vous avoir pour hôte et d'être obligé de vous assassiner si votre rançon n'est pas payée à terme. »

Ensuite il nous informa que « nos personnes et nos vies n'avaient rien à craindre. » Il n'eût manqué que cela !

Enfin, il nous assura que nous jouirions « d'une liberté absolue, sauf que : 1° nous informerions aussitôt le colonel de notre domicile ; 2° nous nous présenterions à des appels hebdomadaires, dans un lieu désigné par le colonel : 3° nous n'écririons aucune lettre sans la remettre ouverte au colonel ; 4° nous ne parlerions ni n'écririons politique, guerre, etc.; 5° nous ne communiquerions

avec aucun officier ou soldat français belligérant ;
6° nous signerions sur l'honneur une feuille où ces
conditions étaient écrites d'avance; moyennant quoi
nous serions libres sur parole. »

Nous protestâmes aussitôt au sujet de la correspondance : ce n'était pas ce qu'on nous avait pro-
mis. Le colonel fit répondre qu'il demanderait des
instructions, mais que pour le moment il fallait en
passer par là.

Un de nous eut l'indiscrétion de s'informer avec
quoi et comment nous vivrions si nous manquions
d'argent : « A vos frais; procurez-vous de l'argent.
Si vous refusiez de signer et d'accepter les conditions offertes, vous seriez immédiatement em-
prisonnés dans une forteresse. » On signa, et l'on
gagna sous la pluie les deux grands hôtels qui
avaient été indiqués provisoirement : celui du *Nord*
et celui de l'*Europe*.

Aussitôt nous eûmes la joie de recevoir les cordia-
les poignées de mains et les offres de service des officiers français depuis six semaines internés à Brême :
nous retrouvions un peu de patrie, et nous pouvions
parler français autrement qu'entre nous. On soupa,
on courut à la poste, où la plupart trouvèrent enfin
des nouvelles des leurs, et la fatigue de ces treize
jours de voyage, bien supportée par tous, malgré les
rigueurs du climat et le manque de confort, endormit tout le monde.

Le lendemain et jours suivants, chacun chercha

à s'installer selon ses goûts et ses moyens. La majorité resta à l'hôtel de l'Europe, qui devint le centre de notre colonie; quelques-uns se dispersèrent dans d'autres hôtels ou louèrent des chambres garnies. Partout d'abord on chercha à nous faire payer cher : je ne sais quel correspondant facétieux avait écrit à la *Gazette du Weser* (*Weserzeitung*) qu'en échange de leurs capitaines captifs, on envoyait aux Brêmois de riches français qui, par leur dépense, compenseraient les pertes du commerce. Peu à peu on parvint à s'accorder avec les hôteliers; on fit des conventions précises pour le logement, la nourriture, le chauffage, et l'on parvint à vivre assez mal pour huit ou dix francs par jour.

Brême est un port de mer situé, par 53° 4′ 44″ latitude N. et 6° 28′ 6″ long. E., sur une grande rivière sale qui s'appelle le Weser, et qui vient de geler complétement en glaçons jaunâtres et moutonnés.

Cette ville « libre et hanséatique, » c'est-à-dire libre aujourd'hui de donner son or et son sang au roi de Prusse, et de ne s'associer qu'avec lui, nourrissait, en l'an de grâce 1869, soixante-quinze mille neuf cent quarante-cinq naturels, tous luthériens, excepté quatre mille catholiques, cent juifs, et ceux qui sont de la religion du pasteur Schwalb. Cette année, elle possède, en outre, vingt Dijonnais, dix Graylois, dix Vésuliens, quatre-vingts officiers de Metz et six cents sous-officiers et soldats de toutes armes ; mais elle a à son passif quarante capitaines marins qui ont voulu faire passer au nez de notre flotte des barils de poudre pour des barils de harengs.

On y entre par le cimetière, que le chemin de fer traverse. Devant la gare féodale s'étend une vaste place ornée de jardins bien tenus et bordée de grands hôtels en style cosmopolite. Par la rue de la gare, également garnie d'hôtels, on arrive au *Wall* (*vallum*, rempart, boulevart).

Brême, jusqu'au commencement du siècle, formait un ovale traversé dans sa longueur par le Weser. La vraie ville, la vieille, sur la rive droite, et le faubourg de Neustadt sur la rive gauche, étaient ceints d'une large fortification en zigzag; le mur et les glacis ont été ondulés et plantés; les fossés, alimentés par le Weser, sont devenus de longs lacs; les arbres sont magnifiques, et il est impossible d'imaginer un plus charmant *jardin anglais*.

Puis sur la rive droite, du côté de la vieille ville, tout autour de cette ceinture fraîche et verte, la plaine s'est couverte d'une cité remarquable par son agrément, sa propreté et sa distribution. Le long des rues bien percées, les maisons basses, blanches, lavées, peintes, vernies, se montrent isolées derrière des grilles et des jardinets pleins de rosiers et d'arbres verts : tout reluit, la verdure, les glaces, les vérandas, les serres. Derrière les vitres sans rideaux brillent les fleurs et les oiseaux. Point de volets : c'est tout à jour, et tout reluisant de richesse, de confort, de vie propre et plantureuse. On se croirait en Hollande.

Ce quartier neuf, aussi étendu que l'enceinte primitive, réjouit l'œil malgré l'absence de mouvement : l'air, les arbres, la lumière sont choses si délicieuses dans une cité du Nord! Quant au *Wall*, c'est un parc indéfini, en forme de serpent, qui déroule ses bois, ses eaux et ses gazons à travers tout Brême : on peut y oublier pendant des heures, comme dans les parcs de Londres, qu'on est au cœur d'une grande ville, et que des milliers de maisons s'étendent de tous côtés. Sur chacun des anciens bastions transformés en collines boisées, s'élèvent d'énormes moulins à vent qui agitent sans cesse leurs grands bras dans les airs. Leur maçonnerie à quatre étages s'amincit en courbe de la base au sommet; autour du toit mobile en bois, une galerie à balustrade évasée offre une vue étendue sur la mer des toits, d'où émergent les clochers et les dômes. Au point de vue mécanique, ces usines tout en bois, avec leurs roues et leurs arbres de chêne massif, méritent qu'on les étudie : je ne crois pas qu'en fer on fasse plus solidement ni mieux.

La vieille ville, enfermée entre le demi-cercle du *Wall* et le fleuve, présente un aspect différent. Les rues sont étroites, mal alignées, mais très animées. Les boutiques ont des étalages brillants, derrière de belles glaces que ne protégent jamais de volets. Il y a pourtant une rue assez large, l'*Obernstrasse*

(Grand'Rue), où le commerce et l'activité rappellent l'Angleterre. Cette *Obernstrasse*, parallèle à la rivière, aboutit à trois places garnies de monuments, qui forment le vrai cœur de Brême.

C'est d'abord le Marché (*Markt*), sur lequel la gracieuse façade de l'hôtel de ville (*Rathhaus*) attire d'abord l'œil. Bâti en 1410, il s'élève en style flamand, sur des arcades cintrées aux frêles colonnes surmontées de frises fouillées avec un art raffiné, symbolique, et quelquefois lascif. Cette colonnade date de 1612. Le grand étage est percé de hautes fenêtres remaniées à l'époque de la Renaissance, entre lesquelles nichent les statues bizarres d'un empereur et de sept électeurs. Tout cela, surchargé d'ornements fins et capricieux, est surmonté d'une balustrade gothique, avec des mansardes flamboyantes et un pignon à trois étages, entassement léger de fenêtres, de colonnettes et de statues qui se détachent sur un sombre toit ornementé, plus haut que l'édifice même. Malgré l'absence de proportion dans les ordres, ce massif bijou, ciselé comme une châsse d'orfévrerie ancienne, produit un bel effet d'ensemble, et vaut la peine qu'on l'étudie en détail. L'art de transition qui a donné le jour à ces productions étranges, fréquentes dans le nord de l'Allemagne, mérite l'attention plus que les pagodes de l'Inde, avec lesquelles il n'est pas sans rapport pour l'abondance et la variété: c'est un mélange bâtard de gothique, de byzantin, de roman, de grec ; mais ce bâtard sent sa race et son temps. Il porte au front l'expression multiple et inquiète des émotions guerrières, religieuses, à la fois barbares et civilisées, au milieu desquelles il a reçu le jour.

Tout l'étage est occupé par la noble salle où s'assemblait le Sénat de la République. Le reste du monument, derrière cette façade, est moderne et sans goût.

Devant le *Rathhaus* s'élève une grossière statue colossale, en pierre, représentant Roland. Elle date, dit-on, de 1412, et remplace une première *rolande* en bois ; on en voit une autre plus petite dans le quartier de la rive gauche. Ces monuments, signes des priviléges accordés à certaines cités par Charlemagne, disparaissent dans mainte ville. Ils expriment pourtant l'un des souvenirs les plus curieux de l'histoire de France et d'Allemagne : la mémoire de Charlemagne se symbolisait dans le type héroïque de son *neveu* Roland. De même, dans les temps modernes, les bienfaits de Henri IV sont encore témoignés, en beaucoup de villages, par de vieux ifs ou ormes plantés sous le ministère de Sully, et nommés de lui des *Rosny*.

Un autre côté de la place du Marché est occupé par la nouvelle Bourse. De bonne foi, on croit entrer dans une église, et, à la vue des boutiques de changeurs, on s'imagine qu'ici Jésus a oublié de chasser les vendeurs du temple. Nef, pignons, tours,

portiques, cours et dépendances, tout est en pur
et riche gothique de 1867, tout, jusqu'aux *édi-
cules* indispensables qui rendent immortels Vespa-
sien et M. de Rambuteau. D'honneur, on cherche-
rait l'eau bénite en entrant. En somme, c'est beau
et bien distribué. Mais cet énorme pâté d'ogives,
aux plombs hérissés de gargouilles, de clochetons et
de girouettes, barre le chemin et la vue juste au
milieu d'une percée directe entre le *Wall* et le Pont.
Evidemment M. Haussmann n'est pas dans les
conseils des ingénieurs brêmois.

Les deux autres côtés de la place du Marché, sur
laquelle s'agitent les marchands ambulants et gla-
pissent les poissardes, sont surmontés de pignons
percés d'une multitude de petites fenêtres et tout à
jour, depuis les caves transformées en boutiques
jusqu'aux faîtes où s'accrochent des statues peintes
et des ornements sans goût. Toute la rue *Longue*
(*Langenstrasse*) est bâtie de semblables maisons qui,
sans être belles, étonnent par la hauteur, la propreté, la variété des sculptures.

La place du Dôme, plus moderne, prend son nom
de la cathédrale, bâtie du XIIᵉ au XVIᵉ siècle, romane et gothique, vaste, mais sans autre intérêt
que ses excellentes orgues. Quand on se risque
à les aller entendre pendant l'office, on reste deux
heures prisonnier : la piété luthérienne ferme les
portes, et il faut, bon gré mal gré, se sanctifier
jusqu'au bout. Un caveau *conserve* les cadavres,

comme celui de Saint-Michel à Bordeaux, et pour
quelques sous le sacristain raconte sur les momies
des histoires aussi intéressantes qu'authentiques.
Le goût des voyageurs pour ces niaiseries est invincible.

Sur une place voisine, Gustave-Adolphe, posé en
matamore, étale, entre quatre lanternes, un joli
jabot et d'admirables bottes de bronze. Cette statue, en route pour Gothembourg, vint échouer à
Brême, où le patriotisme germain se pare volontiers
de la gloire suédoise comme de celle de Charlemagne; peut-être dans deux siècles aura-t-il aussi
des piédestaux pour Napoléon, qui fut évidemment
un empereur allemand, puisqu'il régna sur la rive
droite du Rhin.

Devant Gustave II, cette église gothique toute
neuve est un cercle et une salle de concerts; de
même qu'auprès de la Grand'Rue, ce cloître et cette
crypte en brique sont une taverne :

Aimez-vous *le gothique?* on en a mis partout (1).

Nous verrons même les ponts tubulaires en tôle se
garnir de trèfles, de rosaces et de clochetons de
fonte; la pointe du casque prussien, dont je cher-
chais en vain le but et l'origine, représente à coup
sûr une flèche de cathédrale.

(1) Boileau, *Satires*, III.

On a fait en ce siècle, à Paris et partout, même en Italie, bien des horreurs architecturales ; mais rien ne choque autant que ces contradictions hurlantes entre la décoration d'un édifice et sa destination.

Dans l'*Obernstrasse*, il faut regarder encore *Lieb-frauenkirche* (*l'église de la Dame bien-aimée*, Notre-Dame), en roman de transition. Par une tournure d'esprit bien allemande, on appelle du même nom de *Liebfrauen* un petit vin blanc, fade et capiteux, le *Liebfrauenmilsch*. Que ce long mot signifie *lait de la sainte Vierge*, ou *lait de la femme aimée*, cette appellation n'est pas moins répugnante et grotesque.

Retournons aux églises. *Ansgariikirche* (Saint-Ansgar) a une voûte gothique et une tour à flèche rouge et nue, sans autre intérêt que sa hauteur, cent huit mètres. En face, un curieux édifice de la Renaissance, bâti en 1619, restauré en 1863, et aujourd'hui nommé *Gewerbehaus* (palais de l'indus-trie), attire la vue par ses légères fenêtres, ses sta-tues peintes et dorées, ses fines sculptures. On y montre pour dix sous une mitrailleuse prise aux Français, qui attire la foule autant qu'un phoque parlant ou une araignée apprivoisée. Comment ce trophée de guerre est-il devenu l'objet d'une ex-ploitation pareille? C'est pour les blessés, dit-on. Pourquoi ne pas *montrer* les prisonniers?

Devant le porche de l'église un groupe de marbre avec un distique en mauvais latin forme une énigme incompréhensible à quiconque ignore la vie de

saint Ansgar. Ces monuments-rébus ne sont pas
rares dans l'Allemagne, amante des brouillards;
un auteur dont

> On cherche ce qu'il dit après qu'il a parlé (1),

ne déplaît point; l'obscurité ajoute un charme à la
poésie, et le succès de la musique de M. Wagner est
dû en partie, comme celui de la philosophie de
Kant, à l'*inintelligibilité*. Certaines races, dans
l'enfance de leur civilisation intellectuelle, aiment
les sphinx, sans être pour cela moins pratiques,
moins studieuses ni moins énergiques.

L'église Saint-Martin, au bord de la rivière, ne
présente de remarquable que les sermons du pasteur Schwalb, qui enseigne avec succès une religion
nouvelle. Voilà l'avantage du protestantisme : un
prédicateur ingénieux y peut toujours innover. Prêcher l'Evangile, c'est si vulgaire et si difficile! Mais
j'ai oublié de dire que le pasteur Schwalb est le *nègre
blanc* qui nous a servi d'interprète à l'arrivée. Juif
d'origine, il a vécu vingt ans à Strasbourg et passé
par différentes phases religieuses avant de devenir ministre; en même temps que les Prussiens
entraient en France, il est rentré en Allemagne,
pour la plus grande gloire de Dieu.

Traversons le fleuve qui s'étale entre les deux

---

(1) Molière, *les Femmes savantes*, II, VII.

villes, presque à fleur de terre. Il n'y a de quais que
sur quelques points de ses bords. Partout ailleurs,
d'énormes magasins à six ou huit étages baignent
dans l'eau leurs façades de brique, et enlèvent par
des poulies les richesses qui gonflent les flancs des
navires. Ce sont comme des tours serrées, par-dessus lesquelles apparaissent les clochers. De grosses
bouées de tôle rouge indiquent le chenal navigable.
En amont une estacade brise les glaçons qui pourraient écraser les bateaux ; en aval le chemin de
fer passe sur un pont métallique : à distance, on
dirait quatre moitiés de ces toiles d'araignées concentriques si légèrement suspendues aux premières
pousses des rosiers ; en approchant, on voit que ces
fils ont deux pieds d'épaisseur ; une travée entière
tourne pour laisser passer les navires ; c'est un très
beau travail.

Après le grand pont, une île pleine de magasins,
puis le petit Weser et le petit pont. Sur cette rive
gauche, les maisons sont plus basses et plus simples, mais toujours propres, et le commerce ne
semble pas moins actif. Rien, d'ailleurs, ne nous
intéresse de ce côté que les casernes bâties contre
le rempart : là sont les prisonniers.

Il y aurait encore bien des choses à décrire dans
la ville *libre et hanséatique* de Brême ; mais les rues
et les monuments ne sont que les vêtements d'une
cité. J'ai dit la forme et la couleur de l'habit : quelle
âme vit là-dessous ?

L'origine de Brême est inconnue. Sa situation à douze lieues de la mer, sur le Weser, est analogue à celle de Rouen, de Nantes, de Bordeaux, avec cette différence que les gros navires n'y peuvent remonter : le chenal n'est praticable qu'à ceux qui tirent moins de 2 mètres 30. Ceci indique un port relativement ancien, prudemment abrité dans les terres, comme presque tous ceux des Gaulois et des Germains. La triste plaine traversée par le fleuve est basse, bourbeuse, inféconde ; les arbres n'y grandissent point, et il a fallu le fumier accumulé par l'homme pour produire les beaux ombrages du *Wall*.

L'histoire certaine de Brême ne remonte qu'à Charlemagne ; mais cette ville était déjà importante alors, puisque l'empereur franc y fonda un évêché princier en 788. Le souverain épiscopal et civilisateur résida tantôt à Brême, tantôt à Hambourg, dont les destinées furent analogues. Brême lutta contre ses prélats pour conserver les priviléges de bourgeoisie dont Roland est témoin ; dès 934 elle se donna une constitution, s'entoura de remparts au XIᵉ siècle, et prit part à la première croisade, en 1099.

A cette époque, elle était riche, libre, commerçante et guerrière ; ses navires couraient la mer du Nord, la Baltique, l'Océan ; ses barques remontaient le Weser et trafiquaient avec toute l'Allemagne. En 1190, ses croisés, devant Saint-Jean-d'Acre,

contribuèrent avec ceux de Lubeck à la création de
l'ordre Teutonique, qui devait jusqu'au XVᵉ siècle
régner sur la province de Prusse. Semblable aux
républiques grecques, elle envoyait des colonies :
Riga fut fondée par elle en 1198.

Pendant le XIIIᵉ siècle elle luttait à la fois contre
ses princes-évêques et contre les Frisons du Weser.
Elle s'associait en 1284 à la Hanse qui réunissait
dans une ligue commerciale et libérale tous les
grands ports d'Allemagne, de Russie, de Hollande,
même de France et d'Espagne.

Elle adopta la réforme (1525) pour se soustraire
à la féodalité épiscopale. Les traités de Westphalie
(1648), en la mettant sous la suzeraineté suédoise,
la libéraient définitivement de son prince-évêque.
Après avoir subi en 1654 et 1666 des assauts sué-
dois et conservé définitivement son indépendance,
elle fut en 1810 englobée dans la conquête napoléonienne ; elle resta quelque temps chef-lieu du département des Bouches-du-Weser.

Enfin le congrès de Vienne l'avait remise en sa
liberté première ; elle demeurait l'une des quatre
villes libres de la Confédération germanique, se
gouvernait elle-même et fournissait six cent trente-
six mercenaires à l'armée fédérale, jusqu'à ce qu'en
1866 elle fut annexée par la Prusse au *Norddeuts-
chland*, c'est-à-dire à la Prusse même.

Ainsi cette cité, depuis son origine, a sans cesse
combattu pour s'appartenir elle-même, et jamais

elle n'a fait partie d'aucun royaume que par une conquête éphémère. Elle n'a jamais eu, à proprement parler, de nationalité autre que la sienne; elle n'a jamais ambitionné d'autre possession que sa petite banlieue et son chenal; son domaine à elle, c'est la mer :

Οὐ γὰρ Φαιήκεσσι μέλει βιὸς οὐδὲ φαρέτρη,
Ἀλλ᾽ ἱστοὶ καὶ ἐρέτμα νεῶν, καὶ νῆες ἐῖσαι,
Ἧσιν ἀγαλλόμενοι πολιὴν περόωσι θάλασσαν (1).

Eh bien, ce libre peuple de hardis navigateurs et de riches traficants, qui depuis quinze cents ans combat pour son autonomie, est prussien aujourd'hui : plus prussien que la Prusse.

Cela leur coûte cher, quoique M. von Bismark leur ait, comme on dit, doré la pilule. Il leur a démontré l'avantage pour leur commerce d'être protégé au delà des mers par une grande nation; il leur a prouvé l'économie de supprimer leurs consuls et leurs agents, auxquels se substitueraient les légations prussiennes : ils n'étaient pas encore persuadés.

Mais il leur a parlé de se venger de la France, qui, dans l'enivrement napoléonien, avait fait de leur ville hanséatique un chef-lieu de département :

(1) Homère, *Odyssée*, VI, 270. « Car les Phéaciens n'aiment ni l'arc ni le carquois, mais les mâts et les rames, et les vaisseaux arrondis sur lesquels, triomphants, ils parcourent la mer blanchissante. »

9. *

aussitôt ils ont tout donné : leurs priviléges, leurs trésors, leurs enfants ; ils ont acheté des hectares de toile noire et blanche pour pavoiser aux couleurs funéraires de la Prusse leurs maisons si gaies, chaque fois que Guillaume envoie un télégramme à Augusta.

Aussi la Prusse les distingue et les flatte. Sans doute, parmi les centaines de navires allemands capturés par notre flotte, il y en a d'autres que les brêmois ; Brême n'est pas le seul port allemand. Brême seule pourtant a obtenu la douce satisfaction de recevoir des otages en échange de ses capitaines marchands. Que Brême soit contente, si le plaisir de nous voir errer dans ses rues console les mères de leurs fils et les hommes de leur liberté !

Avant 1866, il n'y avait pas de plus heureuse ré- publique au monde ; Fénelon n'avait pas rêvé tant de prospérités pour Salente. Point d'armée : quel- ques centaines de Hanovriens bien payés fournis- saient le contingent. Point d'impôt : les douanes de Bremerhafen suffisaient à équilibrer le budget de 1,500,000 thalers (environ six millions de francs). Point de pauvres : tout étranger sans ressources était poliment reconduit aux frontières, c'est-à-dire à deux lieues. Point de voleurs : qui songe à voler quand il est riche ? Point de police : à quoi bon gê- ner d'honnêtes gens dans leurs calmes plaisirs ? « Tout le monde n'est pas également riché, me di- sait un négociant ; mais les plus fortunés aident les autres, et il n'y a point de famille qui dans son modeste salon ne puisse avoir des oiseaux et des fleurs. Quant aux constructions chères, comme la Bourse ou le Théâtre, elles ne grèvent personne; il y a l'impôt volontaire. Chaque négociant qui a fait une bonne affaire verse librement, sur sa déclaration, un ou deux pour cent de ses bénéfices, et tout s'arrange. » Douce fraternité! réelle égalité! Le palais même du *roi de Brême* (on nomme ainsi l'un des plus riches) garde dans son luxe princier un air de modestie bourgeoise; les murs de l'artisan ne sont pas moins blancs, ni ses vitres moins claires. Cette prospérité dure encore : mais elle va promptement diminuer, avec le service militaire et l'annexion des douanes à l'État prussien.

On ne peut pas dire que les mœurs brêmoises soient intellectuelles. On mange, on dort, on s'amuse, on gagne de l'argent sans peine, et c'est tout. Leur marine s'étend partout, et les relations lointaines sont les plus avantageuses. Ils trafiquent de blé, d'or, de vin, d'eau-de-vie, de bière, principalement de tabac : l'exportation du tabac dépasse quinze mille tonnes; ils ont près de deux cents fabriques, et ils inondent l'Allemagne de cigares mauvais, mais à bon marché. Si l'on fume tant dans ce pays, ce n'est pas seulement à cause du bas prix, mais aussi à cause de la faiblesse du tabac. Les mêmes quantités de tabac français ou américain seraient funestes à la santé.

Les femmes vivent beaucoup chez elles. Leurs toilettes sont sans goût, et je n'y ai remarqué de gracieux qu'un capuchon galonné qu'elles mettent sur leurs chapeaux, et dont les pans fort longs se rejettent par-dessus les épaules. Elles marchent un peu comme des canards, se coiffent mal, et montrent de grands pieds sous leurs robes courtes. Mais les visages sont gracieux et limpides. Race forte, de taille moyenne, large, anguleuse ; peu ou point de grâce.

Les hommes passent au comptoir et à la Bourse les heures qui ne sont pas consacrées aux repas. Nulle part on n'a si bien perfectionné l'art de tuer le temps par la mangeaille : en vérité, les Brêmois ne *démangent* pas. Leur vie est une absorption et une digestion perpétuelle. De là, sans doute, leur contentement placide : un homme qui digère bien est si heureux ! Mais comment habituerait-on un Parisien qui fait à peine deux repas, à se mettre à table quatre ou cinq fois par jour ? On déjeune de café au lait à huit heures, et l'on redéjeune de charcuterie à onze heures. Grand dîner à deux heures : potage, viandes, légumes, confitures, salades. On goûte à cinq heures, et l'on soupe solidément à huit. Peut-être la fièvre de la digestion est-elle nécessaire pour entretenir la chaleur vitale sous ce climat froid et brumeux.

Quant à la cuisine, elle est exécrable. On mange des poulets à la marmelade de pommes, et des pru-

neaux dans la salade. Un filet cru, mis en patée sous
un jaune d'œuf cru, constitue une gourmandise. La
fraîcheur du beurre est sans importance, et l'oignon
frit assaisonne tout : bœuf, poulet, gibier. Le *but-
terbrod,* tartine de beurre et de charcuterie épicée,
joue un grand rôle ; la salade de hareng emporte la
bouche. Il n'y a pas de pain, à proprement parler :
on ne peut nommer ainsi une pâte brune et mol-
lasse, sans levain, mélangée de seigle et d'anis ; les
pommes de terre en tiennent lieu. Quant au pain
blanc, on le sert en petits ronds larges comme une
pièce de cinq francs ; c'est un gâteau. La bière est
la seule boisson, fade, mais sans mauvais goût ; elle
coule à flots partout. L'eau est inconnue. Il n'y a
pas de vin, excepté les piquettes du Rhin et de la
Moselle, ou les produits bordelais de Cette. Je ne
parle ici, bien entendu, que de la nourriture ordinaire. Chez les gens riches, il y a de bonnes caves,
et dans quelques restaurants chers, on peut avoir
mieux. Mais en somme, dans la masse de la population, on ne *mange* point : on *se nourrit.* Ce manque
de goût se trouve même chez les classes aisées, et
nos restaurateurs de Bourgogne m'ont parlé plus
d'une fois avec indignation d'officiers supérieurs incapables d'apprécier le coulis d'une sauce, le fumet
d'un gibier ou le bouquet d'un vin. Pour l'Allemand
du Nord, en général, *l'art* culinaire n'existe point :
la qualité n'importe, mais la quantité.

Ces remarques sont puériles en apparence ; mais

si l'on veut apprécier le caractère d'une race, on ne doit rien négliger.

Qui a vu un intérieur brêmois les a vus tous. La pièce principale est un parloir propre et lumineux, garni d'un tapis de feutre : un guéridon et un secrétaire d'acajou, un canapé et des chaises en crin noir, avec des carreaux de tapisserie et des agréments en effilés ou en crochet, une glace, et, dans un coin, une armoire de faïence ou de tôle ouvragée à plusieurs étages qui montent presque au plafond : c'est le poêle, où brûle de la houille ou de la tourbe sans qu'on voie le feu. Une caisse en tôle peinte sert de panier à bois, ou plutôt à tourbe. C'est là qu'on se tient d'ordinaire, et que les femmes travaillent, chacune à sa fenêtre, dont l'appui intérieur est chargé de pots de fleurs. Les petits rideaux sont rares : on a tant besoin de jour ! La salle à manger est fort simple, chauffée de même. Quant aux chambres, elles sont petites, nues, étroites, meublées seulement d'une ou deux de ces boîtes qu'on appelle lits, d'armoires en bois peint, et de toilettes primitives qui servent de table de nuit.

Tout cela est propre, épousseté, astiqué : les bonnes, avec leurs bras nus jusqu'à l'épaule, rougis et durcis par le froid, frottent sans cesse les vitres en dedans et en dehors. Peu ou point de livres sur les étagères ; rarement une pendule ; partout des lampes de verre au pétrole.

C'est tranquille, mais triste : rien qui rappelle

ni la vie intellectuelle, ni la vie du cœur, excepté les fleurs et les serins.

Il va sans dire que certaines maisons sont plus confortables et plus animées ; quelques amateurs ont des tableaux, des meubles de prix, des bibliothèques, un luxe réel : je dépeins seulement l'aspect général de l'habitation brêmoise.

Là dedans, on vit doucement sous verre, et comme en serre : les portes même sont souvent en glaces ; ni barreaux, ni volets. Il est étrange, à minuit, de voir briller aux lanternes de la rue les joyaux des orfévres, ou dormir les fleurs dans la frêle beauté de leurs corolles mi-closes.

Les *Blumenhallen* (boutiques de fleurs) sont nombreuses et charmantes ; les plantes exotiques s'habituent à cette vie artificielle qui les pâlit un peu sans leur ôter leurs grâces : elles semblent regarder tristement, de leur chaude prison, les rosiers empaillés qui frissonnent sous le givre.

Que le givre est beau quand, après une gelée claire, le brouillard vient suspendre à toute branche, à tout balcon, aux murs même, ses millions d'aiguilles et d'étoiles de cristal ! Cette toison plus blanche que la laine revêt toute chose, illumine de son reflet algide et la terre et le ciel. Il semble que tout s'obscurcisse quand un jour de dégel rend aux objets leurs couleurs qui sont toutes sombres et sales auprès de l'éclat scintillant et immaculé de la glace universelle. O splendeur du froid !

La gelée est magnifique à voir, mais terrible à respirer ; Musset n'est pas poétique, mais très hygiénique, quand il dit : « Les badauds appellent cela une belle gelée. C'est comme qui dirait une belle fluxion de poitrine. Bien obligé de ces beautés-là ! (1) »

Tandis que les Français s'affublent de fourrures et se serrent au poêle, les Brêmois se frottent les mains en voyant les lacs du *Wall* bien pris. Aux frais de la ville, des commissionnaires garnissent de barrières les trous où l'on conserve à coups de pioche un peu d'eau vive pour les cygnes et les canards ; ils balaient soigneusement la couche de neige qui cache le poli de la glace, et en avant les patineurs ! Enfants, jeunes filles, femmes, vieillards même, s'adonnent sérieusement à ce plaisir sain ; une vraie foule patine silencieusement ; presque tous toujours en ligne droite, sans grâce : les femmes, avec leurs mains dans leurs manchons et leurs robes courtes, semblent des marionnettes sur un miroir.

La nuit ne met point fin à leurs exercices. J'ai vu des patineurs et même des patineuses jusqu'à minuit. Les demoiselles y vont seules ; sous ce rapport, les mœurs sont américaines. Elles vont seules aussi au théâtre. Nul n'y trouve à redire, et nul ne leur dit rien. Chez ce peuple sérieux, il

_____

(1) *Il faut qu'une porte soit ouverte ou fermée.*

semble que les frimas aient figé l'essor de la
gaieté, de l'entrain, de la plaisanterie, même de
l'amour.

Toute manifestation bruyante d'un sentiment est
inconnue; les Italiens prendraient ces gens pour
une race d'ombres, comme Dante en a rêvé dans les
brouillards qui entourent le purgatoire; sur ces ri-
vages monotones de la mer du Nord et de la Baltique, parmi cet air opaque, leurs ancêtres ont pu
servir de modèles aux Cimmériens d'Homère. Les
enfants même ne rient ni ne crient. Les petits garçons, en sortant de nourrice, vont tout seuls à l'école
avec leur petit sac sur le dos, leurs petites bottes,
comme de vrais soldats.

Au théâtre, grand monument sans style bâti récemment sur un bastion du *Wall*, la salle manque
de lumière et d'ornement. On commence à six
heures, pour finir à neuf : le souper ! Femmes et
jeunes filles nu-tête, coiffées et mises sans goût,
écoutent religieusement et suivent les paroles sur
le livret : toutes les cinq minutes on entend le
bruit des cinq cents pages tournées à la fois, aussi
régulièrement qu'à l'école. Nul ne dit un mot au
voisin. Peu ou point d'applaudissements; des chanteuses non sans mérite, mais froides, ont l'air
d'éviter systématiquement tout accent trop ému,
toute expression trop vive. L'ensemble est légèrement lugubre; dans certaines scènes obscures et
mortuaires, comme les affectionnent les auteurs

allemands, on se demande si l'on est au spectacle
ou à l'enterrement.

Mais de ce sérieux dans la démarche et la vie
extérieure, de cet extrême *décorum* qui protége les
femmes, de cette police innée qui empêche les gamins de casser les vitres et d'agacer les chiens, il
ne faut pas conclure à des mœurs exemplaires : tout
cela n'est que l'apparence ; on a l'air très vertueux
au grand jour,

Et ce n'est pas pécher que pécher en silence (1).

Il y a des caves où, pendant toute la nuit on boit
et on mange jusqu'à l'excès. Sur le port, le patron
de l'une d'elles est devenu si gros, qu'il ne peut plus
depuis vingt ans franchir la porte ; il faudra la
démolir pour emporter son cercueil.

Plusieurs de ces tavernes possèdent un bout d'estrade et un piano ; des femmes en haillons de bal y
chantent des obscénités ou des airs patriotiques, et
passent incessamment de l'estrade aux bras des con-
sommateurs, qui les font boire et les caressent sans
vergogne ; tous ces cafés chantants sont des lieux
de débauche sous une enseigne honnête, aussi bien
que les boutiques des pâtissiers (*Conditorei*), qui ont
presque toutes une arrière-salle.

Ces établissements-là s'annoncent pompeusement

(1) Molière, *le Tartufe*, IV, VI.

chaque jour à la quatrième page des journaux, et
font savoir au public quel ragoût, quelle femme
nouvelle, ou quelle bière ils serviront le soir. Dans
les caves sans musique, il y a des servantes au lieu
de chanteuses.

Mais ce n'est rien auprès des grands établisse-
ments (*Halle*) où l'on donne, presque tous les soirs en
hiver, des bals, des concerts, des spectacles de toute
sorte. Ce sont en général de très vastes baraques
en plâtras, qui offrent d'abord une salle où l'on
s'assied devant des tables pour boire et manger en
regardant les acrobates, les chanteurs, les faiseurs
de tours, les tableaux vivants qui se succèdent sur
une scène à plusieurs fins. Quelquefois les tables
s'enlèvent, et un bal tourbillonne à travers l'épaisse
fumée des cigares et de la saucisse. Toujours une
« *restauration* » est annexée à l'entreprise ; on s'y
grise en famille, on y caresse femmes et filles ; et ce
ne sont pas seulement des malheureuses comme les
belles de nuit du quartier Latin ou des Champs-
Elysées ; ce ne sont pas seulement des étudiants ou
des désœuvrés qui viennent dépenser honteusement
un peu d'argent et de santé : c'est la population
même, le peuple de Brême, l'ouvrier, l'artisan, le
boutiquier, le petit bourgeois, qui s'amuse ainsi
chaque soir,

Et sans *pudeur* la mère y conduira sa fille.

La plupart de ces bals ne sont point l'œuvre mercantile d'un entrepreneur : il y a dans la ville au moins cinquante sociétés de plaisir, analogues, pour le prix de cotisation et les statuts, à nos sociétés de secours et à nos associations ouvrières ; quelques-unes gardent encore le nom de certains corps de métiers ; mais la plupart s'ornent de titres poétiques, à la mode allemande : « *Arion, Thalia, Victoria, Brema, Boraxia, Fortuna,* etc. » Leurs annonces de « *Parthie* » ou de « *Maskerade* » se mêlent dans le « *Courier* » aux pompeux avis de décès des soldats, et aux rendez-vous amoureux donnés à mots couverts plus ou moins spirituels.

Autour des salles règne une galerie dont le premier étage est plein de boutiques et de jeux, dont les patronnes font un double métier. Maints cabinets obscurs, mais non particuliers, puisqu'ils ont jour sur la salle, s'ouvrent aux couples où aux parties carrées ; après avoir regardé quelque temps au balcon on se retire au fond. Pendant le mois de décembre et le carnaval, il y a cinq ou six fêtes semblables chaque soir, sans que la clientèle des cafés-concerts diminue ni que les temples s'emplissent moins le dimanche. Les sapins et les arbres verts abondent en ces lieux, et forment cent tonnelles discrètes. On y passe les nuits entières, au son d'un orchestre bruyant, entre la valse sentimentalement obscène, les femmes en maillot étalant leurs grâces au trapèze, les flots de bière et la mangeaille per-

pétuelle. Bien qu'on se coudoie, il n'y a guère de
tumulte : on se débauche sérieusement et méthodiquement..... Je demande pardon d'entrer dans
de tels détails. Mais il faut qu'on le sache. « Et ce
n'est rien à Brême, me dit-on, si vous voyiez Hambourg ou Berlin ! »

Cette vie allemande rappelle l'*Océan* d'Alfred
de Musset, dont la surface « magnifique sous le
dais splendide des cieux » cache au fond « les débris des naufrages, les ossements et les Lévia-
thans (1). »

Exception, certes, pour une bonne et honnête
part de la population ! Mais ni Paris, ni Lyon, ni
Marseille, ni aucune ville de France n'offre au même
degré l'exemple de la débauche populaire devenue
institution et entrée dans les mœurs.

Il y a pourtant des caves honnêtes; il y en a
même de curieuses, comme celles de l'Hôtel de
Ville. Avant de rapporter mes impressions sur le
Rathskeller, j'intercale ici un passage de l'*Annuaire
œnologique*, où, le 1ᵉʳ janvier 1871, M. C. Ladrey
écrivait, à propos de Brême, quelques pages aussi
touchantes pour les otages qu'intéressantes au point
de vue de l'histoire du vin.

« La ville de Brême vient donc de recevoir quarante citoyens français de la Côte-d'Or et de la
Haute-Saône..... Cette mesure, qui a excité dans

(1) *Lorenzaccio*, III, III.

notre ville une grande émotion et qui doit éveiller
dans toute la France une sympathie profonde pour
nos compatriotes, appelle naturellement l'attention
de toutes les familles atteintes, sur la ville de
Brême, assignée comme lieu de séjour aux otages
bourguignons et francs-comtois; et, sans sortir
de notre sujet, nous avons voulu consigner ici
quelques renseignements sur l'ancienne ville libre,
qui désormais aura sa place dans notre histoire
locale.

» Le climat de Brême ne permet pas la culture de
la vigne; mais cette ville fait un commerce considérable de vins de tous les pays. C'est un vaste
entrepôt pour toute la partie de l'Allemagne arrosée
par le Weser.

» Brême jouit, au point de vue œnologique, d'une
grande réputation due au vin célèbre dit *Rosenwein*,
dont cette ville est justement fière, et dont l'histoire
est assez curieuse pour être rapportée avec quelques
détails.

» Les grandes caves de Brême sont situées au-
dessous du Palais de Justice, de l'Hôtel de Ville et
de l'ancienne Bourse; ce sont les plus anciennes
caves de l'Allemagne.

» Un des caveaux de ces nombreuses galeries
s'appelle le *caveau de la Rose*, et le vin qu'il contient est le *Rosenwein*, *vin de la Rose*. Ce nom
vient d'un bas-relief en bronze représentant des
roses, et qui, fixé sur le tonneau contenant le vin

de la Rose, lui sert d'ornement et d'enseigne (1).

» Le *Rosenwein* a maintenant deux siècles et demi; il remonte à 1624.

» En cette année, on a descendu dans le caveau de la Rose six grandes pièces de vin de Johannisberg et autant de vin de Hocheim. Ce vin a été mélangé dans un immense tonneau, et c'est ce tonneau qui, toujours rempli depuis cette époque, fournit encore aujourd'hui le *Rosenwein*.

» Dans la partie de la cave voisine du caveau de la Rose se trouvent des vins de même espèce, âgés de quelques années de moins, mais presque aussi précieux. Ces vins sont contenus dans douze grandes pièces, dont chacune porte le nom des douze apôtres; on appelle ce vin le *vin des Douze-Apôtres ;* on dit même que le vin de Judas, malgré la réprobation attachée à ce nom, est le plus estimé de tous. Ces douze pièces, moins grandes que celles qui contiennent le *Rosenwein*, sont disposées l'une à côté de l'autre dans le même caveau.

» Les mêmes caves renferment dans les autres galeries des vins semblables provenant d'années postérieures, et depuis 1624 cette riche collection, soigneusement entretenue par la ville de Brême, a été complétée sans interruption.

---

(1) Ou d'une peinture à fresque avec inscription latine, qui décore la voûte du caveau. Le proverbe anglais « *Sous la rose,* » signifie *bien caché*, la rose étant consacrée à Harpocrate, dieu du silence. Voy. Walter Scott, *Waverley,* chap. VI.

» Chaque fois que, pour une occasion solennelle, on tirait quelques bouteilles de *Rosenwein*, on les remplaçait par le vin des *Apôtres*, puis celui-ci par un vin plus jeune, et ainsi de suite, de manière à maintenir toujours pleines les pièces des fameux caveaux.

» On peut comprendre d'après cela la base du calcul qui a été fait souvent, et qui permet de fixer à une époque donnée la valeur du vin de la Rose. Il suffit de partir du prix d'acquisition des pièces premières en 1624 ; de tenir compte des frais d'entretien de la cave, de l'intérêt du capital engagé, des contributions ; de calculer les intérêts et les intérêts des intérêts jusqu'en 1870. La bouteille de vin dans ces conditions reviendrait aujourd'hui à près de douze millions de francs, le verre à un million cinq cent mille francs, et la goutte, en supposant mille gouttes dans un verre, à quinze cents francs.

» Autrefois les bourgmestres de la ville de Brême avaient seuls le droit de tirer quelques bouteilles de ce vin précieux, pour leur consommation ou pour en envoyer en cadeau aux souverains et aux princes régnants. Les bourgeois de Brême pouvaient également en obtenir une bouteille lorsqu'ils recevaient chez eux un hôte distingué, dont le nom avait une grande réputation en Allemagne ou en Europe.

» Brême prétend avoir payé à la France une plus forte contribution que toutes les villes de l'Allemagne réunies, parce que, pendant l'occupation française, quelques généraux de l'Empire ont fait une grande consommation du vin de la Rose. Du reste, à cette époque une garde spéciale a veillé pendant toute la durée de la guerre à la porte des caves, pour en interdire l'entrée aux soldats et éviter le pillage de toutes ces richesses.

» Ce souvenir n'est pas le seul qui se rattache à l'histoire de ces fameux vins : nous avons dit que le Johannisberg était un des vins qui, en 1624, avaient servi à meubler le caveau de la Rose.

» Les meilleures vignes de ce crû sont plantées sur les souterrains du château de Johannisberg, et elles faillirent être détruites pendant les guerres de la Révolution. Le général Hoche voulait faire sauter ces souterrains, et le précieux vignoble ne fut conservé que grâce à l'intervention de Lefebvre, devenu plus tard maréchal de France, qui, cédant à la sollicitation des habitants, obtint que les mesures décidées ne recevraient pas leur exécution.

» Aujourd'hui nous assistons à des événements semblables, mais le lieu de la scène a changé. Les principaux habitants de la Côte-d'Or sont à Brême comme otages ; ils y résident comme prisonniers de guerre ; et en même temps les grands crûs de notre Côte, si renommés dans tout le monde, sont le siége de rencontres sanglantes, qui ajoutent à leur nom un retentissement d'un autre genre. Dès maintenant Gevrey-Chambertin, le clos de Vougeot, toute la Côte dijonnaise et la Côte nuitone ont leur place marquée dans l'histoire des événements qui se sont accomplis dans notre département pendant les derniers jours de 1870.

» A l'époque où le vin de la Rose n'était servi que par exception et par l'ordre spécial des bourgmestres, plusieurs de nos otages voyageant à Brême auraient certainement joui du privilége de boire la fameuse liqueur, et la ville pouvait sans déroger leur offrir son vin d'honneur.

» Mais les choses se sont modifiées depuis le commencement du siècle. Il y a quelques années, sur l'ordre des médecins de la ville, on délivrait aux malades, aux convalescents, à des prix variables, quelquefois gratuitement, quelques bouteilles de Rosenwein ou du vin des Douze-Apôtres. Aujourd'hui chacun peut s'en procurer et goûter, suivant les ressources de sa bourse, tous les grands crûs du Rhin réunis dans les caves.

» Cette année, à la foire d'octobre 1870, la bouteille de Rosenwein, prise au fameux caveau, s'y payait dix thalers (quarante francs), et ainsi disparaît, pour faire place à une simple banalité commerciale, la légende du vin inestimable dont le verre valait plus d'un million.

» La présence de nos otages à Brême ne passera pas inaperçue en Allemagne. L'honneur qui s'attache au rôle pour lequel on les a choisis les désigne suffisamment à la sympathie de tous les hommes de cœur; c'est en même temps pour eux une sauve-

garde, et pour leur famille une pensée rassurante
et une consolation.

» Aujourd'hui leurs amis et leurs concitoyens les
ont salués de loin et ont envoyé sur les bords du
Weser le vœu et l'espérance d'un prompt retour. »

La municipalité de Brême, renonçant à la glorieuse collection de ses vieux caveaux, les a affer-
més à un restaurateur, qui les a divisés en salles et
cabinets; chaque jour on y va manger des huîtres
comme chez le marchand de vin ; les anciens fou-
dres se remplissent par en haut de liquide nouveau
à mesure que tourne en bas le robinet ; pour douze
francs on boit une bouteille de méchant vin blanc
qui n'a plus d'autre mérite que d'avoir traversé
pendant quelques mois les tonneaux sacrés. Eux
seuls sont intéressants, par la forte cerclure de fer
et les sculptures de bois plus ou moins indécentes.
En conscience, une bouteille de vieux Chablis vaut
mieux que toutes celles qu'on vend là ; et le vin du
Rhône, et les vrais vins de Bordeaux, sont de l'or
pur auprès des vils alliages de Brême. Le *Rathskeller*
n'est plus qu'une exploitation, et pour boire du vin
du Rhin, il faut aller chez Voisin ou chez Verdier.
Les celliers bourguignons et les chaix bordelais
sont plus curieux à voir, et l'on y goûte des liqueurs
incomparables.

BRÊME, 25 décembre 1870.

Toute la nuit ils ont bu et mangé ; hier on voyait par les rues passer les arbres de Noël et tous les cadeaux qu'on se fait à Noël en Allemagne, comme chez nous au jour de l'an. Le constraste de cette joie est cruel pour les exilés. Quoique les Brêmois nous témoignent un peu de sympathie en paroles, et qu'il y ait des hommes qui causent avec nous et nous accueillent, nous avons aussi froid au cœur qu'au corps. Dans le désert de la civilisation allemande, notre petit camp français est la seule oasis où nous trouvions repos et consolation.

Les officiers ont loué près du Pont une salle de brasserie où ils ont fondé un cercle dans lequel nous sommes accueillis. On y déjeune à bon marché, on y joue au whist ou aux échecs, surtout on y cause.

Les Allemands appellent cette salle le *Casino français*. On y discute tristement les dépêches toujours funestes ; on suit avec anxiété sur la carte l'armée du Nord et l'armée de la Loire. Et parmi cette incessante préoccupation la vivace gaîté française règne quand même, invincible : ce n'est pas légèreté, comme disent les Allemands, c'est vraiment fermeté.

Depuis le commencement de nos désastres, on verse sur notre corps d'officiers des blâmes, des

accusations, des calomnies. J'ai vu de près en
France la vie de garnison ; j'ai vécu en commu-
nauté de logement, de table et de distraction avec
les lieutenants et les capitaines d'un régiment.
J'avoue que je n'y ai rien remarqué qui fût cho-
quant. Il est vrai, si l'on avait recherché la perfection, qu'on aurait pu travailler un peu plus, boire
un peu moins, ne pas étaler autant

> Ces éternels péchés dont pouffaient nos aïeux (1).

En somme, c'était une honorable compagnie
d'honnêtes gens, intelligents, actifs, polis, connaissant et pratiquant l'honneur ; je n'ai jamais vu
d'exceptions assez nombreuses pour ternir l'éclat
modeste et solide de notre corps d'officiers. Jamais
dans l'armée française je n'ai vu de folies qui fussent
comparables à la froide débauche pratiquée en règle
et sans vergogne par les officiers allemands. Ils
s'empiffrent et se grisent avec calme, sans goût,
sans esprit, sans femmes, sans aucune des circonstances atténuantes de l'entrain, du plaisir, de la
jeunesse. Boire six verres d'alcool de suite sur
le comptoir, grimper vieux et jeunes aux colonnes
de fonte du restaurant, avec amende de bouteilles
pour qui glisse, et autres tours de force de por-
tefaix en ribote, leur plaisent à accomplir silen-

---

(1) A. de Musset, *Poésies nouvelles*, *Sur la Paresse*.

cieusement. Il leur arrive quelquefois de se suicider
de même. Leur ivresse est calme et sombre ; ils
restent debout et se saluent majestueusement quand
même, comme ces valets de bonne maison qui servent correctement ivres-morts. Je ne nie pas la
valeur du corps d'officiers prussiens. Mais extérieurement, la différence entre les mœurs des vainqueurs à Dijon et des vaincus à Brême n'est pas
en faveur des premiers, et quoique La Fontaine
dise :

> Il ne faut pas juger des gens sur l'apparence (1),

je crois que les manières et la tenue donnent de
grands renseignements sur la qualité des hommes.

Les officiers français se montrent quelquefois incor-
rects dans l'uniforme, ardents à la débauche ; mais
jusqu'ici je préfère leur désinvolture, même dans
ses excès, au flegme hypocritement rigide des officiers allemands ; puisque j'ai déjà cité La Fontaine,
je rappellerai *le Torrent et la Rivière :*

> Les gens sans bruit sont dangereux (2).

J'ignore comment vivent les officiers allemands
internés en France ; je sais seulement qu'ils jouis-
sent de toute liberté sur parole et qu'ils reçoivent
une solde suffisante : cent francs par mois pour
un sous-lieutenant.

(1) *Fables*, XI, vii.
(2) *Fables*, VIII, xxiii.

Les nôtres en Allemagne ne sont point traités de même. D'abord, les lieutenants ne touchent que quarante-cinq francs par mois, juste de quoi mourir de faim. Puis les appels, les questions de correspondance, de rentrée le soir, de journaux, constituent une série de vexations puériles et méchantes, sans utilité ni résultat : c'est l'enfant qui joue avec l'aigle en cage. Que dis-je ? l'enfant ne sait ce qu'il fait, et le Prussien le sait.

Les quatre-vingts officiers français ici internés sont de toute arme et de tout grade. Amenés péniblement dans des wagons à chevaux, leurs bagages perdus, leur uniforme les exposant aux insultes, même aux coups, ils se sont habillés comme ils ont pu, raccommodant quelquefois eux-mêmes un pantalon, comptant sou par sou la carte du dîner, s'aidant entre eux au possible, et s'associant de cœur toujours, quand ils ne le pouvaient d'argent.

La déférence due aux grades préside à leurs rapports, et leur association de captivité est dirigée par celui qui commanderait en bataille. Journellement réunis à leur cercle, ils se voient, s'aiment, se supportent pendant ces longs mois, sans une nuance de froideur ou d'ennui. Pourtant on sait, dans le corps d'élite de la marine, quels froissements résultent quelquefois en mer d'une intimité perpétuelle. L'emprisonnement actuel est pis qu'une traversée du tour du monde ; jamais pourtant nul ne se fâche, chacun se montre toujours gai, aimable, prêt à tout céder à l'autre, qui ne veut rien exiger.

Ils font de la musique, de l'allemand, de l'histoire, voire du sanscrit. Ils lient des relations discrètes et purement polies dans les familles bourgeoises qui leur louent une chambre. Et, malgré leur misère et leur douleur, toute leur pensée est à leurs soldats prisonniers, à leur patrie en détresse. Je n'ai pas d'expression pour dire cette résignation calme et frémissante, émue et impassible, qui traîne à travers la neige et la foule allemande, comme un royal manteau, l'inflétrissable dignité de l'honneur français. Point de forfanterie, point d'affaissement. C'est beau; et les larmes viennent aux yeux quand on les entend parler.

« Je sais par expérience, m'écrit de Hambourg Arthur de Calvière, que l'on n'est jamais plus sensible à un souvenir que lorsqu'on se trouve éloigné de son pays, et tout ce qui peut le rappeler est accueilli favorablement. Vous savez mes sentiments pour la France, mon amour pour la patrie si malheureuse, et que son malheur rend encore plus chère.

» Je ne vous raconterai pas mon histoire depuis six mois. Je ne vous dirai ni mes espérances déçues ni mes douleurs; elles sont toutes contenues dans ces mots : J'étais de l'armée du Rhin! Vous me connaissez assez pour savoir ce que j'ai dû souffrir. Je ne récriminerai contre personne; j'ai trop de souci de ma dignité ; je me contente de déplorer. D'abord, ma douleur a été aiguë, si violente que je criais presque, et que je me laissais peut-être emporter au-delà des bornes raisonnables. Aujourd'hui, sans être moins triste, je suis plus calme, plus résigné, et j'attends l'avenir, confiant dans la Providence, ne pouvant m'empêcher d'espérer contre toute espérance. Toutes mes pensées sont à mon pays, qui ne périra pas, qui arrivera à se sauver à force de patriotisme et de dévouement.

» La seule douleur qui me poursuive sans relâche et sans adoucissement, c'est le sentiment de mon impuissance et de mon inutilité. Mon cœur bondit à la pensée que, tandis que ceux qui n'avaient pas mission de défendre le pays soutiennent une si rude campagne, nous, qui lui devions le sacrifice de notre vie, nous sommes ici à l'abri du danger sans pouvoir rien faire pour lui, amenés à cette affreuse situation par une série de malheurs dont l'histoire n'offre pas d'exemple ; je ne puis me faire à cette idée.

» Au milieu de ces tristes pensées, je suis heureux de voir le magnifique spectacle que présente cette France si humiliée, mais si grande dans son désastre, et défendant son honneur avec tant de patriotisme et de grandeur. Tant de dévouement ne sera pas inutile, espérons-le. Je ne forme qu'un vœu, c'est de pouvoir rejoindre le plus tôt possible ceux qui combattent ; la plus grande joie qui pour-

rait m'arriver serait d'être libre de reprendre ma
part dans cette lutte. »

Si j'ai cité ces lignes, c'est qu'elles expriment
fidèlement la disposition d'esprit des officiers avec
qui je suis en relation : « La patrie! la patrie! » Ni
amertume ni récrimination.

Pourtant, de leurs conversations ressortent quatre
propositions nettes, qui découlent à la fois des détails sans nombre et des faits généraux qu'ils racontent. Elles me paraissent si évidentes, que je
les écris tout de suite, sans pouvoir espérer que l'a-
venir les démente.

1° LE DÉBUT DE LA GUERRE

Nous n'étions prêts ni en nombre, ni en armement, ni en munitions, ni en vivres. Cependant
les deux cent cinquante mille hommes amenés à la
hâte en Alsace et en Lorraine faisaient une très
belle armée, confiante, disciplinée, solide, capable
d'emporter la victoire dans un coup de fortune. Mais
un plan de campagne déplorable, et inexplicable autrement que par la volonté de donner un commandement spécial à des généraux de cour, a dispersé
cette armée de la France tout le long de la frontière, en corps détachés de vingt à trente mille
hommes, trop faibles pour résister individuellement
aux masses écrasantes d'outre-Rhin, trop distancés pour se porter secours, et destinés à être vaincus

en détail, malgré leur héroïsme, par une force concentrée dont la marche en avant ne pouvait être retardée, même par des pertes énormes.

2° LA RETRAITE

Par une négligence que n'ont jamais commise les généraux les plus victorieux, on n'avait aucunement songé à défendre les derrières de l'armée, ou plutôt des petites armées. Elles s'appuyaient sur des places fortes sans canons, sans munitions, sans vivres, même sans ambulances; il semblait que la campagne dût se passer toute en succès, en invasion de l'autre côté du Rhin. Pas un passage des Vosges n'était gardé, pas une ville n'offrait la moindre ressource en cas d'échec. En sorte que dès les premières défaites il a fallu fuir bien loin, jusqu'à Châlons, dans un désordre navrant, précurseur de la déroute.

3° SEDAN

A Châlons se rassemblaient nos débris, capables encore d'un effort qui pouvait sauver la France. Pour cela, il fallait prendre temps, faire masse, et s'appuyer sur Paris, dont les vastes fortifications eussent servi de base aux opérations. Mais l'impératrice prévoit que la retraite jusqu'à Paris sera le signal d'une révolution. Elle télégraphie vivement à l'empereur; elle expédie à Châlons M. Rouher, et c'est alors que M. de Mac-Mahon, cédant à des ordres d'un intérêt purement dynastique,

11

remonte brusquement au nord. Sans doute à Sedan, malgré la disproportion des forces, M. de Mac-Mahon aurait sauvé l'armée par une retraite à l'est, s'il n'eût été blessé, et si un nouveau commandement, venant de Paris, au moment où le général Ducrot prescrivait le mouvement sauveur, n'eût rengagé la bataille dans des conditions désastreuses.

4° METZ

L'armée de Metz, admirable dans ses marches et ses campements, *a pu sortir*. Il n'y avait qu'à continuer, après l'une ou l'autre des grandes sorties qui furent de vraies batailles. Or, l'armée de Metz en campagne et marchant vers Paris pouvait, comme celle de Sedan, rendre l'investissement impossible, et remettre tout en équilibre. Le mot de *trahison* doit-il être prononcé ? Non, pas à proprement parler (1); mais celui d'incapacité, d'inaction coupable, de diplomatie honteuse. M. Bazaine s'est laissé jouer par les habiles manœuvres de M. de Bismark. L'aventure du général Bourbaki semble impossible à ceux même qui en ont été témoins. Parmi ces lenteurs et ces pourparlers, la famine est venue, et il a fallu donner au monde le spectacle de la plus étrange capitulation qu'on ait jamais ouïe : une armée de 150,000 hommes, appuyée sur une place

(1) Au moment où j'imprime ces notes, des documents nouveaux semblent prouver que M. Bazaine avait reçu de M. Mac-Mahon une dépêche dont il n'a pas tenu compte.

de premier ordre, qui se rend, ou plutôt qui *est rendue*.....

Comme disent nos officiers, ne récriminons pas; songeons à la patrie. La France, à l'heure qu'il est, n'a plus un soldat d'armée régulière, puisque les quelques régiments échappés à la captivité ou à la mort sont à Paris. L'*Indépendance belge*, que les gazettes allemandes insultent pour ses tardives sympathies envers nous, annonce la formation rapide et les efforts des armées du Nord, de la première et de la seconde armée de la Loire; elle nous apporte les proclamations pompeuses de M. Gambetta, tandis que les gazettes allemandes parlent sans cesse de nos défaites et rient grossièrement de nos espérances. Je vois bien qu'au fond nos officiers n'espèrent plus, et leur raisonnement, quand ils l'expriment, est d'autant plus navrant qu'il les désole autant à dire que nous à l'entendre :

« Si l'armée régulière, avec son artillerie et sa cavalerie, impossibles à réparer en un jour ni en un an, a été vaincue, que feront des armées improvisées, pleines de patriotisme sans doute, mais ni aguerries ni expérimentées, avec des officiers et des sous-officiers qui n'en savent guère plus que leurs soldats ? Le métier militaire ne s'apprend pas sans temps ni sans école. O pauvres frères, vous courez à la défaite et à la mort ! Du moins, vous sauvez l'honneur ! »

BRÊME, 15 janvier 1871.

Il y a ici des œuvres de charité très louables ; les hôpitaux sont bien tenus ; tous les services publics brillent par leur perfection. L'enlèvement des boues se fait la nuit ; les ruisseaux sont sous terre, pour éviter la gelée. J'admire surtout les omnibus et les pompiers : sous ce rapport, Paris est inférieur à Brême.

L'omnibus, large caisse vitrée à seize places, s'ouvre à l'arrière par une porte en glace, et sur les coussins moelleux on se chauffe à un petit poêle dont le tuyau sort dans le dos du cocher. Ces confortables machines roulent lentement, comme les chemins de fer : l'Allemand n'est pas pressé. Quant aux pompiers, leurs pompes puissantes, en cuivre et fer luisant comme une batterie de cuisine hollandaise, courent au galop traînées par quatre chevaux ferrés à glace ; derrière les pompes, d'énormes tonneaux d'eau, de grands chars à bancs pleins d'hommes en casque et tenue d'incendie. Tout cela est toujours attelé, prêt à partir au premier avis des stations télégraphiques établies aux quatre coins de la ville : un feu est éteint à Brême en moins de temps qu'il n'en faut à Dijon pour réveiller le tambour.

Quel intérêt puis-je trouver à ces détails de civilisation pratique, pendant que chaque jour les dépêches de Guillaume, affichées à tous les murs, annoncent le nombre d'obus lancés sur Paris? Pour le 1er janvier, pour notre jour de l'an, nous avons eu les premières nouvelles de ce bombardement inouï, qui constitue l'acte de barbarie le plus stupide et le plus odieux de l'histoire.

Quoi qu'ils disent, en leur langue germaine, du *moment psychologique* venu pour assassiner des enfants et abîmer des œuvres d'art uniques au monde, à quoi cela leur sert-il? Comment veulent-ils prendre Paris?

Si c'est par l'assaut, qu'ils fassent donc brèche à l'enceinte : ils la peuvent battre nuit et jour, sans aller deux et trois kilomètres plus loin se donner le plaisir d'envoyer la destruction et la mort dans la reine des cités; si c'est par la faim, qu'ils attendent.

Mais ils ont peur de l'assaut, ils trouvent la faim lente; et alors ils veulent, dans leur rage calme, nous prouver qu'ils sont forts. Du moins Alaric, quand il pillait Rome, avait l'excuse de la naïveté barbare et de l'ivresse triomphante.

Cette méchanceté stupide, je le répète, et froidement pratiquée pendant des semaines, en calcul mathématique, par des ingénieurs qui fument leur cigare en pointant l'engin, me soulève le cœur. Mon père a vu un homme aussi bêtement méchant : c'était un cordier qui, voyant passer le long des fils qu'il tordait à la roue sur ses râteaux un bel enfant blond, s'amusa en ricanant à laisser fléchir la corde pour arracher une mèche qui fila saignante dans le mouvement, pendant que le petit tombait en hurlant dans les bras de sa mère affolée. La haine de cette mère pour ce monstre, les Prussiens nous l'inspirent contre eux en mutilant notre Paris. Quand une nation en vient là, elle a beau être grande, forte, instruite, invincible, elle n'en est pas moins au ban de l'humanité ; ses jours sont comptés.

Allons voir nos prisonniers.

Rien n'est plus triste et plus consolant à contempler que ces six cents hommes, sous-officiers et soldats, entassés dans les étages de la caserne. Au début, ils ont eu quelques libertés de promenade promptement supprimées. Deux sous-officiers, vexés par les argousins et enflammés par l'amour de la patrie, ont essayé de fuir et se sont laissé prendre à la frontière de Hollande ; ils étaient dans leur droit, puisqu'on ne leur avait pas demandé de serment. Cependant le commandant a cru devoir nous en parler, à nous otages, et aux officiers, comme « d'un manque de parole *moralement*. » Il n'y a que les Allemands pour trouver ces expressions. Nous avons répondu que cela ne nous regardait pas. Mais on nous a signifié que nous cesserions tout rapport avec la caserne, où l'entrée nous serait interdite ; les officiers mêmes verraient leurs permissions fort restreintes ; quant aux prisonniers, ils ne sortiraient plus.

Cette inutile sévérité n'a en somme pour résultat que de priver cruellement nos soldats des consolations et des secours que nous essayons de leur donner dans la mesure de nos moyens.

A notre arrivée, nous avons vu des turcos en culotte de toile, comme ils étaient le jour de Wœrth; ces fils de l'Algérie devaient subir en ce costume l'hiver de la mer du Nord, sans que ni la charité privée, ni l'administration prussienne songeât à les vêtir.

Les dames qui nous accompagnent ont aussitôt ouvert une souscription qui a fourni de chauds pantalons aux patients de ce supplice lent et mortel. « Mais ces pantalons ne sont pas d'uniforme, » dit l'Allemand; comme s'il nous était possible de faire fabriquer des pantalons d'uniforme français à Brême ! N'importe : l'administration allemande va les saisir comme « vêtements bourgeois destinés à favoriser les évasions. » Nos défenseurs vont continuer à grelotter sous la bise glaciale; enfin, en grande hâte on imagine de couper en lanières de vieux pantalons rouges; les industrieux troupiers passent la nuit à coudre ces bandes aux pantalons incriminés, et grâce à cette marque, ils peuvent enfin couvrir leurs jambes transies.

Un capitaine de la garde avait donné à son ordonnance un paletot et quelques effets; l'intendant allemand s'en empare impitoyablement, et commet là, qu'il me soit permis de le dire, un vol de propriété privée absolument inexcusable.

Les officiers et les otages avaient pris comme brosseurs un certain nombre de soldats, moins pour leur service que pour leur procurer quelques heures de liberté ; ils se faisaient d'ailleurs garants de leurs hommes. On supprime les ordonnances, ou on les astreint à se rendre chez l'officier accompagnés d'un *man* qui reste là tout le temps. Les galériens sont moins surveillés, moins accablés de vexations qui n'ont ici nul caractère utile : c'est simplement cruel.

Pour Noël, M. Thénard, que les officiers ont nommé galamment président du Cercle français, a fait porter à la caserne un veau et une barrique de bon vin : ç'a été une petite fête pour ces affamés, car la nourriture qu'on leur fournit est insuffisante et repoussante. Mais il est impossible de renouveler suffisamment les dons en vivres ou en argent.

De l'argent, ils n'en ont point depuis le premier jour de leur captivité, pas même de quoi acheter du tabac. Sans les charitables efforts de leurs officiers qui, si gênés qu'ils soient, ont toujours quelque chose pour leurs soldats, le sort de ces prisonniers serait intolérable ; et certes, ces innocentes et glorieuses victimes de la fortune de la guerre peuvent envier le sort incomparablement meilleur des voleurs, des incendiaires, des assassins, dont les prisons saines sont garnies de bonne literie, qui ont de chauds vêtements, qui mangent suffisamment, qui peuvent remuer leurs membres et prendre l'air dans des cours de récréation. En France, un directeur de bagne qui traiterait un jour un de ses odieux pensionnaires comme sont régulièrement et légalement traités ici nos soldats, passerait assurément devant les tribunaux avec scandale.

Outre le bien matériel, les officiers ont songé au bien moral. M. le commandant de Ménonville, MM. les capitaines Belin, Le Bouteillier, et vingt autres que je ne puis citer, ont voulu soustraire nos soldats à la funeste démoralisation produite par l'ennui, l'inaction, la misère. Ils ont organisé des écoles complètes, où les prisonniers peuvent suivre fructueusement des cours réguliers de lecture, d'écriture, d'orthographe, de calcul, de géométrie, de littérature, d'histoire, de géographie, de physique, de chimie, d'hygiène, de chant.

MM. les sous-officiers aident et surveillent journellement ces travaux, auxquels les élèves se montrent assidus et zélés.

Nous sommes fiers, M. le baron Thénard et moi, que MM. les officiers veuillent bien nous permettre de collaborer, selon nos forces, à cette œuvre patriotique et morale, que les vexations prussiennes ne permettent pas d'entreprendre dans toutes les villes où sont parqués, systématiquement démoralisés, et tués à petit feu nos prisonniers. Hélas! *à petit feu* est une expression métaphorique mal appliquée ici : c'est *à grand'faim* et *à grand froid* qu'il faudrait dire.

11.

Les lettres que nous recevons prouvent que
Brême est relativement un lieu de résidence en-
viable pour les officiers et surtout pour les soldats !
Ce n'est pas à dire que la charité soit absolument
nulle parmi les Allemands. Quelques-uns prêtent
des livres ou donnent des cigares ; une dame, française d'origine, s'occupe tant qu'elle peut de cette
immense misère. Mais ces actes isolés et bénis sont
une rare exception qui fait mieux ressortir l'indif-
férence, que dis-je ? la haine de tout le peuple
allemand.

Le pasteur-interprète Schwalb a voulu d'abord se
mettre à la tête des écoles, et il a fallu passer par là
pour obtenir l'autorisation. Quelle occasion pour lui
de faire de pieux rapports à la reine Augusta !
Quel dévouement germain d'instruire ces ignorants de France, et de verser généreusement dans
leurs âmes desséchées dès l'enfance par l'*obscuran-
tisme* français quelques gouttes régénératrices de
science allemande et de religion luthériano-schwal-
bienne !

Mais grâce à ses bons soins de lecteur des correspondances ouvertes, un officier est envoyé en forteresse à Stralsund, pour avoir écrit son étonnement
sur l'impuissance de notre flotte dans la Baltique :
or, si nous remettons nos lettres *ouvertes*, c'est
sans doute pour que l'administration qui les lit juge
si elle doit les envoyer, efface les passages qui lui
déplaisent, nous les rende et nous avertisse si elle

les blâme ou les redoute. Qu'elle punît l'auteur
d'une lettre fermée malgré la parole donnée, on le
comprendrait : mais une lettre ouverte, qu'elle
n'avait qu'à brûler !

De plus, M. Schwalb parle aux officiers-profes-
seurs comme un principal grincheux à des pions
pris en faute, et veut punir les soldats-élèves qui
manquent un de ses sermons, comme des écoliers
en rupture de ban. Punir ces malheureux ! Et
comment ? En leur supprimant un peu de nourriture, un peu d'air. Les officiers ont la fermeté
de remettre à sa place M. Schwalb, qui donne
solennellement sa démission, et le colonel a le bon
goût de laisser continuer les écoles sans la haute
collaboration du nègre-blanc, qui, après avoir invité chez lui ses *collègues*, leur écrit une contre-
lettre pour les prier de ne pas venir, ce qui leur
évite la peine de remercier eux-mêmes.

Depuis douze ans que je fais le métier de professeur, j'ai eu occasion de voir d'excellentes classes,
et de parler devant des auditoires d'élite. Jamais
je n'ai été écouté avec autant d'attention, de
déférence, de cœur, que par la troupe bariolée des
prisonniers, entassés sous ce quinquet fumeux dans
cette salle de caserne ; jamais je n'ai éprouvé au
même degré la sympathie qui va des yeux aux
yeux, de l'âme à l'âme ; je préfère les poignées de
main et l'approbation de ces braves gens à tous les
applaudissements académiques. Je les aime, et ils

m'aiment, et quoi qu'il advienne nous ne nous oublierons pas, ô mes chers auditeurs et amis !

N'étaient-ils pas libres d'aller jouer aux cartes ou
dormir ? N'étais-je pas bien inexpérimenté pour parler à cette foule diversifiée, où il fallait intéresser à la
fois le plus et le moins instruit ? Tous venaient, tous
écoutaient de toutes leurs forces, et nous causions,
dans cette prison et cette nuit, de tout ce qu'il y a
de lumineux et de libre au monde. La Bible, Homère, Eschyle, Platon, Pascal et Corneille, l'Asie,
la Grèce et Rome, l'histoire et l'avenir de la patrie,
attachaient ces esprits français jusqu'à la passion.

M. Thénard, avec les notions les plus émouvantes
de la chimie, de l'agriculture et de l'économie sociale, les fascinait pendant deux heures ; ils rete-
naient leurs places pour les cours techniques de
chaque officier.

Après cela, qu'on ne me parle plus de l'indiscipline, de la paresse, de l'inintelligence du soldat
français : il n'y a qu'à vouloir pour instruire ce
peuple. S'il n'est pas instruit, c'est la faute de ceux
qui gouvernent d'en haut les écoles, et ne savent
pas donner la pâture céleste à cette immense nichée
affamée de science, de bien, de liberté.

M. le lieutenant Chevalier, aidé de quelques autres, a eu l'heureuse idée de leur faire apprendre et
jouer entre eux quelques scènes bien choisies. Ils
s'en sont tirés avec goût et succès , malgré le
manque de costumes et surtout d'entrain : car com-

ment rire quand la patrie pleure? Le colonel allemand est venu assister à cette représentation de famille, dans une *Halle,* ou salle à tout faire, offerte
gratuitement par l'*impresario.*

En échange de sa salle et de son gaz, on voulut
lui faire gagner quelque argent en offrant un verre
de bière à chaque soldat : il y en avait pour cinquante-
quatre francs qui furent aussitôt payés. Quinze jours
après, le colonel, qui avait, entre temps, interdit
toute nouvelle représentation, reçut de MM. Hart-
man et Frohmüler, entrepreneurs et directeurs de
cette *Halle,* une petite note où la location de la salle
était comptée cent francs, la location des *costumes* (?)
cinquante francs, et la bière un tiers en sus du prix
convenu et payé. Un colonel français eût envoyé aux
tribunaux ces voleurs; le colonel allemand se con-
tenta de leur donner ce nom, et les paya très bien sur
les fonds d'abonnement de la caserne, ce qui dimi-
nuait d'autant le *bien-être,* si l'on peut parler ainsi,
des victimes de cette exploitation.

Soldats, otages, officiers, sont d'ailleurs ingénieux à s'occuper. Quelques dames reçoivent le
soir; on joue à l'*oie,* sur un carton dessiné par des
officiers qui ont spirituellement représenté dans
chaque case les multiples détails de leurs tribula-
tions : on part de Metz dans des wagons à chevaux,
pour gagner des casernes, tomber dans des forteresses, s'arrêter dans des tavernes, saluer en passant des majors allemands et des pasteurs Schwalb.

Un journal manuscrit, rédigé et illustré avec beaucoup de verve, a été interdit au premier numéro.

Notre vie n'a d'autres incidents que le courrier,
et la lecture des dépêches. Nous nous faisons photographier en groupe. Un otage de Vesoul doit à
une haute protection un passeport de liberté signé
par M. von Bismark, et en profite. Quelques Dijonnais sont frappés par de funestes nouvelles; des
pères, des parents meurent en France, et la nouvelle brutale arrive avant l'annonce de la maladie.
Presque tous ont des frères, des amis à Paris ou
aux armées.

Cependant le moral se soutient dans cette anxiété
sans trêve; tous sont décidés à ne se séparer point,
quoi qu'il arrive, et à ne revenir qu'ensemble, comme
ils sont partis. Nul ne veut solliciter, même dans des
circonstances extrêmes, une faveur dont l'accepta-
tion serait une sorte de reconnaissance du prétendu
droit à l'otage.

Le colonel nous informe que M. von Bismark nous
accorde tardivement pour vivre une indemnité de
quarante-cinq francs par mois. Cette allocation in-
sultante et dérisoire est acceptée par quelques-uns
pour être aussitôt versée aux prisonniers; les autres
disent avec M. Thénard : « Vous n'aviez pas le droit
de nous prendre, vous n'avez pas le droit de nous
payer, » et ils refusent d'apposer leur signature sur
la feuille d'émargement allemande.

Nous avons appris depuis quelques jours par les

journaux, et nous savons enfin par lettres que les
Prussiens ont quitté Dijon le 30 décembre pour se
replier vers Gray et Vesoul. Garibaldi est aussitôt
entré : lui et sa troupe ont été acclamés comme des
sauveurs. Je comprends cet enthousiasme, mais je
ne le partage pas. Que les braves Bourguignons qui
se battent autour de lui l'admirent, et lui attribuent
la délivrance de leur capitale, c'est explicable. Dans
la fièvre, on ne raisonne pas. Mais qu'ils me pardon-
nent si, de loin, j'essaie de raisonner, et si je persiste
à croire que ce Garibaldi si adoré à cette heure, n'est
qu'un embarras, un danger, peut-être pis, une
honte ! Depuis trois mois, qu'a-t-il fait que fuir sans
cesse devant l'ennemi, se réfugier dans les places,
tenter des coups de main insensés, ruiner le pays
autant que les Prussiens ? Ce n'est pas lui qui reprend effectivement Dijon : il y entre parce que la
ville est évacuée ; et ce n'est pas lui qui obtient ce
résultat, c'est le général Crémer par la sanglante
bataille de Nuits (18 décembre) ; c'est surtout le général Bourbaki par sa marche hardie sur les Vosges.

Quel intérêt ce chef de bande peut-il avoir à se
battre pour nous ? Je comprends d'ailleurs sa campagne. Pour des gens aventureux, cette guerre
d'escarmouches avec bonne solde, bonne vie sur le
paysan, bon butin partout, constitue une existence
active, libre, agréable ; ils ne s'exposent au danger
que quand ils veulent, n'ayant point d'ordres à recevoir d'un général ni d'un ministre ; ils s'embus-

quent, attaquent, lâchent pied à leur gré ; ils jouis-
sent des plaisirs enivrants et des bénéfices soudains
de la chasse à l'homme, sans connaître ni les dan-
gers réels, ni les devoirs terribles de la défense régulière : véritables braconniers de la guerre, capables de bravoure quelquefois, coupables d'excès
toujours, mettant la politique et l'intérêt avant la défense ; or leur politique, c'est le renversement de
tout ordre et de toute police, et leur intérêt, le
pillage. Notre Bourgogne doit leur plaire : ils l'aiment comme les Corses le mâquis, et les Abruzziens
l'Apennin. Je ne méconnais pas quel dévouement
réel il y a chez quelques-uns de ces volontaires ; je
ne blâme pas l'enthousiasme par lequel on acclame,
quels qu'ils soient, ceux qui se battent contre la
Prusse ; mais quand ma patrie est réduite à cette
défense et à ces ovations-là, je pleure de rage et de
désespoir.

MAGDEBOURG, 17 janvier 1871.

J'ai obtenu l'autorisation d'aller trois jours à
Magdebourg. De Brême on revient à Hanôvre, et à
travers un pays triste, pauvre et plat, on gagne
Brunswick.

Les remparts de cette ancienne ville hanséatique sont devenus des promenades, comme à
Francfort et à Brême. Je n'ai eu le temps de voir
que la cathédrale romane, fondée en 1173 par Henri-

le-Lion, et le Musée, qui est un trésor ; je passe devant les majoliques et les émaux ; je cours à travers
les *Dürers*, les *Cranachs*, les *Holbeins*, les *Porbus*,
les *Rubens*, les *Van-Dycks*, les *Rembrandts*, les *Té-
niers*, les *Ruïsdaëls*, les *Carraches*, les *Tintorets*, les
Ostades, les *Titiens* : un éblouissement de chefs-
d'œuvre ; il faudrait huit jours, et j'ai une heure ;
mais qu'elle est bonne ! et quelle chute quand on re-
tombe de tant d'art dans l'horreur de la réalité !

Wolfenbüttel possède une riche bibliothèque et
l'anneau de mariage de Luther ; il y a même sa
cuiller, son verre, il ne manque que sa brosse à
dents. Le Musée des Souverains conserve celle de
Napoléon Ier.

A droite paraissent les hauteurs du *Hartz*, la forêt
Hercynie, redoutée des Romains et surfaite par les
touristes allemands : voici le front brumeux du
Brocken, où dansent la nuit les sorcières allemandes.
Que tout cela est beau dans les légendes, mais vul-
gaire en réalité, et triste par un jour gris !

A Magdebourg, je suis en vraie Prusse. Grande
ville, quatre-vingt mille habitants, neuf mille soldats,
et trente mille prisonniers français.

La cathédrale, longue, mince et haute, est du
plus pur gothique (1208-1363). Les églises offrent
rarement un tel ensemble de plan et de style : alen-
tour, un cloître roman plein de tombes rappelle que
là, comme dans toute l'Europe, la civilisation mo-
nastique a régné vigoureuse pendant plusieurs siè-

cles. La nef, blanche, effilée, contient des richesses :
une chaire en albâtre du XVIIe siècle, aux ornements et statuettes innombrables ; maints retables
fouillés à l'excès, le grand tombeau en bronze d'un
archevêque du XVe siècle : c'est un musée.

On montre dans un réduit le casque, les gants,
les bottes de Tzerclaes, comte de Tilly, heureux suc-
cesseur de Wallenstein qui n'avait pu prendre Magdebourg en 1629. Tilly l'enleva d'assaut le 10 mai
1631, malgré l'énergique défense des soldats de Gustave-Adolphe : trente mille habitants, femmes, enfants, vieillards, furent tués ou brûlés ; de la ville
entièrement incendiée ne restèrent que deux églises
et cent trente-neuf maisons : sur une de celles qui
survécurent, au no 146 de la *rue Large* (*Breitenweg*),
on lit cette inscription : « Souviens-toi (*Gedenke*) du
10 mai 1631. » C'était, dit-on, la maison du gouverneur, qui fut décapité. Les Magdebourgeois ont muré
la porte par où entra le terrible vainqueur. A cette
époque, Otto de Guericke était bourgmestre ; un
monument médiocre rappelle son nom et sa pompe
à air.

Nous nous étonnons aujourd'hui d'actes comme
l'exécution de Bazeilles ou l'incendie de Strasbourg :
mais la guerre allemande a toujours eu ces procédés.
Magdebourg, successivement saccagée par les Van-
dales (*Wendes*) en 784, par les Huns en 923, puis
par Boleslas-le-Grand, Othon IV, Maurice de Saxe,
Tilly, chaque fois renaquit de ses cendres, devint

chef-lieu du département de l'Elbe en 1806, et resta un de nos derniers points de résistance contre les alliés en 1813. Là, comme partout en Allemagne, on retrouve les causes de la haine et de la guerre actuelle.

Il n'y a rien à voir que deux ou trois places, dont l'une est ornée d'un petit monument trop restauré, où sous un dôme roman l'empereur Othon Ier se tient sur un cheval doré, entre ses deux femmes. La seule belle rue est le *Breitenweg*, qui traverse la ville du nord au sud. Du *boulevart des Princes* (*Fürstenwall*) on voit l'Elbe glacé, et la citadelle dans une île. Les boutiques sont moins brillantes qu'à Brême et à Francfort; hôtels et restaurants sales et mauvais. Le dégel emplit les rues d'une pâte noire et glissante; des toits tombent avec un bruit sourd des avalanches capables d'assommer les passants. Les monuments sont en style plat du XVIIIe siècle, avec des statues de plâtre retenues par des barres de fer : en somme, c'est actif, sombre, boueux, laid, sans goût et sans mœurs. Voilà le cadre du tableau qui m'a frappé: le tableau même, je ne l'oublierai jamais.

Dans d'ignobles baraques, où suinte la neige fondue, sur les remparts, dans la citadelle, au Champ-de-Mars, trente mille Français, hâves, déguenillés, nu-pieds dans des sabots cassés ou des souliers ruinés, à demi couverts de haillons rapetassés, grouillent autour de poêles insuffisants et de marmites infectes.

Conduits comme des forçats par un argousin
prussien, ils traînent la charrette, cassent la glace,
remuent la boue en ville et aux remparts. On leur
fait agrandir les fortifications, suivant le plan
conçu, dit-on, par Napoléon.

La nourriture insuffisante, écœurante ; le linge
absent ; les soins matériels de toute nature supprimés. — Hue ! donc, bête de somme, hue ! Français !
pousse la brouette, laboure la terre glacée, couche
sur la litière pourrie ! Le Romain autrefois, aujour-
d'hui l'Espagnol, soigne l'esclave, qui a coûté cher
et qui est un instrument utile : ici, qu'importe qu'il
périsse ? On n'a pas besoin de lui ; on l'éreinte, on
l'assomme de besogne et de coups, on le laisse grelotter, saigner, maigrir et s'enfiévrer, jusqu'au jour
où on le porte à l'hôpital, et de l'hôpital au cimetière.

Il en meurt dix-sept à dix-huit par jour. J'ai vu
un de ces convois sans prêtre, sans drap sur la bière.
Leurs camarades les portent en attendant le tour ;
devant marche un peloton prussien ; derrière, quelques amis. Cette fournée journalière a lieu régulière-
rement à trois heures, au moment même où les of--
ficiers sont forcés de répondre à l'appel : est-ce pour
les empêcher de rendre les derniers devoirs à leurs
soldats ?

Les officiers sont ici plus de quatre cents. La plupart se sont procuré, comme ils ont pu, un habit
bourgeois, pour être moins exposés aux insultes.

Quand le pantalon est en réparation, ils restent à la maison, dans une chambre garnie peu confortable et chère. On les accable de vexations, on abuse de la parole d'honneur qu'ils ont donnée, et que plusieurs retirent par dégoût. Chaque jour, appel nominal dans une salle où ils s'entassent; je vois l'un d'eux mandé au bureau et violemment réprimandé par le commandant prussien, pour avoir « répondu trop haut : Présent! » Chaque soir il faut être rentré dans sa chambre à dix heures, et les officiers allemands dénoncent eux-mêmes aux patrouilles les attardés qu'ils reconnaissent. Solde dérisoire, paroles brutales, prison pour la moindre infraction, interdiction de journaux, groupes de douze rendus responsables de l'évasion d'un seul, que sais-je encore? Ils le raconteront mieux que moi.

Mais il faut que je dise quelques mots des évasions d'officiers. Quoique fort rares, elles font grand bruit. Les journaux allemands ne tarissent pas en insultes contre ces *parjures*, et la courte liste des *traîtres* est officiellement imprimée pour flétrir leurs noms. J'ai dû à Magdebourg voir le général commandant la place, pour faire viser mon passeport, et ç'a été pour lui une occasion de faire une violente sortie contre « *les officiers lâches qui trahissent l'honneur, etc.* »

Les officiers français, quand ils ont été pris, ont donné leur parole de ne point fuir, à condition d'être libres dans les villes où ils seraient internés. Peu à peu et très habilement, l'autorité prussienne a

supprimé cette liberté promise, par des appels jour-
naliers, des *espionnages ignobles*, des obligations de
rentrer à telle heure comme des écoliers, des res-
ponsabilités collectives, des abus de correspondances
et autres vexations qui ont fini par exaspérer quelques caractères. J'en ai vu demander à être mis en
forteresse; d'autres ont écrit au commandant de
place qu'à partir de tel jour, à telle heure, ils reti-
raient leur parole, et s'en allaient à leurs risques et
périls; d'autres encore ont jugé que la *liberté* sur *parole*
constituait un contrat, et que, le Prussien ne rem-
plissant plus la clause *liberté*, le Français n'était
plus tenu à la clause *parole*. Pour moi, j'aime mieux
le raisonnement de Régulus et de Cicéron (1);
mais les Allemands ont tort de faire tant de fracas
pour un petit nombre d'évasions où ils jouent le rôle
provocateur, et les officiers de Magdebourg ont raison de protester contre la responsabilité collective,
qui est injurieuse et inique.

A quoi tout cela sert-il, qu'à augmenter leur mépris pour ces triomphateurs qui les ont pris sans les
vaincre, et qui descendent du rôle d'adversaire loyal
au métier de geôlier? Je ne parle pas des brutalités
de détail : j'ai presque vu assommer un officier par
des conscrits prussiens; les soldats sont fréquem-
ment frappés, et punis de mort s'ils ripostent. J'ignore
comment, à l'heure où j'écris, sont traités en France

(1) *De Officiis*, III, 27-32.

les prisonniers allemands; mais je me souviens de l'accueil fait par nos villes, Paris en tête, aux Autrichiens pris à Magenta.

Quoi qu'il en soit, dans aucune colonie pénitentiaire, dans aucun bagne, les voleurs, les incendiaires, les assassins ne sont aussi mal traités que les soldats français prisonniers en Allemagne ; et pourtant, de quoi sont-ils responsables, que d'avoir exposé leur vie et perdu leur liberté par la faute des grands chefs?

Que, vu leur nombre, la Prusse prenne certaines précautions pour éviter les essais de délivrance, nul n'y trouverait à redire ; mais, dans quel but les prive-t-elle des secours indispensables, que l'on donne partout aux mendiants et aux vagabonds ? A quoi bon achever lentement la ruine de leur santé débilitée ? Fusiller un prisonnier au moment de la victoire, c'est une sanglante ivresse que l'on comprend sans l'excuser ; mais le faire périr doucement, sans en avoir l'air, par des privations savamment calculées de façon à rendre impossible l'accusation formelle de crime, c'est assurément une œuvre abominable, qui, quand elle prend de pareilles proportions d'art et d'exécution, fait frissonner et crier à Dieu.

Cette savante destruction du Français n'attaque pas seulement le corps, mais l'esprit : on essaie de démoraliser le Français par système, comme de le tuer par calcul. Dans ce problème compliqué, il y a

trois éléments : la santé à détruire, l'âme à désespérer, le *décorum* à sauver. La solution doit être double : d'abord, faire périr le Français ; ensuite, avoir
l'air de le soigner, de le régénérer ; en somme, jouer
le rôle habile et difficile du médecin empoisonneur.

La machination est admirable. Pour le corps,
donner à manger juste assez pour qu'on ne meure
pas de faim ; chauffer juste assez pour qu'on ne
meure pas de froid ; faire travailler juste assez pour
qu'on ne meure pas de fatigue.

Pour l'âme, promettre des libertés de correspondance qui empêchent la moitié des lettres de parvenir. A Magdebourg, les lettres des officiers sont éta-
lées sur une table publique, dans une caserne prussienne : vient et prend qui veut ; pour les soldats,
j'en connais qui n'en ont pu faire parvenir une sur
neuf. Mais une pompeuse ordonnance royale prescrit
la gratuité du port pour tous les prisonniers.

L'absence de nouvelles de la famille n'est pas le
seul supplice moral infligé à nos soldats. Les communications avec leurs officiers sont supprimées ; la
famille du régiment, qui consolerait de l'autre, est
absolument détruite. Les nouvelles de la patrie, les
journaux français, belges, suisses, sont interdits. Un
arrêté de M. Vogel von Falkenstein (*Loiseau de Fau-
conpierre*) supprime l'*Indépendance belge*, coupable d'avoir quelque pitié pour la France, et de dis-
cuter quelquefois l'exactitude des télégrammes
prussiens.

Donc, pour le soldat, nu, glacé, affamé, éreinté, ni secours d'aucun genre, ni lettres, ni tabac, ni journaux, ni rapports avec l'officier qui pourrait lui redonner courage. Mais ce n'est pas assez : tout ceci n'est que l'élément passif, pour ainsi dire, de la démoralisation.

L'élément actif consiste dans une feuille jaune imprimée en français, qui porte pour titre : *Correspondance de Berlin*. C'est une apologie constante et habile de la Prusse, de ses armées, de sa tactique, de sa moralité, de sa politique, sans cesse opposées à nos institutions dénigrées avec talent et discrétion. C'est une apologie prudente et bien menée de Napoléon III, avec toutes les insinuations les plus perfides contre la République, les officiers, les ministres. C'est une insulte incessante contre les efforts de la France, stupide et même criminelle d'oser chasser son empereur et résister à l'Allemagne de Guillaume. En un mot, l'œuvre satanique de *Tartuffe* géant, qui veut, sous d'honnêtes dehors, ruiner non plus une famille, mais un peuple.

La *Correspondance de Berlin*, hebdomadaire, n'a pas d'abonnés ; le prix est exorbitant, pour éviter l'inconvénient qu'elle soit trop connue. Elle est régulièrement *prêtée* par le ministre de la guerre prussien aux prisonniers français, qui doivent rendre l'exemplaire après l'avoir lu, et sont avertis de ne le point communiquer à leurs officiers. J'ai demandé, au bureau d'une caserne de Magdebourg, à emporter un numéro qui parlait des otages de Dijon, pour copier l'article où la Prusse était félicitée de cette *sage* et *juste* violation du droit des gens : on m'a refusé, en me déclarant que c'était « *la propriété du ministère de la guerre.* » Ainsi, l'on ment systématiquement et officiellement au prisonnier, par une feuille en laquelle l'éloge de l'empereur, à qui il a prêté serment, peut dérouter son bon sens et calmer sa méfiance ; mais l'officier, l'otage qui voudrait répondre à ces mensonges est soigneusement écarté.

D'ailleurs, les intrigues bonapartistes vont leur train sans aucune entrave. Il se publie quelques journaux napoléoniens en Belgique et en Angleterre : ils arrivent partout en Allemagne et sont même expédiés gratis aux officiers.

Voici deux dépêches échangées au mois d'octobre entre M. von Bismark et M. de Chaudordy. Elles sont connues, mais je les cite comme un témoignage de la conduite des deux belligérants à l'égard des prisonniers, et comme un souvenir du mensonge permanent qui accuse la France des violences et des cruautés dont la Prusse n'a eu l'idée que parce qu'elle les pratiquait systématiquement contre nous.

« Au gouvernement de la Défense nationale à Tours.

FERRIÈRES, le 4 octobre 1870.

« Des renseignements sont arrivés au gouvernement royal sur la manière dont étaient traités les équipages de navires allemands de commerce, capturés par la flotte française, et on ne saurait y ajouter foi, si ces nouvelles ne reposaient sur les assertions positives et dignes de foi de ceux qui en ont été l'objet.

» De paisibles capitaines de navires de commerce qui ne pouvaient un seul instant être considérés comme prisonniers de guerre, n'ont pas été traités comme tels, mais bien comme des criminels ; ils sont restés sans défense contre les insultes et les mauvais traitements de la populace ; ils auraient été malmenés par leurs gardiens, jetés en prison, enchaînés, et transportés dans l'intérieur de la France, où ils paraissent se trouver dans la plus triste situation.

» Je citerai, entre autres faits, le traitement infligé à M. Heller, de Hambourg, capitaine du vapeur *Pfeil*, qui a été dirigé le 30 août sur Dunkerque, et à M. Dewers, de Brême, capitaine du bateau *Lanaï*, dirigé le 6 août sur Brest, tous deux internés à Moulins, où ils sont prisonniers.

» A Moulins se trouvent également deux officiers

badois, MM. de Wechmar et de Villier, ainsi qu'un dragon, faits prisonniers, tout au commencement de la guerre, dans une reconnaissance; il y a aussi, d'après ce que nous apprenons, un officier prussien, le comte de Schmettow. Ces prisonniers sont traités d'une manière aussi indigne que contraire aux lois de la guerre. Le nécessaire leur manque, et les autorités ne font rien pour eux. Les secours en argent qui leur sont envoyés par leur famille ont même été supprimés.

» Cette conduite est en contradiction avec les principes du droit des gens et de l'humanité.

» En attirant sur ces faits l'attention du gouvernement de la Défense nationale, il est permis d'exprimer le vœu qu'il sera à même de remédier à cet état de choses et d'en prévenir le retour.

» S'il en était autrement, et si nous n'obtenions sans retard la certitude de procédés différents, le gouvernement de Sa Majesté le Roi se verrait forcé, quoique à regret, de traiter tout autrement les officiers français prisonniers de guerre, ce qui serait considéré comme de justes représailles réclamées par la conscience publique et la violation du droit international.

« Signé : BISMARK. »

« Au gouvernement prussien à Berlin.

« Le gouvernement de la Défense nationale a reçu, par l'entremise d'un secrétaire de la légation des Etats-Unis, à Londres, une note datée de Ferrières, le 4 de ce mois, et par laquelle le chancelier de la Confédération de l'Allemagne du Nord signale les mauvais traitements dont les prisonniers de guerre·des armées allemandes seraient victimes en France.

» Le comte de Bismark insiste en premier lieu sur ce point, que des capitaines de navires de commerce qui ne sauraient, selon lui, être retenus comme prisonniers de guerre, auraient été malmenés par leurs gardiens, laissés sans défense contre les insultes de la population, et enfin transportés à Moulins, où ils seraient actuellement dans la plus triste situation.

» Il signale en particulier M. Heller, de Hambourg, capitaine du vapeur *Pfeil*, et M. Dewers, de Brême, capitaine du *Lanaï*.

» D'après les assertions du comte de Bismark, les officiers des armées allemandes, également internés à Moulins, et en particulier MM. de Wechmar, de Villier et de Schmettow, seraient en butte à de mauvais traitements, manqueraient du nécessaire, et verraient saisir les secours en argent envoyés par leurs familles.

12.

» Le chancelier de la Confédération de l'Allemagne du Nord, voyant dans ces faits une violation des lois de la guerre et du droit international, déclare que, dans le cas où il ne serait pas remédié à cet état de choses, les autorités militaires des gouvernements confédérés se verraient forcées de prendre à l'égard des prisonniers de guerre français internés en Allemagne de justes mesures de rétorsion.

» Nous ne saurions en premier lieu admettre avec M. le comte de Bismark, que les capitaines et équipages des bâtiments de commerce ennemis, capturés par nos croiseurs, ne doivent pas être considérés comme prisonniers de guerre. Nous n'appliquons, en les traitant comme tels, qu'une règle internationale dont on trouve la trace dans toutes les ordonnances sur la course et les prises, et au sujet de laquelle aucun gouvernement n'a élevé de réclamations en aucun temps.

» La marine marchande, soit dans son personnel, soit dans son matériel, est un moyen de puissance maritime toujours prêt à venir en aide à l'Etat belligérant dont elle relève, et à se transformer, à la première réquisition, en instrument de guerre. A ce titre, elle tombe directement sous le coup des forces navales ennemies qui pourront l'atteindre.

» Il est évident, en effet, que les équipages des navires marchands, étant composés d'officiers et de matelots, que les autorités militaires peuvent requé-

rir à tout moment pour un service de guerre, ne
doivent pas être considérés tout à fait comme étrangers aux opérations de l'ennemi. Cela est vrai, surtout pour l'Allemagne du Nord, dont les lois militaires font de tout homme valide une recrue pour les
armées de terre et de mer aussitôt qu'il a rejoint le
territoire de la Confédération.

» Si l'on se reporte aux anciennes ordonnances,
on voit qu'il a toujours été enjoint de « ramener
tous les prisonniers avec la prise » (ordonnances de
1400, art. 4; de 1543, art. 20; de 1584, art. 33).
Les ordonnances du 15 mars 1784, du 5 mai 1756,
du 4 octobre 1760, et l'arrêté du 2 prairial an XI,
traitent de diverses dispositions « relatives aux
équipages de commerce faits prisonniers, » et notamment de leur échange. Toutes les instructions
publiées au début des dernières guerres, en 1835 et
en 1859, prescrivent de « relâcher les femmes, les
enfants, et toutes les personnes étrangères aux métiers des armes et de la marine qui ne doivent pas
être traitées en prisonniers de guerre, » et l'art. 19
des instructions du 25 juillet 1870 est conforme à
ces précédents.

» Le gouvernement de la Défense nationale est
donc fondé à croire qu'il n'a rien fait dans la guerre
actuelle qui ne soit conforme sur ce point aux tra-
ditions admises depuis plus de cinq cents ans. Les
principes que le gouvernement prussien met en
avant et voudrait faire prévaloir seraient peut-être

plus en rapport que les anciennes coutumes avec l'état actuel de la civilisation, et il est possible que la marche des idées amène un jour les puissances à conclure des conventions ayant pour objet de tempérer les maux de la guerre, comme cela a eu lieu en 1856. La France serait la première à s'associer à un pareil accord.

» Mais, tant que ces conventions n'auront pas été généralement adoptées, nous sommes en droit de nous en tenir, dans nos opérations sur mer, aux coutumes établies par l'usage constant de toutes les puissances maritimes.

» En ce qui concerne le traitement des prisonniers, le gouvernement français croit devoir présenter les observations suivantes, qui sont justifiées par la comparaison des règlements prussiens et des règlements français sur le traitement des prisonniers de guerre.

» En France, les soldats et les sous-officiers des armées allemandes reçoivent, par jour, et indépendamment des allocations de vivres, une somme de sept centimes et demi; ils peuvent travailler chez les particuliers, et dans ce cas ils touchent environ quarante centimes par jour.

» En Allemagne, nos soldats ne reçoivent aucune solde, et ils en sont réduits, a écrit récemment lord Loftus, « à vendre leurs médailles pour se procu-
» rer de petits adoucissements qui, dans leur situa-

» tion, sont presque nécessaires à la vie, le tabac
» notamment. »

» Les officiers inférieurs prisonniers en Allemagne
reçoivent mensuellement douze thalers (45 fr.), et
les officiers supérieurs et généraux vingt-cinq thalers. En France, au contraire, nous donnons aux
officiers prisonniers :

» Aux généraux de division, 333 fr.

» Aux généraux de brigade, 250.

» Aux officiers supérieurs,   200.

» Aux officiers subalternes, 100.

» Enfin, les secours qui leur sont adressés par
leurs familles leur sont toujours fidèlement remis.

» On voit donc que nous faisons à vos prisonniers une situation beaucoup plus favorable que
celle qui est faite à nos soldats en Allemagne.

» Le gouvernement de la Défense nationale a,
d'ailleurs, immédiatement ouvert une enquête sur les
faits particuliers qui lui étaient signalés par le chancelier de la Confédération de l'Allemagne du Nord.

» Or, il résulte des renseignements communi-
qués par les autorités compétentes que les officiers
internés à Moulins étaient complétement libres sur
parole ; ils logeaient dans les hôtels de la ville, y
vivaient à leur guise, et recevaient exactement la
solde attribuée à leur grade, ainsi que les secours
qui leur étaient envoyés d'Allemagne.

» Seulement, plusieurs d'entre eux ayant eu
l'imprudence d'offrir un repas *avec du champagne* à

plusieurs gardes mobiles, et de chercher à les dé-
tourner de leur devoir, il en résulta une grande irritation chez les habitants de la ville, et on dut les
transférer à Clermont-Ferrand, où ils résident encore actuellement.

» La population les traite partout avec courtoisie,
et cela est si vrai qu'ils ont adressé au maire de la
ville une lettre pour exprimer leur gratitude, et que,
sur la demande qui leur en a été faite, ils ont signé
les déclarations jointes à la présente note, par lesquelles ils se louent de la prévenance et des égards
dont ils sont l'objet, tant de la part des autorités
que de la part des habitants. Parmi les signatures,
on remarque en particulier les noms de MM. Dewers,
Heller et de Schmettow, que le comte de Bismark
avait notamment désignés comme ayant été traités
d'une manière inconvenante.

» Au nombre des officiers internés à Moulins se
trouvait également M. de Villier; mais, depuis plusieurs semaines, il a été, sur sa demande, dirigé sur
Montpellier, où il habite aujourd'hui avec une partie
de sa famille.

» A la prière de ses parents, le trésorier-payeur
général de l'Hérault a été invité à lui remettre
mille francs, sur la simple promesse du rembourse-
ment de cette somme au gouvernement ; ce qui, du
reste, a eu lieu immédiatement. Ce n'est sans doute
pas lui qui serait autorisé à se plaindre des procédés dont on a usé à son égard.

» En présence de ces faits, qui démontrent péremptoirement l'inexactitude des renseignements sur lesquels le chancelier de la Confédération de l'Allemagne du Nord avait basé ses plaintes, le gouvernement de la Défense nationale a lieu d'espérer que M. le comte de Bismark voudra bien reconnaître que ses réclamations étaient sans fondement et qu'il avait laissé surprendre sa bonne foi.

» Pour le ministre des affaires étrangères,

» *Le délégué,*

» Signé: CHAUDORDY. »

» Tours, le 28 octobre 1870. »

Il y a donc, dans le traitement des prisonniers, une différence tout à l'honneur de la France, et c'est la France qui est accusée. Mais à quoi bon insister? L'histoire de cette guerre se fera un jour et rendra justice à chacun.

Il est bon, toutefois, de constater que dès le 28 octobre 1870, le gouvernement français déclarait, par un document authentique, quels traitements loyaux et quelles sommes d'argent recevaient les prisonniers allemands ; trois mois après, les Allemands, si prompts aux représailles sanglantes, n'avaient pas encore accompli les représailles de charité que l'honneur autant que la justice leur commandait.

Il est bon surtout de constater que dès le 28 oc-

tobre 1870, le gouvernement français affirmait son
droit de retenir prisonniers des capitaines marchands, et ce n'est que *deux mois après* que M. von
Bismark a donné l'ordre de prendre des otages civils
en échange de ces gens qui ne couraient d'ailleurs
aucun risque et étaient fort bien traités. De ce fait
il résulte clairement que les capitaines ont été le
prétexte, mais non la cause réelle de notre enlèvement. Si, de bonne foi, M. von Bismark avait voulu
prendre tête pour tête, les otages eussent été enlevés deux mois plus tôt.

Le vrai motif, je l'ai déjà dit, était d'effrayer
la Franche-Comté et la Bourgogne, ensuite de donner une satisfaction platonique aux Brêmois, qui
commençaient à trouver la Prusse un peu lourde.

Les secours de France, de Belgique, de Suisse,
d'Angleterre n'arrivent que très lentement aux prisonniers. La première somme d'argent parvient au
milieu de janvier à Magdebourg, et aussitôt nos officiers se mettent à acheter des vêtements et des
chaussures qu'ils vont distribuer de leur mieux.
Nul aide ne leur vient des Allemands dans cette
œuvre de pure charité. Il y a sans doute quelques
exceptions à l'universelle cruauté, mais elles sont
trop peu nombreuses pour produire des résultats ;
elles se perdent comme les gouttes d'eau douce dans
l'océan amer.

J'achète aujourd'hui 19 janvier, dans la *rue Large*

(*Breitenweg*), un foulard représentant l'entrée solennelle des Prussiens à Paris par l'avenue des
Champs-Elysées. Les femmes décolletées étendent
des tapis sous les pieds du cheval de Guillaume,
couronné de lauriers; les généraux français se pros-
ternent en lui offrant les clefs; la foule applaudit, et
tous les monuments de Paris, y compris la colonne
Vendôme et le Panthéon, se groupent au rond-point
pour saluer le César germain. On vend aussi le portrait dudit empereur en costume de Barberousse.

Sur la place du Dôme et au Champ de Mars, les
conscrits en foule font l'exercice, la gymnastique;
ils ont des batteries de canons à culasse mobile, des
chevaux, des fusils à aiguille; trois généraux assis-
tent aux manœuvres, et j'en vois un vieux, tout
blanc, rectifier soigneusement le mouvement ou la
position de chaque homme. Si l'on a en France l'illusion que l'Allemagne soit épuisée, on se trompe.
Une nouvelle armée toute fraîche et toute équipée
peut franchir le Rhin.

Malgré cette admirable organisation, qui frappe
les yeux partout, je suis étonné de leur succès.
Je ne veux pas précipiter mon jugement, parce que
je veux qu'il soit vrai et définitif. Mais déjà, en
mettant de côté, car je m'en sens capable aujour-
d'hui, toute passion patriotique et toute idée précon-
çue, en dépouillant toute ma peau française, je vois
ici une race inférieure, incapable d'atteindre un degré élevé sur l'échelle de l'humanité.

13

Si abrutis et démoralisés que nous puissions être, nous gardons sur les Allemands une distance plus considérable que celle des Athéniens sur les Béotiens. Si Dieu le veut, ils triompheront, mais ce sera la fin de bien des choses admirables et irréparables, qu'ils ne peuvent produire, puisqu'ils ne sont pas même capables de les comprendre.

Vaincus, quel magnifique manteau de dédain nous laissons traîner derrière nous en nous promenant parmi eux ! Ils ne le voient pas, non plus qu'ils ne voient quel inconvénient il y avait à faire éclater les vitraux de la cathédrale de Strasbourg, ni en quoi ils ont tort de mirer le dôme des Invalides.

BRÊME, 5 février 1871.

Nous venons de passer une douloureuse semaine. Nous suivions avec anxiété la marche en avant du général Bourbaki le long des Vosges, nous reprenions courage après le succès de Villersexel. Maintenant nous savons qu'il est en pleine retraite sur la frontière.

Les Prussiens n'avaient donc évacué Dijon que pour courir en masse sur l'armée de l'Est. Garibaldi s'est battu *glorieusement* pendant trois jours, les 21, 22 et 23 janvier, contre un *rideau* destiné à lui masquer la marche générale de l'ennemi. Il a fait de brillantes fantasias, des charges délirantes, pris un drapeau, brûlé quelques fermes, et laissé filer à l'est tout le gros de l'armée de M. von Werder, avec tout le renfort venant de Paris sous les ordres de M. von Manteuffel.

D'ailleurs, les Allemands ont *brûlé* quelques hommes à la ferme de Pouilly; auparavant, nous avions dejà vu assassiner des médecins et des infirmiers protégés par le brassard et la casquette de Genève. Cependant ils se vantent toujours de leur douceur, de leur justice, de leur discipline, avec une intrépidité de mensonge qui surprend la bonne foi de ceux qui ne les ont pas vus à l'œuvre.

« C'est ce Werder, si fidèle à ses promesses, qui osait dire à M⁅ᵍʳ⁆ l'évêque de Dijon : «Votre devoir est de lancer un mandement pour défendre aux francs-tireurs de nous gêner dans nos mouvements. » C'est lui qui disait au curé de Lantenay : « Je ne vous comprends pas, vous autres curés ; vous devriez prêcher par toute la France la nécessité de faire la paix à tout prix, au lieu d'encourager les populations à une résistance absurde et de vous constituer nos premiers ennemis (1). »

Les dépêches allemandes, affichées sur papier bleu à tous les coins de rues, nous ont appris les

_____

(1) Voir le courageux article de M. C. Gourju, publié par l'*Echo de Fourvières*, sous la date du 27 décembre 1870, et reproduit par plusieurs journaux.

malheurs de cette funeste dernière semaine de janvier.

A la date du 21, Brême a pavoisé et tiré des coups de canon en l'honneur du nouvel Empereur d'Allemagne. S'il était permis de haïr son ennemi, ce serait avec joie que nous le verrions se donner un *empereur :* les Allemands un jour sauront ce qu'il en coûte et où cela mène. Voilà pour nous un commencement de revanche : nous n'avons plus l'*empire*, et ils l'ont. Cependant je reçois de tristes renseignements sur notre *République*. La crise en France est plus grave que nous ne l'imaginions.

Les nouveaux républicains me font l'effet de gens qui s'acharnent à changer l'écriteau pendant que la maison brûle. Les causes de nos échecs sont nombreuses, et nul ne les peut toutes définir et peser encore. Je ne reparle pas du second Empire; mais MM. Thiers, Guizot, Cousin, Mérimée, Carrel, les gens du *Globe* et de l'ancien *National*, doivent supporter une part originelle de responsabilité. Et maintenant, parmi les *rouges*, je vois un élément analogue aux compagnies de discipline de la *Méduse*, défaisant le radeau ou tirant les câbles pour supplanter et noyer les officiers.

Des nuées de vautours affamés depuis longues semaines, se ruant d'un vol furieux sur quelque monstre hors d'état de se défendre, ne donneraient qu'une faible idée de la fringale avec laquelle les républicains *radicaux* se jettent sur les fonctions sédentaires rétribuées. Cependant la France agonise ; les armées meurent de faim et de froid ; Paris, à bout de pain, après de sanglantes sorties, se rend.

Cela n'empêche pas Lyon ni Marseille de continuer leur comédie de République communale et de drapeau rouge. Ces villes ne sont-elles plus françaises ? Un mot sonore et un haillon écarlate leur font-ils oublier la patrie ? Non, mais quelques habiles exploitent le mot et le haillon ; avec cela ils mangent, ils boivent, ils se parent de galons, ils crient, ils jouent au *Danton* et au *Carnot*, et surtout ils *administrent* les finances, jusqu'au jour où ils *fileront*.

Par les dépêches allemandes, nous avons su d'abord la proclamation de l'*Empire Allemand*, puis la défaite du général Bourbaki, puis la capitulation de Paris. Auparavant, les nouvelles de la défense dans l'Ouest et dans le Nord, avec MM. Chanzy et Faidherbe, nous étaient parvenues à leur date, avec les parts d'exagération, de piétisme et de météorologie que le roi Guillaume mélange toutes les fois qu'il entonne un télégramme.

Les bulletins de Paris, annonçant le bombardement progressif sont chaque jour affichés avec le détail du nombre de degrés Réaumur, de grenades lancées et d'hommes tués. Enfin, le dimanche 29 janvier arrive de Berlin la fatale dépêche :

« Berlin, 29 janvier.— Suivant un télégramme du chancelier de l'empire du 28 janvier, celui-ci a signé avec Favre la capitulation de tous les forts de Paris et un armistice de trois semaines sur terre et sur mer. L'armée de Paris reste prisonnière dans la ville. »

Je traduis textuellement la dépêche allemande ; nous n'avons connu le texte de la dépêche française que quelques jours après :

« M. Jules Favre à la délégation de Bordeaux. — Nous signons aujourd'hui un traité avec M. le comte de Bismark. Un armistice de 21 jours est convenu. Une assemblée est convoquée à Bordeaux pour le 15 février. Faites connaître cette nouvelle à toute la France, faites exécuter l'armistice et convoquez les électeurs pour le 8 février. »

Remarquez-le : ni la dépêche allemande ni la française ne mentionnent que l'armistice ne s'étend pas à la région de l'Est. Le 31 janvier, M. Gambetta télégraphie à M. Favre :

« L'ajournement inexplicable et auquel votre télégramme ne faisait aucune allusion, des effets de l'armistice en ce qui touche Belfort et les départements de la Côte-d'Or, du Doubs et du Jura, donne lieu aux plus graves complications. Dans la région de l'Est, les généraux prussiens poursuivent leurs opérations sans tenir compte de l'armistice, alors que le ministre de la guerre, croyant pleinement aux termes de votre impérative dépêche, a ordonné à tous les chefs de corps français d'exécuter l'armistice et d'arrêter leurs mouvements, ce qui a été exécuté religieusement pendant quarante-huit heures, etc. (1). »

Il y a là quelque chose d'atroce. Que l'orgueil allemand n'ait voulu avoir reculé nulle part, ni admettre qu'aucune place ait pu résister aux canons Krupp, qu'il ait voulu se venger de la Bourgogne qui avait arrêté M. von Werder, et de l'armée de l'Est, qui l'avait forcé à la retraite ; qu'il ait voulu faire payer par une destruction complète à la glorieuse Belfort sa résistance, on le comprendrait ; quoique tuer par amour-propre des milliers d'homme soit une étrange chose, quand cette tuerie ne sert absolument qu'à la gloriole.

Mais ce qui est, je le répète, atroce, c'est que l'armée de l'Est, qui pouvait continuer sa triste retraite, ait, sur la foi de l'armistice, perdu deux jours, pendant lesquels l'armée allemande, continuant ses opérations, a pu transformer la déroute en cet effroyable désastre que nous apprenons aujourd'hui 5 février. Nous apprenons aussi que Dijon est de nouveau occupé, et qu'au moment où la paix va être signée, les Prussiens usent des dernières heures de guerre pour exiger *un million* sous me-

(1) Voir *La Guerre de Sept mois*, par M. T. de Saint-Germain, chap. *la Résistance en province*. Dans une circulaire du 31 janvier, M. Gambetta déclare qu'il n'a connu que tardivement la *coupable légèreté* de l'armistice.

nace de pillage. Mais qu'importe ce détail au prix des navrantes horreurs que nous apporte l'*Indépendance belge?*

Quelle horreur, que cette débacle de cent mille hommes demi-morts, dans la neige, sous le canon qui les a déloyalement poursuivis jusqu'à l'extrême frontière! Comment M. von Bismark ou M. von Moltke expliqueront-ils cette *glorieuse* victoire et justifieront-ils les moyens employés pour l'obtenir?

Encore une fois je comprends la théorie de la raison du plus fort, je comprends tous les caprices sanglants d'un vainqueur enivré; mais ce guet-apens monté pour faire périr cent mille hommes trois jours après avoir suspendu les armes partout sur terre et sur mer, au nom de Dieu, à quoi bon?

Nous remarquons, dans le texte complet de l'armistice signé le 28, la phrase où l'euphémisme diplomatique réserve aux Allemands ce droit au massacre; c'est à la fin de l'article 1er :

« Les opérations militaires sur le terrain des départements du Jura, du Doubs et de la Côte-d'Or, ainsi que le siége de Belfort, se continueront indépendamment de l'armistice, jusqu'au moment où on se sera mis d'accord sur la ligne de démarcation dont le tracé à travers les trois départements mentionnés a été réservé à une entente ultérieure. »

Nous remarquons aussi l'article 14, qui nous concerne :

« Il sera procédé immédiatement à l'échange de

tous les prisonniers de guerre..... L'échange s'éten-
dra aux prisonniers de condition bourgeoise, tels
que les capitaines de navires de la marine marchande allemande et les prisonniers français civils
qui ont été internés en Allemagne. » — Là-dessus
nous fondons l'espoir d'être relâchés immédiatement ; quelques-uns déjà songent à leurs malles.

Il faut pourtant que je me décide à raconter
comment les Brêmois ont fêté la chute de Paris.
La chose était préparée de longue main, car les
Allemands ont été plus étonnés que nous de la
durée de la résistance.

Dès le matin, on a sorti tous les drapeaux et pa-
villons : Brême affectionne ce genre de manifestation ; toutes les grandes maisons sont surmontées
de mâts très hauts, capables de porter des pièces de
toile coloriée suffisantes pour faire trois douzaines
de draps. D'autres toiles sont suspendues horizontalement à de longs pieux ou à des cordes qui traversent les rues. Les couleurs dominantes sont le
blanc et le noir mi-partie ; le maigre aigle noir sur
fond blanc ; le noir, rouge et blanc (drapeau de la
Confédération du Nord) ; les bandes rouges et blanches (drapeau de Brême). Les marchands de nou-
veautés disposent leurs étoffes de façon à reproduire
ces diverses bariolures.

Il y a beaucoup de monde dehors, et toutes les
maisons, presque sans exception, sont pavoisées ;

mais ni bruit, ni enthousiasme comme en France.
Le sentiment d'un immense soulagement après une
longue angoisse semble l'emporter sur l'orgueil, et
dans les journaux, le programme officiel de la solennité ne parle pas de triomphe ; c'est la joie de la
paix qui se manifeste :

« Brême, 29 janvier. — Ce trois fois heureux événement, avant-coureur de la paix, doit trouver dans
une fête universelle, aujourd'hui dimanche, une
expression qui corresponde à son importance. Les
édifices publics seront pavoisés, et sans aucun doute
les maisons particulières feront de même. A midi,
branle de toutes les cloches, salves d'artillerie,
musique et chants sur le marché ; le soir, illumination générale (1). »

En effet, à midi les cloches ont sonné, et quatre
canons français placés au bord du Weser gelé ont
ébranlé les vitres de notre cercle. La foule s'est
promenée, a envahi les brasseries et les caves ; la
nuit venue, toutes les vitres se sont garnies à l'intérieur de bougies : les monuments publics seuls
usent d'appareils à gaz médiocres, qui sont en
place depuis plusieurs jours. Cette illumination en
dedans a un air sépulcral, quoiqu'elle soit absolument générale. La foule nombreuse mais calme s'arrête devant quelques transparents représentant
« Guillaume-le-Victorieux » couronné de la tiare

(1) *Weser-Zeitung*, supplément au n° 8614.

impériale, ou Napoléon III rendant son épée, ou une femme demi-nue qui personnifie Paris avec cette inscription : « Elle est tombée, la grande Babylone! » Il y a encore d'autres images symboliques et des versets plus ou moins bien choisis, dans les maisons pieuses où les vrais luthériens se croient obligés, comme notre bottier, à mettre une Bible dans la chambre qu'ils louent à un capitaine. Tout s'éteint peu à peu, et Brème ingurgite placidement la saucisse et le vin blanc jusqu'au jour.

Je viens de recevoir, le 13 février, des nouvelles de Paris par mon ami Antonin Gourju ; avant de noter ce que l'on dit ici et ce que je choisis dans les journaux, je transcris sa lettre, particulièrement intéressante pour la Côte-d'Or.

PARIS, 8 février 1871.

« Vous êtes prisonnier de guerre, et je l'apprends sans surprise, car depuis six mois je ne m'étonne plus de rien, si ce n'est qu'il y ait encore des gens qui s'étonnent. Tout ce que l'on croyait impossible s'est accompli avec une stupéfiante facilité. Un plébiscite, voté pour avoir la paix, nous met en guerre ; un ministre parlementaire nous jette dans les aventures en l'honneur du pouvoir personnel ; l'artillerie française est écrasée sous les yeux d'un ministre artilleur ; un Napoléon, vaincu, refuse de mourir, rend son épée, et livre l'armée qu'il ne commande pas; **Metz** l'imprenable est pris en deux mois; Paris, qu'on ne peut investir, est investi en trois jours; le vainqueur, au nom de la civilisation, lève des otages, fusille des paysans, vole des pendules et prend des provinces; Paris intact, victorieux, mais affamé, Paris qui ne pouvait résister deux jours, mais dont le siége a duré quatre mois, est pris par des hommes qui n'ont pas osé l'attaquer!

» Vous êtes donc prisonnier, et moi aussi, et nos frères de même; si l'assemblée qu'on élit aujourd'hui veut continuer la guerre, nous irons tous en Allemagne. A tout événement, j'écris ici pour vous, sous la première impression, mes souvenirs de soldat.

» Je ne vous raconte pas le siége de Paris; d'autres vous rendront ce service, et inventeront même ce qu'ils n'auront pas vu; au surplus, les troupiers ne voient de la guerre que les cent mètres qui les entourent, et ce sont des témoins du détail : mais, sans viser à l'ensemble, je puis vous raconter les exploits du régiment de la Côte-d'Or.

» Pour l'armée prussienne, le siége de Paris a été l'action la plus uniforme et la plus monotone du monde, un investissement méthodique sans incidents; ç'a été un joli problème de mathématiques, une jonglerie d'obus cruellement bête, mais une piteuse opération guerrière. Au point de vue de l'art, j'aime mieux le siége de Troie.

» De notre côté, je ne vous dirai pas qu'il y ait de

quoi être fiers; du moins l'honneur est sauf, et il y
aura quelque chose à raconter : quoi qu'en pensent
des esprits mécontents, la monotonie n'a pas pré-
sidé à la défense, et je crois que du 16 septembre
au 29 janvier nous avons traversé trois phases auxquelles on peut donner ces mots pour épigraphe :
enthousiasme, colère, résignation.

» Vous n'avez pas oublié l'étrange chaos de sentiments où se perdaient nos esprits le 8 septembre
dernier, lorsque le troisième bataillon de la Côte-
d'Or partait pour Paris. Quelle soirée ! Cette jeunesse en blouse de laine défilant la nuit dans les
rues avec des cris de guerre, la gare retentissant
d'un bruit inusité, la fanfare faisant vibrer la voûte
vitrée, et les pleurs contenus de nos mères, et les
malédictions contre *l'homme*, et, par-dessus tout, cet
enthousiasme que ni Wœrth ni Sedan même n'a-
vaient pu refroidir, tout cela, ceux qui l'ont vu, n'en
perdront point le souvenir.

» C'était l'enthousiasme qui devait encore nous
soutenir pendant la première période du siége, jusqu'au plébiscite du 3 novembre. C'était cet enthousiasme qui présidait aux exercices sur l'asphalte de l'Hôtel de ville ou dans le jardin de
Notre-Dame; qui faisait trouver douces les premières gardes de rempart; lui encore qui le 13 septembre, à la grande revue, nous montrait le salut
de la patrie dans ces trois cent mille combattants,
ou soi-disant tels, dont l'inutile entassement devait

contribuer à notre perte. Ne fallait-il pas être en-
thousiaste, pour croire qu'au combat de Villejuif
(23 septembre) on avait pris quarante et un canons
et mis quinze mille hommes hors de combat ; pour
supporter sans fatigue les vingt-quatre journées
de villégiature à Montrouge, assaillir le mur crénelé de Chevilly (1er bataillon, 30 septembre), mul-
tiplier les grand'gardes, enlever au pas de course,
dans un assaut nocturne, l'importante position de
la maison Millaud (10 octobre), surprendre les Bavarois dans Bagneux et s'emparer du village en
quelques minutes (13 octobre) ?

» C'était le beau temps, l'âge d'or du siége, que
ces premiers mois pleins d'espérance, où la décou-
verte d'un tonneau oublié dans une cave réjouis-
sait un chacun au retour de la Croix-d'Arcueil,
de la Grange-Ory, ou des tranchées humides de la
route d'Orléans ; où la table d'une gargotte, une
natte de paille, voire un fumier, paraissait une
couche voluptueuse ; où, chassepot sur l'épaule, pioche en main, on maraudait les pommes de terre,
au risque d'une balle ; où pluie, vent, brouillard et
froide rosée s'oubliaient dans un quart de café chaud
pilé avec la crosse du fusil ! Il fallait voir les hommes
courir au feu, battre la plaine dans des reconnais-
sances ridicules à force d'être gaies, braver à dé-
couvert la fusillade des Bavarois, qui, soit dit entre
nous, tirent fort mal !

» Adieu Montrouge, adieu le bon temps ! Voici le

16 octobre; *Finistère* et *Puy-de-Dôme* nous remplacent; les baraques du boulevard de Clichy attendent la *Côte-d'Or* qui défile dans Paris avec les fusils bavarois et les affreux casques à chenille conquis à Bagneux. *Vive la Meubile!* hurlent au passage les gardes nationaux qui, leurs fusils enguirlandés de feuilles triomphales, vont au rempart faire un punch en chantant : *Mourir pour la Patrie!* Ce sont les « ... *qu'à la mort,* » beaucoup de bruit et peu de besogne. Salut aux « ... *qu'à la mort!* »

» Que dirai-je des Batignolles et des quinze jours de baraques? Raconterai-je la distribution des capotes, l'aiguisage des sabres-baïonnettes, ou bien l'invasion de la pluie et des puces dans nos bicoques? et le premier concert de Pasdeloup, et la *symphonie en ut?* et les clubs de Montmartre, où chaque soir retentit en style d'argot l'éloge de la *Commune,* la panacée universelle, le grand orviétan d'Orviéto, tandis que les simples applaudissent? Mais la musique est trop belle, et les clubs sont trop bêtes pour que j'en puisse bien parler. Oui, ces clubs étaient des temples de la Bêtise, où les soldats allaient prendre chaque soir une dose panachée de Commune, de sophisme, d'indiscipline et d'irréligion. C'est dans ces boîtes à paroles que la solidité de nos troupes s'est perdue; quand on l'a compris, il était trop tard.

» Sac au dos! Le général Ducrot demande la *Côte-d'Or;* en route pour Colombes! C'est dimanche; Pasdeloup donne un second concert, et nous trottons dans la boue, avec nos billets dans la poche.

» Neuilly est déjà loin; Courbevoie dépassé, le Mont-Valérien se dessine sur le ciel, à distance respectable; d'aucuns le trouvent même trop éloigné; un bonjour à Charlebourg; encore un peu de courage, Colombes est là (30 octobre). Le Bourget a été pris hier par les *francs-tireurs de la Presse*; l'enthousiasme s'est réveillé, les clubs sont oubliés, tout va bien. — Tout va mal! Pourquoi faut-il que la capitulation de Metz éclate comme la foudre, qu'en même temps le Bourget soit repris à coups de canon par l'ennemi, tandis que la Révolution fait des siennes dans Paris? Pourquoi cet ordre subit de se tenir *prêts à se replier sur Paris?* Pourquoi nous laisse-t-on quatre heures l'arme au pied, la nuit, sur la grand'route? Triste journée et triste nuit!

» L'armistice, l'émeute et le plébiscite du 3 novembre achèvent la démoralisation si bien commencée. « C'est la paix que vous signerez en votant *oui*, » ont dit les officiers qui composent le bureau de vote, et les mobiles de voter *oui*. Neuf cents *oui* contre cinq *non*; pas un seul *non* dans les trois compagnies urbaines; ainsi notre pauvre bataillon donna dans le piége honteux que Bismark tendait aux défenseurs de Paris. Vous savez le reste; il n'y eut pas d'armistice, la Prusse nous chercha une chicane d'allemands; mais sa machine

de guerre, bien montée, bien graissée, avait produit
son effet ; il faut l'avouer en toute franchise, le moral de l'armée n'existait plus, et les premiers jours
qui suivirent cette déception furent amers.

» Bismark, tu t'es trompé, cependant ; le siége
durera trois mois encore. L'enthousiasme est mort,
mais l'abattement fait place à la colère, à la rage.
Bientôt c'est le désir de la vengeance quand, le 14,
les journaux annoncent le combat de Talmay, le bombardement de Dijon et l'entrée des Badois dans la
ville. Les fausses nouvelles vont leur train : le feu
avait éclaté dans cinquante endroits à la fois ; les
faubourgs Saint-Pierre et Saint-Nicolas étaient dé-
truits.

» A force d'irritation l'on était redevenu gai pour
la bataille que tous sentaient imminente ; chants,
rires et jeux avaient repris et aussi l'école de
bataillon que tous les jours, en tenue de campagne,
la *Côte-d'Or* et l'*Ille-et-Vilaine* exécutaient au bois
de Boulogne, devant les tribunes désolées de Longchamps, pendant que le Mont-Valérien tirait flegma-
tiquement sur Saint-Cloud.

» Entre temps, c'était une guerre à mort contre
les poissons des deux lacs ; les oiseaux du bois
avaient, comme les Prussiens, leur part de coups
de fusil, parfois même le sort nous mettait sous la
dent quelque fin gibier. Je vous donne à penser
quelle fête le jour où l'état-major de la 7e compagnie
mangea certain lapin de garenne qui s'était sotte-

ment empêtré dans les branchages d'une barricade ;
par un juste retour des choses d'ici-bas, celui qui
l'avait fait prisonnier fut pris lui-même à Champigny,
ce qui n'empêche pas que le lapin ne fût bon et n'eût
valu, dans la ville, ses trente ou quarante francs.

» Le 20 novembre, la brigade Martenot, *cujus
pars magna fuimus*, part pour Ivry, laissant notre
1er bataillon à l'île de Puteaux ; quelques jours auparavant, le bataillon de Semur a quitté, pour nous
rejoindre, les mobiles du Tarn, le colonel Reille et
le campement crotté de Montreuil ; désormais le régiment de la Côte-d'Or a quatre bataillons sous le
commandement du colonel de Grancey. Nous sommes au Port-à-l'Anglais depuis le 24, et nous faisons
des grand'gardes à la redoute boueuse de l'Usine, à
l'Ecluse où sont deux batteries flottantes, et à la redoute de la Seine, qui unit à l'avantage d'être proche
voisine de Choisy-le-Roi celui d'être parfaitement
sale. Il y a dans l'air des bruits de sortie et, par le
fait, l'ordre arrive le 27 de déposer tous les bagages
inutiles et les couvertures (les couvertures, vous
entendez bien ? le 27 novembre!...); le 28, distribution de sept jours de vivres, lecture de la fameuse
proclamation Ducrot, trop applaudie alors, trop
plaisantée depuis ; à six heures, par une nuit noire,
le régiment, avec toute la division de Malroy, part
pour le bois de Vincennes et y bivouaque, sans couvertures, ce qui n'est point réconfortant lorsqu'on
attend la bataille pour le lendemain.

» Le jour vient, mais de bataille point ; les ponts de la Marne ont manqué, et les Prussiens peuvent voir nos pontonniers y travailler tout le jour : vous jugez si le secret des opérations était bien gardé. Pour comble d'imprudence, les colonels faisaient dicter *coram populo* le plan détaillé de la sortie aux secrétaires des commandants et aux fourriers de semaine ; cette dictée en plein air dut faire le bonheur des espions. Avant même d'être commencée, et quels que pussent être nos succès dans les journées suivantes, la sortie était manquée. Mais on avait trop fait pour reculer sans combattre, et la bataille devait s'engager le 30 au matin. Permettez-moi d'arrêter votre attention sur cet événement considérable, qu'on peut appeler la *bataille de Paris*, qui a été le plus décisif du siège et le plus important de ceux auxquels la *Côte-d'Or* a pris part.

» Quoique la seconde nuit de bivouac eût été singulièrement pénible et que les ponts de la Marne eussent donné à réfléchir à plus d'un, le moral s'était raffermi à la nouvelle imaginaire que Von der Thann avait été fait prisonnier avec 25,000 hommes. Le 30 novembre, par un soleil radieux (vous ne sauriez croire combien le soleil et la campagne paraissent beaux à celui qui a des chances d'être tué tout à l'heure), les bataillons défilent en bel ordre devant les tribunes des courses de Vincennes, aussi lamentables que celles de Longchamps, puis sous le feu de la Gravelle, qui tire sur Champigny et

Chenevières, enfin dans les rues désertes de Joinville et sur ces fameux ponts qui la veille......

» La canonnade gronde depuis plus d'une heure ;
ce sont les forts qui tirent lentement pour préparer
les voies à l'artillerie de campagne. Celui de Nogent
nous apparaît majestueux et serein, faisant feu par
deux de ses faces ; et la Faisanderie, dont les canons
montés sur les affûts de l'amiral Labrousse disparaissent après chaque coup, ressemble à ces
boites à surprise dont les enfants font sortir le
diable à volonté.

» Cependant les premières divisions, après avoir
passé la Marne, couronnent déjà les hauteurs de la
rive gauche ; nous, qui devons rester en réserve
tant que la redoute de Villiers ne sera pas prise,
nous passons la rivière au moment où l'artillerie de
campagne tire à toute volée sur cette position capitale ; les premiers boulets prussiens sifflent sur nos
têtes, et vont broyer au bas de la route des tonneaux vides ; peu s'en faut même qu'ils n'emportent
au passage cinq ou six Wurtembergeois prisonniers
qui s'en vont à Joinville enchantés de leur sort. La
division de Malroy se jette dans les champs et monte
la côte, rangée en bataille depuis le remblai du chemin de fer de Mulhouse jusqu'aux premières maisons de Champigny ; le 3e bataillon fait face à la
ferme, qui lui sert d'objectif ; le 2e est à sa droite, le
4e à sa gauche.

» A cent cinquante mètres de la ferme, ordre est

donné de faire halte et de mettre genou en terre ;
devant nous sont deux batteries d'artillerie qui enfilent le plateau autour duquel sont Champigny,
Cœuilly, Villiers et Bry-sur-Marne ; sur la levée
du chemin de fer des mitrailleuses tirent avec furie.
L'ennemi répond à nos batteries si maladroitement,
que ses obus manquent presque toujours la ligne de
nos canons, passent sur nos têtes, et vont tomber
quelque cinquante mètres plus loin en avant du
parc d'artillerie de réserve ; la moitié n'éclate pas.
Mais un malheureux bataillon du 122e, qui est
couché à plat ventre le long du chemin de fer,
reçoit coup sur coup une vingtaine de projectiles ;
d'autres viennent tomber au milieu du 4e bataillon,
et lui tuent quelques hommes ; le 3e, plus fortuné,
ne reçoit que des éclats et perd seulement quelques
blessés.

» Huit heures durant, mon cher ami, nous sommes
restés là, spectateurs d'une grande bataille, sans
autre occupation que de nous mettre à genoux quand
les obus *rappliquaient* trop vigoureusement, ou de
nous lever quand la fatigue venait. Mais ceux qui
aiment le bruit du canon et les tableaux grandioses
étaient servis à souhait ; quatre ou cinq cents pièces
tonnaient sans discontinuer ; du matin au soir, les
mitrailleuses ne cessèrent leur grincement effroyable et leur vent de fer plus terrible encore ; ce n'é-
tait pas gai, mais c'était beau.

» Ce qu'on entendait le moins, c'était la fusillade ;

les batailles d'aujourd'hui se livrent à coups de canon
et le fusil se réserve pour la fin.

» Mais si la mousqueterie parle moins souvent
qu'autrefois, elle se fait entendre, quand son rôle est
venu, d'une merveilleuse façon. Il pouvait être quatre heures du soir, la nuit approchait, et, comme la
redoute prussienne tenait toujours, on pouvait pré-
voir l'éventualité d'une retraite ; le général de Malroy, qui, l'instant d'avant, avait failli être enlevé
par un obus, vint dire au colonel de Grancey de disposer le 3ᵉ bataillon dans l'enclos qui entoure la
ferme, pour protéger la retraite en cas de besoin.
Nous venions d'exécuter cet ordre, l'artillerie française s'était tue, et sur le plateau de Cœuilly, couvert
d'une impénétrable fumée, on ne discernait plus
que les langues de feu des canons ennemis. Tout à
coup éclata la fusillade la plus épouvantable qu'on
puisse imaginer. Pendant près d'une demi-heure ce
ne furent pas des détonations serrées, le crépite-
ment de décharges successives : ce fut un roulement
indistinct, sans nom, quelque chose d'analogue à
un vent de tempête s'engouffrant dans un escalier en
spirale. Puis le silence se fit, rompu seulement par
des *hurrah* sauvages ; on disait que les zouaves et
les turcos de d'Exéa s'étaient emparés de Villiers,
et poussaient des cris de triomphe ; on nous dit ensuite qu'ils s'étaient brisés contre un mur crénelé et
que les cris venaient des Prussiens.

» Bientôt, à nos côtés, l'artillerie recommença le

feu; elle présentait à la nuit tombante un noble spectacle. L'ennemi tirait sur elle avec rage ; au milieu d'un ouragan de fer, nos artilleurs chargeaient et pointaient calmes comme au champ de manœuvre; à chaque détonation, les pièces sautaient à cinq ou six pieds en arrière : deux coups d'épaules les remettaient en place, et le feu continuait.

» Vous connaissez la réputation des canonniers prussiens ; une observation curieuse vous montrera combien elle est surfaite. Pendant cette journée du 30 novembre, j'ai vu emmener du champ de bataille un artilleur blessé, peut-être deux ; mais des deux batteries qui nous touchaient, je vous donne ma parole que je n'ai vu enlever par les boulets, ni un canon, ni un caisson, ni un homme, ni un cheval.

» La bataille de Villiers-sur-Marne est finie ; victoire, car nous couchons partout sur des positions ennemies ; mais victoire stérile, car la redoute n'est pas prise, et demain les lignes prussiennes renforcées défieront l'attaque. *Nous couchons*, ai-je dit, c'est une manière de parler qui signifie que nous passons une mortelle nuit de quinze heures à l'entrée du plateau, balayé par un vent glacial, toujours sans couvertures et sans nourriture depuis le matin. Entendre les cris lamentables des blessés qui appellent du secours, piétiner sur place sans parvenir à se réchauffer, voir tomber quelques hommes blessés au milieu des faisceaux par un retour offensif de l'ennemi, voilà ce qui s'appelle coucher sur les positions conquises.

» Avec le 1ᵉʳ décembre commencent les jours de la résignation ; si la province n'arrive pas, nous sommes perdus ; or, on ne croit plus au secours de la province. Désormais lutter est une affaire, non de salut, mais d'honneur. Est-il vrai que Ducrot donna l'ordre d'évacuer le champ de bataille dans la nuit même, et qu'ensuite il le retira ? Aucune mesure ne fut prise pour conserver la position ; aucune tranchée ne fut creusée, aucun obstacle construit, aucun créneau pratiqué ; les troupes, harassées par trois nuits d'insomnie, *baguenaudèrent* du matin au soir dans les rues de Champigny, saluées une fois par quelques coups de canon qui tombèrent au beau milieu des gamelles et des cuisiniers. Quand le soir amena une quatrième nuit, plus froide encore que les autres, personne ne comprenait la situation ; les grand'gardes elles-mêmes, trompées par les espions prussiens, croyaient être en seconde ligne, couvertes par des troupes françaises. Au point du jour, une colonne profonde put déboucher devant nos sentinelles glacées, surprendre nos avant-postes et les fusiller à bout portant.

» Devant cette attaque soudaine, les grand'gardes lâchèrent pied et se replièrent en désordre sur le campement ; les soldats, sans sommeil depuis quatre jours, subirent une de ces paniques irrésis-

tibles qui s'emparent quelquefois des meilleures
troupes, et se précipitèrent débandés sur la pente
du coteau ou dans les rues de Champigny ; une
vive fusillade, bientôt accompagnée d'une grêle
d'obus, les poursuivait. L'infortuné colonel de Grancey avait tenté vainement d'arrêter le mal au début ;
l'épée à la main, il avait rallié une poignée d'hommes et cherchait à rétablir le combat ; une balle
lui traversa le ventre, il tomba dans les bras du
fourrier Grataloup ; les Prussiens poussaient un
hourrah de triomphe ; deux heures après il était
mort.

» M. de Grancey était un ancien officier de
marine. A la création de la garde mobile, il fut
mis à la tête du 2e bataillon de la Côte-d'Or, et
quand fut imaginé le déplorable système des élections, que lui-même jugeait si bien, il fut successivement maintenu à la tête de son bataillon, puis
élu lieutenant-colonel du régiment ; le combat de
Bagneux lui valut la croix d'officier ; peu de jours
après.il était colonel. Son amour de la discipline
était extrême, aussi ses hommes l'aimaient-ils peu ;
mais il jouissait d'une estime universelle ; on le
savait brave et juste, et ceux qui l'approchaient se
sentaient pour lui beaucoup d'affection, parce que,
sous des abords rudes, il cachait un cœur bon, ser-
viable, et que même une punition était de sa part une
marque d'intérêt. De taille moyenne, face pâle,
favoris étroits et clair-semés, œil gauche voilé par

14

une excroissance charnue; manteau noir serré par
une ceinture, grande lunette marine en sautoir, dos
voûté sur son cheval qu'il montait *comme un marin*,
tout lui donnait un air original. Il expira, calme,
en héros chrétien, demandant si les positions étaient
reprises; avec lui s'en allait l'âme du régiment.

» Qu'après la surprise de la première heure et la
débandade qui en résulta, la bataille ait pu continuer
et que les Prussiens ne soient pas descendus tout
d'une traite jusqu'à la Marne, cela vous étonne.
L'ennemi avait compté sans les quelques hommes
déterminés qui occupaient la ferme sous le commandant d'Andelarre, et qui l'arrêtèrent toute la
journée, le repoussant même parfois jusqu'au parc
de Cœuilly, grâce à des prodiges de bravoure. Une
partie du bataillon avait remonté le coteau; ce
renfort permit de garder les positions qui comman-
daient la ligne de retraite, et de faire perdre aux
Prussiens tout le profit de la première surprise.

» L'artillerie qui, après la bataille du 30, avait été
ramenée vers la Marne, put alors remonter lentement, sous le feu de l'ennemi, et prendre une part
sérieuse à la lutte; les mitrailleuses faisaient rage,
et leur feu était plus violent encore que l'avant-
veille. En même temps, à gauche, le 121e et le 122e
refoulaient, par une charge à la baïonnette, les
troupes prussiennes qui menaçaient la ferme, tandis qu'à droite les Bretons d'Ille-et-Vilaine, appuyés sur la Marne, contenaient la gauche enne-

mie, et voyaient tomber blessés grièvement le
colonel de Vigneral et ses trois chefs de bataillon.
A la nuit, les Prussiens décimés n'avaient pas
gagné un centimètre de terrain ; mais nos pertes
étaient sensibles : le 3e bataillon de la Côte-d'Or
avait cent dix-sept hommes hors de combat, les
lieutenants Sorlin et Steinzer avaient été tués ;
les deux autres bataillons étaient aussi fort éprouvés.

» Le lendemain 3 décembre, l'armée, qui venait
de lutter victorieusement à Villiers et à Champigny,
reçut l'ordre de repasser la Marne et de rentrer derrière les forts. Il y eut de grand matin une courte
fusillade vers Petit-Bry ; mais l'ennemi n'osa pas
inquiéter la retraite, qui s'accomplit avec une
précision parfaite. Le général Trochu s'est félicité
de cette opération : je ne sache pas qu'il soit possible de se retirer en plus bel ordre après d'aussi
pénibles batailles. Malheureusement, nous laissions
derrière nous sept ou huit mille hommes, dont
quinze ou dix-huit cents morts ; le général Renault,
le général de la Charrière, trois colonels et cinq
lieutenants-colonels avaient péri. Un journal wurtembergeois, saisi quelques jours plus tard sur un
prisonnier, nous apprit que les Allemands avaient
perdu quinze mille hommes.

» Maintenant le siége est virtuellement terminé,
je puis aller vite. Nuits passées encore dans le bois
de Vincennes, puis dans les maisons abandonnées
qui avoisinent la forteresse, entassement dans les

wagons du chemin de ceinture, réinstallation pour un mois dans le campement de Neuilly (6 décembre — 6 janvier), le jour même où de Moltke annonce charitablement aux défenseurs de Paris la défaite de l'armée de la Loire; nomination du colonel d'Andelarre, service funèbre du colonel de Grancey, speech assaisonné de jurons du général de Beaufort-d'Hautpoul à la sortie du service, et grand'garde à la Fouilleuse : la vie, pendant ce mois, fut monotone. Trois patrouilles par jour dans le bois de Boulogne, à la poursuite des maraudeurs, sont les seules démonstrations militaires qui rompent l'uniformité de l'existence; quand vous serez venu une fois en promenade à Longchamps, le sac sur le dos et le nez au vent par un froid de chien, quand vous aurez écouté le grondement lointain des canons Krupp qui bombardent les forts de l'Est, vous en saurez aussi long que moi sur cette période du siége, pendant laquelle eut lieu la sortie du Bourget (21 décembre), et où près de neuf cents hommes furent gelés en trois nuits (23-24-25 décembre). Ah! pardon, c'est alors aussi que le pain commence à être fait avec toute sorte de choses, excepté de la farine; signe des temps, la nuit de la Saint-Sylvestre, l'état-major de la 7ᵉ du 3ᵉ s'ingurgite à minuit, en l'honneur du jour de l'an, une salade de haricots à l'huile de lampe!

» Le 6 janvier, la brigade Martenot quitte l'aimable général de Beaufort-d'Hautpoul, et s'en va, brigade volante, à Gentilly, affreux trou, aussi humide que laid, pour de là expédier des travailleurs au fort de Bicêtre. Le bombardement des forts du Sud commence ; désormais on ne dormira plus qu'au bruit du canon. Alors pour la dernière fois les pigeons nous apportent l'espoir : Bourbaki et Faidherbe sont les héros du jour. Puissance de l'illusion, chacun se croit déjà sur la route d'Allemagne et rêve des représailles insensées.

» Le 12, nouvelle promenade ; la division Pothuau a besoin de la *Côte-d'Or*, vite la *Côte-d'Or* à Ivry ; tous les soirs la *Bretagne* ou la *Bourgogne* envoie un bataillon faire grand'garde à Vitry ; chaque bataillon jouit ainsi à son tour du plaisir d'être à la tranchée avec des gardes nationaux qui, pour se donner du courage, ont installé le tonneau au milieu d'eux, se grisent à même, puis tirent dans le dos de leurs voisins, et tuent tantôt un marin, tantôt un franc-tireur, histoire de s'entretenir la main.

» 15 et 16 janvier, bombardement à toute volée ; obus à la *Pitié*, au *Val-de-Grâce*, enfants morts : c'est le bouquet de la *Saint-Guillaume*.

» La bataille de Buzenval va être livrée, et nous retournons à Gentilly ; on craint sans doute que les Allemands ne cherchent à faire une diversion. Cette crainte ne se réalise pas et nous reprenons nos gîtes de la semaine précédente, que les mobiles de l'Ain nous restituent dans un état de saleté prussienne. Heureusement, ce n'est que pour

14.

quatre jours, car le 23, à la nuit noire, par une
petite pluie fine et pénétrante, nous allons remplacer à la redoute des Hautes-Bruyères les soldats
d'infanterie de marine, pendant que les trois autres
bataillons occupent Villejuif, Cachan et les tranchées
qui les relient devant la redoute.

» Si j'étais ingénieur, je vous décrirais la redoute des Hautes-Bruyères, et ce ne serait perdre
ni mon temps ni le vôtre ; cet ouvrage en terre,
le plus considérable qui se soit fait à Paris, mé-
riterait l'honneur d'une description en règle. Ce
travail à peine ébauché à l'époque de l'investissement fut exécuté en entier sous les yeux de l'ennemi,
et à la fin du siége, devenu une œuvre de premier
ordre, il neutralisait les batteries prussiennes de
l'Hay, Thiais et Chevilly. Criblé d'obus pendant le
bombardement, il était plus solide le dernier jour
que le premier et ses dispositions intérieures étaient
si bien prises, ses casemates si sûres, que sur 800
que nous étions (mobiles, artilleurs et marins), il
n'y eut pas un seul homme touché en cinq jours.

» La capitulation, ou, selon l'euphémisme
officiel, la *convention militaire,* prévue depuis le
1er décembre, est venue nous trouver dans cette
redoute et nous donner la mesure de la brutalité
avec laquelle les soldats de Guillaume usent du
droit strict de la guerre. Le 27, à minuit, le feu devait cesser : les généraux français donnèrent dès
dix heures l'ordre de ne plus tirer ; mais jusqu'à

minuit, les batteries prussiennes entretinrent sur
tout le périmètre de Paris un feu épouvantable,
tuant pour le plaisir de tuer. Qui n'a pas vu pareilles choses n'y pourrait croire : à minuit moins
cinq, une boîte à balles balayait le plateau de la
redoute ; à minuit juste, un dernier obus éclatait devant la casemate des sous-officiers. Qu'on s'étonne
après cela, qu'avant de livrer la place dans la journée du 29, nous ayons tout brisé, chaises, tables,
poêles de fonte, vaisselle, et à coups de crosses
fait sauter les vitres des casemates ; nous aussi
nous voulions user de notre droit, mais comme des
Français, sans assàssiner personne.

» Rentré dans Paris, le 3ᵉ bataillon est parqué
comme un troupeau dans la *Closerie des Lilas*. Bien
des gens ont passé la nuit au bal Bullier et, se le
rappellent peut-être avec plaisir ; mais ceux-là n'y
ont pas couché fin janvier quatre nuits de suite sur
l'asphalte humide, sans autre matelas qu'une toile
de tente. Quand le branle-bas du désarmement est
fini, que les bronchites et les rhumatismes ont fait
leur choix parmi les hôtes de la Closerie, voici venir
les billets de logement : il y a cent trente-deux jours
que l'on couche *sur le chrétien* sans se déshabiller,
et, mis en présence d'un lit, plus d'un s'aperçoit
avec confusion qu'il a oublié la manière de s'en servir. Aujourd'hui nous roulons désœuvrés sur le
pavé, prisonniers sous condition, et nos regards
consultent la route qui conduit en Allemagne et

celle qui conduit à Dijon. Aucune nouvelle des
nôtres ; nous n'avons pas le courage d'en désirer
après cinq mois de silence, et quels mois ! Pour
nous distraire, on nous offre de prendre part aujourd'hui aux élections générales, et personne ne
peut ou ne veut nous dire les noms des candidats
qui s'offrent à prononcer sur notre sort et sur celui
de la France ; dérision !

» L'ère des batailles est finie ; celle des récriminations commence. Ce n'est point assez que
les malheurs inouïs dont nous sommes accablés :
nous sommes maintenant condamnés, pour comble de disgrâce, à voir défiler sous nos yeux
les faiseurs de plans, les génies incompris qui
sauvaient la patrie tous les matins dans leur cabi-
net, et que la folie humaine a dédaignés. Déjà des
combinaisons posthumes coupent en deux l'armée
prussienne, pratiquent cette fameuse trouée que
Trochu (je sous-entends les épithètes) n'a pas voulu
exécuter, font lever le siége de Paris, et dictent
même volontiers la paix au roi de Prusse prisonnier
dans Versailles devant les cadavres de Fritz et de
Bismark. Je n'ai que faire de vous raconter, à vous,
ces insanités ; Paris a succombé parce qu'il était
impossible qu'il ne succombât point.

» Les causes qui ont amené notre chute sont multiples, et le détail en serait triste : les unes sont générales, et toute ville assiégée y est sujette ; d'autres
sont particulières à Paris.

» Une ville assiégée est toujours prise, quand elle n'est pas efficacement soutenue par des troupes de secours ; c'est un axiôme militaire. Quand il s'est agi du siége de Paris, nous nous sommes abusés à cet égard : l'étendue anormale du périmètre fortifié nous paraissait rendre impossible un siége régulier, surtout un investissement, et permettre une sortie victorieuse dans le cas où l'investissement serait tenté.

» Vous savez comment le premier point du problème fut résolu en trois jours par l'armée prussienne; quant au second, dont la solution nous incombait, ç'a encore été une illusion à laquelle il a fallu renoncer. Il faut avoir vu l'encombrement produit par une troupe en marche, un jour de bataille, pour comprendre quel immense avantage la facilité du déploiement et de la concentration donne à l'armée assiégeante sur l'armée assiégée. La garnison de Paris, quelque nombreuse qu'elle fût, ne pouvait, une fois investie, sortir en masse, tout d'un coup : le 19 septembre, jour du combat de Châtillon, qui compléta l'investissement, nous étions perdus, aussi complétement que le 29 janvier. Nous n'avions qu'une ressource, qu'un moyen de salut, empêcher coûte que coûte l'investissement; mais cela est facile à dire : le 19 septembre il n'y avait pas d'armée encore; l'armée a été faite pendant le siége, quand il était trop tard.

» Il y avait de plus à Paris des éléments destruc-

teurs qu'on trouve pour la première fois dans un
siége. Il importe de vous les faire connaître avant
que vous ne soyez atteint par le flot de sottises qui
se débiteront.

» Paris avait trop peu de soldats et trop
d'hommes armés. Pour arracher la capitale au
sort fatal qui l'attendait, pour donner au monde
le spectacle miraculeux d'une ville forte débloquée par elle-même, il aurait fallu une armée
aguerrie, des soldats d'élite ; or, qu'étions-nous ?
A part quinze mille marins, quelque peu d'artillerie, et deux régiments de ligne, le 35e et le 42e,
la masse de l'armée se composait de régiments de
marche et de mobiles, corps exclusivement composés de jeunes soldats, susceptibles de bonne volonté, d'entrain, mais prompts au découragement,
indisciplinés, mal instruits par des cadres sans
expérience.

» Ces hommes, qui à Paris s'atrophiaient sans
profit et consommaient des vivres précieux, auraient rendu des services dans les armées de province, et peut-être, par leur appoint décisif, rompu
par dehors le cercle de fer contre lequel, venant de
l'intérieur, tous leurs efforts sont demeurés impuissants. Et ne supposez pas que cent mille hommes de moins dans la ville l'auraient laissée sans
défense ; la garde nationale, dont quelques bataillons ont seuls vu sérieusement le feu, et qui
s'est montrée d'ordinaire une troupe de parade plus

dangereuse qu'utile, aurait été appelée à un service plus effectif : elle ne s'en serait pas trouvée plus mal, ni le pouvoir non plus.

» Comme si un mauvais sort eût voulu que tout avantage apparent se tournât en calamité contre nous, l'étendue de la ville, qui n'en avait pas gêné l'investissement, la plaça d'abord en présence de la famine devant laquelle elle a fini par succomber, et qui fut une cause de ruine inéluctable. Le gouvernement impérial, dont l'imprévoyance a perdu toutes nos forteresses, n'avait songé qu'à la dernière extrémité à l'approvisionnement de Paris ; les hommes du 4 septembre eurent quinze jours à peine pour compléter les arrivages ; ils le firent avec activité, mais ils commirent la double imprudence d'appeler un trop grand nombre de mobiles provinciaux, et d'entasser dans l'intérieur des remparts les habitants de la banlieue, bouches inutiles qu'on aurait dû refouler vers les régions non encore envahies. Comment, avec des ressources accumulées à la hâte, a-t-il été possible de nourrir, pendant quatre mois et demi, une population civile et militaire de plus de deux millions d'âmes, même avec un rationnement sévère. C'est un tour de force. J'entends déjà les hâbleurs s'écrier qu'on pouvait tenir six mois ; pourquoi pas dix ans ?

» L'absence de troupes sérieuses et le défaut de vivres ont donc paralysé la défense et produit la ca-

pitulation à jour fixe ; mais il est une cause d'énervement que j'ai gardée pour la fin, et qui nous a fait
beaucoup de mal : ce sont les dissensions intestines.
Au début du siége, on redoutait des mouvements
intérieurs, excités par la fièvre populaire, et cette
crainte était d'autant moins chimérique que Bismark ne dissimulait pas sa confiance dans des trou-
bles qui lui livreraient la place. Les choses n'en
ont pas été là ; mais il y a toujours eu dans Paris
une sourde agitation, exploitée par des meneurs
qui, sous couleur de *guerre à outrance*, se faisaient
un parti parmi les imbéciles, et dont le moindre
souci était le salut de la France ; les clubs, aussi
grotesques que dangereux, entretenaient cette
agitation, de compagnie avec cinq ou six journaux
scélérats, et la transformaient en émeutes au
31 octobre et au 22 janvier.

» Vous entendrez dire bientôt, ce dont nous avons
déjà les oreilles rebattues, qu'on n'a pas su tirer
parti du dévouement de la garde nationale, laquelle
aurait fait merveille si... En vérité, la garde nationale était une pauvre troupe ; on ne transforme pas
en soldats des citadins rien qu'en leur donnant
de belles capotes, des sacs et des fusils. Tant
qu'il ne s'agissait que d'aller aux remparts, où elle
ne risquait rien, la garde citoyenne était superbe,
si c'est être superbe que de hurler sous les armes
la *Marseillaise*, ou de mettre des rameaux à son
fusil. Devant l'ennemi, quelques bataillons, ceux

qui ne chantaient pas, se battaient bravement ;
quant aux *chauds* de Belleville et lieux circonvoi-
sins, ils se sauvaient la nuit des tranchées de Cré-
teil, comme les *tirailleurs de Flourens*, ou se
grisaient, commandant en tête, comme le 200e bataillon, flétri par un ordre du jour de Clément
Thomas.

» Où la garde nationale fonctionnait à merveille,
c'était quand il fallait faire une manifestation ou
une émeute ; Trochu était obligé d'avoir l'œil à la
fois sur les Prussiens au dehors, sur certains Parisiens au dedans, et de neutraliser une partie
des meilleures troupes pour maintenir la tranquil-
lité ; les mobiles bretons en savent quelque chose,
et aussi ceux de la Côte-d'Or, qui ont reçu trois
fois l'ordre de se tenir prêts à marcher sur Paris.

» Cette constante préoccupation a été la grande
plaie des derniers mois, et si l'on veut faire un
reproche sérieux au gouverneur de Paris, c'est de
n'avoir pas montré assez de fermeté contre les ennemis intérieurs. Jusqu'au plébiscite du 3 novembre, sa position était embarrassée ; le gouvernement du 4 septembre, pouvoir improvisé, se sen-
tait dépourvu d'autorité, inhabile à dompter l'effervescence de la rue dont lui-même était né. Mais
du jour où cinq cent cinquante mille suffrages
contre soixante mille lui donnèrent leur sanction,
il devait changer d'allure et ne reculer devant rien
pour rendre la défense efficace ; il puisait dans ce

15

vote une force dont il n'a pas assez usé et ç'a été sa plus grande faute ; mais soyez sûr que ses adversaires des clubs, qui lui reprocheront bien d'autres choses, se garderont de lui reprocher celle-là.

» L'avenir nous reste. Que l'Allemagne vous soit légère ! »

BRÊME, 22 février 1871.

Cinq otages de Dijon sont partis d'ici le 10, pour être échangés à Amiens contre cinq capitaines. Tête pour tête : M. von Bismark a-t-il peur qu'on ne lui garde quelques-uns de ses pêcheurs de morue ?

Il y a déjà un mois que nous nous sommes fait photographier ensemble, afin de garder tous un indissoluble souvenir de ce voyage ; nous chargeons ceux qui partent de saluer pour nous la patrie.

Bien que la paix soit à peu près assurée, nul relâchement dans le traitement des prisonniers, nul arrêt dans les préparatifs guerriers ; l'Allemagne mobilise, équipe et exerce ses réserves comme si l'on devait continuer.

Je n'imagine pas que l'Assemblée nationale soit assez peu renseignée sur les forces ennemies pour voter la guerre à outrance. Hélas ! il y a de ce côté

du Rhin au moins deux cent mille hommes prêts à
combler les vides que l'énergie de notre résistance
a pu faire dans la horde innombrable ; c'est la mer,
et le flot humain succède au flot sans cesse. Nous
sommes débordés ; à quoi bon nous faire noyer à
fond ? Les noms des députés sont en général satis-
faisants ; ils semblent correspondre à une opinion
libérale et raisonnable, qui doit être celle qui domine dans le pays, puisqu'elle constitue la majorité
à la Chambre. Soldats, officiers, otages paraissent
satisfaits du choix de M. Thiers comme chef du pouvoir exécutif. Au point où nous en sommes, on
pardonne volontiers, ou plutôt on oublie ses apolo-
gies napoléoniennes, ses intrigues démagogiques, sa
fameuse théorie du succès ; chacun lui crie : « Vous
devez être devenu honnête, et vous avez l'air habile :
sauvez-nous ! »

L'Assemblée s'est réunie le 12 à Bordeaux ; elle a
choisi pour chef de l'Etat M. Thiers le 17, et avant
qu'elle ait achevé la vérification des pouvoirs, le
15 février, M. von Bismark déclare qu'il n'accorde
qu'une prolongation de cinq jours pour l'armistice.
Il est bien décidé à la paix, il est sûr qu'elle sera accordée aux conditions qu'il voudra : l'homme renversé à qui l'on tient le genou sur la poitrine et le
couteau à la bouche promet ce qu'on veut.

A la grâce de Dieu ! En attendant la solution définitive et notre mise en liberté, stipulée depuis le
28 janvier, et non encore accordée le 22 février, je

mets en ordre quelques notes sur la presse allemande.

Parlons d'abord de nous. Les journaux de Brême ont, avant notre arrivée, pris plaisir à nous annoncer ironiquement comme de riches notables qui feraient grande dépense. Un peu plus tard ils ont publié tous nos noms et qualités : cette liste leur avait sans doute été fournie par la place. Parmi ces noms, deux seuls les ont frappés : M. Thénard et un romancier. Ils ont lourdement plaisanté sur les loisirs que la captivité donnait à l'illustre chimiste pour méditer des découvertes , et au « *poète* Montépin » pour rêver à des œuvres fécondes. Il est à remarquer que les romans de M. X. de Montépin sont à la mode en Allemagne ; on les trouve à Brême.

Tout cela n'est que de l'esprit allemand, et ce n'est pas leur faute si leurs facéties sont pesantes ; peut-être même croyaient-ils nous faire plaisir en s'occupant de nous. Mais de tout temps, en tous pays, des *otages* ont été traités avec courtoisie, déférence, honneur ; jamais, que je sache, une nation civilisée n'a vu dans leur position sujet à rire, et les convenances plus encore que le droit prescrivaient à leur égard, sinon l'hospitalité et l'amabilité , au moins le respect du silence. Les journaux de Brême, après ces traits *sine ictu* auxquels nul de nous ne daigna faire attention , en vinrent un jour à la calomnie.

Dans le *Courier* du 15 février, date à laquelle de-

puis quinze jours déjà nous allions sans cesse réclamer au commandant de place notre mise en liberté stipulée par l'article 14 de l'armistice du 18
février, on lisait :

« Malgré l'armistice, il ne paraît pas que les otages de Dijon, Vesoul et Gray soient empressés de se
faire échanger contre les capitaines de la marine
marchande allemande qui sont prisonniers en France.
Ils préfèrent attendre la fin de la guerre, le réta-
blissement de l'ordre intérieur, et la dispersion de
la gent garibaldienne. Cette opinion se comprend par
la considération des partis auxquels appartiennent
ces personnes. Ils ne sont aucunement, comme le
prétend le comte de Bismark, partisans du gouvernement présent. Ils déclarent ouvertement haïr
Gambetta plus profondément que les Prussiens. La
cause du malentendu qui a eu lieu à leur sujet
ressort de la traduction superficielle des expressions du chancelier de l'Empire. L'officier prussien
chargé de cette mission, habitué sans doute à considérer comme équivalents les termes *opposition* et
extrême gauche, ordonna aux maires des trois villes
de lui désigner des membres de l'opposition, ce
qui fournit aux maires, qui étaient républicains,
l'occasion de désigner leurs opposants de la loca-
lité. Ainsi furent amenés ici des orléanistes, des
légitimistes, peut-être encore un ou deux bonapartistes. Dès qu'on connut en Allemagne ce malentendu et qu'on voulut le redresser autant que

possible, c'est-à-dire en partie, les otages se défendirent de recevoir dans leur société, ou même de voir venir ici aucun élément qui pût les déranger. »

Pour donner plus de poids à ces allégations, le *Courier* les publiait comme une correspondance de l'*Allgemeine Zeitung* d'Augsbourg, journal considéré en Allêmagne. Je répondis aussitôt par la lettre suivante qui parut le lendemain 16 février :

« Monsieur le rédacteur du *Courier*, dans le supplément de votre numéro du 15, vous reproduisez une correspondance de l'*Allgemeine Zeitung*, concernant les otages français internés à Brême. Dans un pays ennemi, où nous avons été amenés par force et où nous sommes retenus prisonniers, vous comprenez qu'il nous est impossible de faire une profession de foi politique, et d'entamer dans les journaux une polémique où nous ne combattrions pas à armes égales. Je n'entre donc dans aucuns détails, et je me contente d'opposer en général un formel démenti aux allégations que vous reproduisez. Je n'ai pas le temps de voir aujourd'hui tous mes collègues de captivité ; mais je suis garant qu'en très grande majorité, sinon à l'unanimité, ils s'associent à ma protestation. J'ose espérer de votre courtoisie, Monsieur, que vous voudrez bien traduire fidèlement et insérer cette lettre , et en même temps la transmettre à la rédaction de l'*Allgemeine Zeitung*.

» Veuillez agréer, etc. »

Dans le numéro du 17, dix autres otages protes-
taient en ces termes :

« Votre numéro d'hier contient un article emprunté
à l'*Allgem. Ztg.*, que nous ne pouvons laisser passer sans observations. Nous vous prions, puisque
vous avez accueilli l'article, de vouloir bien accueil-
lir la réponse.

» Libre au correspondant brêmois de l'*Allgem.
Ztg.* de justifier comme il l'entend les actes de
M. de Bismark et d'expliquer par une bévue, toute
simple selon lui, une mesure qui atteint dans leurs
personnes quarante citoyens parfaitement inoffensifs. Nous n'entendons soulever aucune polémique
sur ces appréciations, pas plus que sur celles
que fait le correspondant, de nos opinions personnelles et de nos sympathies politiques ; mais nous
regrettons que le correspondant brêmois ait cru
devoir nous prêter des sentiments antipatriotiques
qui ne sauraient être les nôtres et qui pourraient,
si l'article était pris comme l'expression de la vérité,
compromettre cruellement notre situation. Depuis
que nous sommes à Brême, nous n'avons qu'un désir, c'est de nous en aller. Depuis que la perspective
d'une mise en liberté nous a été offerte, des instan-
ces réitérées ont été faites par nous auprès des deux
gouvernements pour obtenir notre libération et en
avancer le moment. Voilà la vérité ; et nous osons
dire que cette vérité est d'elle-même évidente.

» Veuillez agréer, etc. »

Et dans le même numéro, M. Thénard, poussant à l'excès le patriotisme en affirmant sa reconnaissance pour Garibaldi, écrivait celle lettre, qui émut vivement l'autorité et la population :

« En réponse à votre article en date du 15 sur les otages français retenus à Brême, dans lequel vous avancez que, loin de vouloir leur liberté, ils sont heureux d'être retenus, afin de gagner assez de temps pour voir venir les événements, m'associant d'ailleurs à la protestation du docteur Jeannel, j'ai l'honneur de vous déclarer que mon plus grand regret est de ne pas m'être trouvé en temps opportun dans mon pays (la Côte-d'Or), afin de voter pour Garibaldi, le vaillant et heureux défenseur de la Bourgogne, et pour M. Magnin, le ministre habile, qui a si heureusement coopéré à prolonger la résistance de Paris.

» J'ajoute que mon plus grand désir est de quitter l'Allemagne et de regagner la France, qui a besoin du concours de tous ses enfants. »

Le lendemain, dans les annonces, entre les avis de décès, de bal et les rendez-vous amoureux, le *Courier* contenait quatre ou cinq insultes anonymes à l'adresse de l' « *instituteur* » Thénard. Je ne copie pas ces inepties, intercalées parmi des avis semblables :

— « Salle de Seeger, rue Basse, 30.

> » Qui veut bien s'amuser,
> » Va le soir chez Seeger.

» Chaque soir, nouvelles chansons comiques. A dix heures, *cancan*. Aussi est-ce avec confiance que vous invite C. F. Seeger. Prix : six sols. »

— « Avis de fiançailles : Auguste Strate, Meta Siemers. »

— « Beau garçon, parles-tu sérieusement, ou te moques-tu de moi? Songe que c'est important à savoir pour un cœur de femme qui brûle. C. B. G. O. »

— « Ce soir à six heures. D. E., etc. »

— « Aujourd'hui s'est doucement endormie dans la mort, après une courte maladie, notre chère sœur Elise, dans sa soixante-quatorzième année. F. W. Hunicke. »

— « La dame qui mardi soir, vers huit heures et demie, a causé avec un monsieur devant la Poste, et s'est promenée avec lui de la place du Dôme au bord du Wéser, est avertie que les habitudes du susdit sont connues, et qu'elle n'est pas la première qui se laisse accoster par ce Don Juan, etc. »

Si je cite ces petites affiches, autour desquelles s'étalent les grandes annonces de bals publics et de mascarades, c'est qu'elles peignent les mœurs. Le colonel Brüggemann, lisant parmi ces expansions allemandes les injures adressées à M. Thénard, crut devoir intervenir en ces termes :

« Commandant de place royal, Brême, 18 février 1871. — La très honorable rédaction est humblement priée, à l'avenir, de vouloir bien ne pas ac-

cueillir dans sa feuille, sans visa spécial d'autorisation, la moindre communication des respectables
otages prisonniers de guerre ; et elle notera en
même temps que les insertions inconvenantes et
exagérées concernant ces messieurs, publiées à
l'insu de l'autorité constituée, entraîneraient res--
ponsabilité. — Le commandant royal. »

Il faut reconnaître le soin de M. Brüggemann
à calmer un conflit ; dans une circonstance plus dé-
licate, où un officier allemand s'était montré incon-
venant à côté d'une table française, il déploya la
même prudence ; otages et prisonniers n'ont jamais
eu à se plaindre de ce colonel de landwehr ; ils l'ont
toujours trouvé affable, patient et cordial.

On voit, par ce document, que la presse allemande, même après la signature de l'armistice,
demeure sous l'autorité militaire ; l'état de siége,
dans sa plus grande rigueur, règne sur les adminis-
trations, les industries, les livres, les journaux ; la
presse, comme tout le reste, est un département
surveillé rigoureusement par le ministère de la
guerre : il n'est donc pas sans intérêt, pour qui veut
juger la Prusse, d'étudier d'autres journaux que
ceux de Brême, et de lire la première page plutôt
que les annonces.

Dans l'Allemagne du Nord aujourd'hui, il n'y a
pas un article de la petite ou de la grande presse

qui ne respire la haine contre la France ; non pas une haine exaltée, temporaire, bruyante comme celle que la défaite et l'invasion inspirent à nos journalistes. Les Français ne savent pas haïr ; une injustice ou une injure les indigne, les enflamme, ils se battent ; puis, vainqueurs ou même vaincus, leur cœur rejette promptement, comme un fardeau importun, le ressentiment des griefs. C'est un effort pour eux de garder rancune ; ils sont pressés de pardonner, d'oublier, de retourner aux affaires, à l'esprit, au plaisir, à la cordialité.

La haine allemande, manifestée par tous les journaux d'Outre-Rhin, est froide, calculée, implacable. Quand même les Allemands extermineraient notre génération, ils haïraient encore notre mémoire et nos enfants, avec le même calme irréconciliable ; nos orphelins à la mamelle sont d'avance pour eux des ennemis sur lesquels se reporte pour l'avenir leur haine triomphante, mais inassouvie.

Je ne puis citer : ce serait trop long, et d'ailleurs la prose allemande, même bien traduite, répugne toujours aux oreilles françaises. Je résume les principaux thèmes répétés en mille variations journalières, et j'affirme que je suis au-dessous de la vérité. Cet arsenal de calomnies dépasse par sa richesse et sa déloyauté toute imagination.

« 1º La France est une nation *latine*, par conséquent dégénérée, usée, pourrie, qui doit être non seulement abaissée, mais *anéantie*, pour le triomphe de la civilisation jeune et vaillante que représente la race *teutone*. C'est la *mission* de l'Allemagne : *Dieu le veut*.

» 2° C'est justice : les Français sont tous des lâches, des voleurs, des incendiaires, des assassins. Guillaume, comme Attila, est *le fléau de Dieu*. Les soldats français, particulièrement les zouaves et les turcos, sont des *bêtes féroces,* des *hyènes*, avides de cadavres. Les journaux à images représentent volontiers *le turco blessé poignardant l'Allemand qui, tombé à côté, lui tend sa gourde*.

» 3° Les officiers français, les généraux français, les ministres français, sont absolument sans foi et sans honneur. Ils mentent à toutes leurs promesses ; ils canonnent les villes ouvertes, ils bombardent les ambulances, ils brûlent et pillent les villages, ils tuent les parlementaires, etc.

» 4° La preuve que les Français n'ont pas d'honneur, c'est qu'ils ont chassé leur *bon* empereur à qui ils avaient juré fidélité, et qui seul pourrait peut-être les sauver encore en traitant équitablement, en *frère*, avec le *bon* Guillaume.

» 5° Ils sont peut-être excusables ; leurs crimes et leurs folies s'expliquent par une maladie générale qui a depuis longtemps atteint cette race ; son cerveau n'est plus en équilibre, elle ne sait plus raisonner ; elle confond le juste et l'injuste ; atteinte à la fois de ramollissement et de délire, la France ingrate ne bénit pas l'Allemand, qui dans sa force, sa justice, sa science et sa charité, daigne rester parmi nous impassible comme le gardien au milieu des fous.

» 6° La seule énergie du Français provient de son *orgueil*; pour tuer la France, il faut tuer cette vanité que le Français étale scandaleusement dans le monde; il faut le mettre à genoux devant la grandeur germaine; il faut à Paris, la *ville sainte*, prouver par le châtiment qu'elle est la *prostituée*; il faut bombarder et brûler les monuments qui font son orgueil, et déplacer la capitale du monde qui en est devenue la sentine, etc.

» 7° L'Allemagne est la nation laborieuse par excellence, instruite par excellence, honnête par excellence, libre par excellence, victorieuse par excellence, prédestinée de Dieu (car il faut toujours du *Dieu* à la clef). »

C'est écœurant, ou hilarant, suivant la disposition où l'on se trouve.

La presse absolument libre est redoutable; mais elle l'est moins que la *presse d'Etat*, instrument effroyable de démoralisation et de mensonge. Que pourront-ils jamais savoir de la réalité, de la vérité, de la justice, ces millions de *sujets* condamnés à la lecture quotidienne des faussetés officielles? C'est la confiscation de l'intelligence du gouverné; c'est l'esclavage de l'âme. Il n'y a rien à tenter là contre en Allemagne : tout journaliste *libre* ou *libéral* est au premier article, supprimé par ordre ou emprisonné comme au temps de Domitien :

> Non civis erit qui libera possit
> Verba proferre animi (1).

Peu à peu, le lecteur s'accoutume à croire vrai ce qu'il lit journellement ; son âme s'habitue à cette forme, à ces idées, à ce style ; et finalement tout un peuple, toute une race devient semblable aux captifs de la caverne de Platon, forcés, dès l'enfance, à prendre l'*ombre* pour l'*être* :

> Et chez eux, des vieillards de longue expérience
> Des *ombres* avec l'âge acquerront la science,
> Discuteront sur l'*ombre*, et seront fiers d'avoir
> Conquis péniblement cette *ombre* de savoir.

Et si quelque honnête homme essayait de leur enseigner la vérité, parce qu'il l'aurait vue,

> Ils saisiraient cet homme, et d'un commun accord,
> Pour le salut de tous, ils le mettraient à mort, —
> A mort, pour avoir vu ! pour avoir eu l'audace
> De nier l'*ombre* vaine et d'affirmer le jour,
> Et pour avoir voulu les mener sur sa trace
> Voir la lumière vraie en l'éternel séjour (2) !

Si la presse et la politique allemandes seules avaient fabriqué pour les Allemands la *négation* de

---

(1) Juvénal, *Sat.* IV, 90.
(2) Platon, *la République*, VII, init.

la France, je me contenterais de sourire ; mais mon
cœur universitaire se gonfle quand je constate que
l'Université allemande consacre sa science et son
talent à cette œuvre de mensonge.

A mon arrivée à Brème, un professeur libre, qui
avait vu l'Amérique, est venu d'abord me saluer et m'offrir ses livres en me disant que « les
lettres et les sciences sont un de ces domaines éle-
vés, de ces *templa serena* de Lucrèce, où la sublime république des savants ignore les querelles
nationales. » J'ai été touché d'un si noble sentiment ; et plusieurs fois, en Allemagne, de semblables témoignages m'ont réjoui : des bibliothécaires,
des physiciens, des philosophes se sont montrés af-
fables.

Mais, en général, les professeurs allemands se
sont déshonorés pendant cette guerre.

L'Université française, admiratrice jusqu'à l'excès
des universités allemandes, n'a pas approuvé la
guerre ; et pourtant beaucoup de professeurs de
tout rang, et les élèves de l'Ecole normale, sans dire
inutilement leurs appréhensions, ont laissé leur
chaire, risqué leur avenir, leur vie, pour prendre le
fusil : si l'on dressait la liste de ces volontaires, on
la trouverait longue. Jusqu'à ce jour, je ne sache
pas qu'un seul professeur français, malgré son patriotisme indigné, ait consacré sa plume ou sa parole à insulter l'Allemagne.

Il n'en est pas de même dans les universités alle-

mandes. Dès le début des hostilités, des discours vio-
lents et injustes ont attisé la haine ; les chaires de
philosophie, d'histoire, de sciences, sont devenues
en mainte ville des tribunes de calomnie.

Dès le 3 août 1870, le Recteur de l'Université de
Berlin, s'excusant de son nom de forme française (1),
a déclaré dans un discours solennel, « au nom de la
première université d'Allemagne, que, d'après les romans de MM. Erckmann et Chatrian, la France donne
au monde le spectacle de la plus grande ignorance; que
chez les Français, d'après M. About, les Allemands
sont considérés comme des sauvages ; que les Français, qui avaient traité de barbares les hordes cosa-
ques, vont chercher au pied de l'Atlas ces hordes
de bêtes fauves, les turcos, etc. — Les Français ne
savent pas le grec; les soldats allemands ont dans
leur sac Homère et Shakespeare. — Les Français
regardent la guerre comme une chasse, comme un
exercice salutaire; ils ne comprennent pas tout ce
qu'il y a chez les Allemands de sentiments pacifiques, d'aspirations à fraterniser avec le monde entier. — Les chroniques du moyen âge, cette époque
de ténèbres, parlent d'épidémies contagieuses qui
se répandaient sur les esprits, de maladies morales
envahissant les peuples, ravageant l'univers comme
un torrent de décombres. Semblable au venin d'où
sort la rage canine, le venin français, après une

(1) Du Bois-Reymond.

longue incubation, est mûr : la rage éclate. — L'Europe ne peut pas exterminer la France, comme l'Amérique les Peaux-Rouges ; mais il pourrait arriver que les Français, se dévorant entre eux, asservis par leurs prêtres rusés, tombassent dans le même abîme que l'Espagne. »

Ces phrases que j'abrége sont suivies du « sublime tableau » de l'Allemagne, et la péroraison affirme que « l'Université de Berlin n'a qu'une pensée, la guerre, la guerre jusqu'à la dernière goutte de sang, jusqu'au dernier sou, *à outrance* (1). »

Et tous les jours, sur la même note, des professeurs que nous, Français, avions pris l'habitude de considérer comme d'illustres collègues, et même comme des maîtres, consacrent leur talent à nous traiter de *brutes*, de *meurtriers de la civilisation*, de *corsaires ;* d'après eux, cette guerre est une lutte sainte entre la *morale* et la *dépravation*, entre la *raison* et la *folie*, entre la *vie* et la *mort* (2).

(1) Ce discours, dont je ne cite que des fragments, a été traduit en entier dans la *Revue des cours littéraires*, 7e année, n° 42.

(2) Ce que je résume ici très brièvement a été éloquemment développé pendant le siége de Paris, avec autant de talent que de modération, par maints savants professeurs, MM. Caro, Zeller, Fustel de Coulanges, Mézières, Geffroy, etc. — Voir les numéros de la *Revue des cours littéraires* publiés pendant le siége de Paris.

Je suis stupéfait de voir à quel point la plupart de ces savants d'Outre-Rhin ignorent la France, son théâtre, sa littérature, ses mœurs ; je suis surtout stupéfait que, dans beaucoup de villes, des historiens distingués offrent des conférences pompeuses, où il est démontré que l'Alsace et la Lorraine appartenaient à la Prusse avant Louis XIV et Louis XV ; que le siége de Paris est une opération de guerre *défensive* ; que ni paix ni armistice ne peuvent se signer, faute de gouvernement en France ; que, si l'on brûle Strasbourg, c'est parce que les Français ont *brûlé* Saarrbrück (où pas un dégât n'a été fait) (1), etc.

O savants allemands, que j'admire, et que j'aurais voulu aimer, pourquoi me forcez-vous à déclarer que votre science, comme la civilisation de vos peuples et la poésie de vos rêveurs, n'est qu'un vernis chrétien et latin sous lequel vous restez depuis des siècles, malgré Charlemagne et Louis XIV, Huns comme Attila, Saxons comme Witikind, pis que cela, faux et méchants comme votre *grand* Frédéric !

Ainsi, sauf le talent et le style qui importent peu en des questions si passionnées, la majorité de l'Université allemande s'est ravalée au niveau du

_____

(1) J'en reçois le témoignage formel : la gare seule a été atteinte, parce qu'elle était fortifiée.

journalisme officiel pour injurier la France. La
seule différence que je remarque dans leurs ar-
gumentations est celle-ci : l'Université dit, et elle
n'a pas tort en ce point, que la France s'est perdue
et pourrie par son attachement à la dynastie napoléonienne: c'est une vérité historique trop démon-
trée par les événements. La presse au contraire
déclare journellement, sous l'inspiration des ministres allemands, que la France achève sa ruine en
refusant *son* empereur, dont le gouvernement seul
peut donner la stabilité et la *paix*. Dans cette
campagne impérialiste évidemment favorisée par
M. von Bismark et l'empereur Guillaume, les journaux prussiens reproduisent tous les articles impor-
tants des feuilles bonapartistes publiées à Londres
et à Bruxelles ; ils insultent, à la suite de ces feuilles,
les officiers prisonniers en les affirmant prêts à
rétablir Napoléon III ; de là les écrasantes listes de
protestations insérées pendant quelque temps dans
l'*Indépendance belge*, et bientôt interrompues par
ordre. Guillaume a eu cette condescendance pour
son *bon frère*.

Une étrange chose est le mysticisme et le piétisme mêlés à ces déclamations. Il faut le mot
Dieu partout, dans l'encre du journaliste, sur le
casque du soldat, dans les télégrammes de Guillaume, à qui appartient spécialement la communication avec *Dieu*.

Depuis l'origine de l'histoire, et particulièrement

au moyen âge, les hommes ont commis des atrocités *au nom de Dieu.* Mais du moins ils étaient sincères dans ces fureurs; ils *croyaient !* Dieu n'était pas une enseigne mise au chapeau, il était dans le cœur. Aujourd'hui, chez la nation qui produit les philosophes les plus réellement athées, et où les doctrines les plus matérialistes sont enseignées dans la plupart des universités, *Dieu* est sans cesse mis en avant avec un cynisme d'hypocrisie qui dégoûte.

Cette piété aux lèvres, aussi bien que l'idéalisme poétique, s'allient dans la race germaine aux ardeurs les plus désordonnées et aux calculs les plus savants : je ne puis comparer ce mélange qu'au raisonnement calme et lucratif dissimulé par les prostituées sous les dehors brûlants d'une passion exaltée, quelquefois vraie, comme chez Manon Lescaut, mais jamais capable d'atténuer au fond de l'âme l'idée maîtresse : l'or !

Pendant que je fais ces réflexions, les Brêmois regardent le Wéser qui monte d'une façon inquiétante. La débâcle est imminente; on entend gronder l'onde sous sa prison disloquée. Dans ces plaines élevées à peine de quelques mètres au-dessus des eaux, il suffit d'un obstacle fortuit contre lequel s'entassent les glaçons pour barrer le cours du fleuve et produire des inondations ruineuses. Depuis un mois, des escouades d'ouvriers scient la glace jusqu'à deux cents mètres en amont des piles du pont, pour que les blocs détachés s'enfilent sans difficulté sous chaque arche.

Nos derniers jours à Brême sont les plus tristes. Espoir chaque jour déçu d'être rendus à la liberté, nouvelles inquiétantes, détails affreux sur les dernières convulsions de la patrie expirante, insultée en grand et en détail dans son agonie par l'odieux vainqueur.

A l'hôtel, où nous avons soin de dîner à d'autres heures que les Allemands, de bruyants toasts sont portés à côté de nous, à l'occasion de notre défaite. Dans une brasserie, un monsieur bien mis vient me souffler au nez l'allumette que j'approche de mon cigare. A table, un officier allemand dit insolemment « chut! » à un officier français qui cause discrètement avec nous: demande polie de réparation: refus de l'Allemand sous prétexte que l'officier est prisonnier; un otage veut prendre l'épée à sa place: même refus. Il faut qu'avec énergie M. le commandant de Ménonville, M. le capitaine Belin et M. l'avocat Perdrix insistent auprès du colonel de place pour obtenir que ce traîneur de sabre, qui n'ose pas croiser le fer avec des Français qu'il a grossièrement insultés, signe en double expédition des excuses authentiques.

Pendant ce temps, M. von Bismark met le poignard sur la gorge à la France: Signe, ou je te tue!

Enfin des passeports sont distribués aux otages

le 24 février; je cours à la caserne serrer la main à
nos soldats qui attendent encore la liberté; j'emporte des paquets de lettres pour leurs familles. Les
officiers avec effusion nous conduisent à la gare. En
route pour la France! Nous y courons avec la hâte
fébrile du fils qui va embrasser sa mère mourante:
ô mère-patrie!

COLOGNE, 26 février 1871.

Nous sommes partis de Brême en deux ou trois
groupes pour rentrer les uns par Bâle, les autres par
Strasbourg. Le commandant de place nous a donné
à tous des feuilles de route (deuxième classe) que
nous devons faire renouveler ici.

A Minden, où il faut passer la nuit dans la gare
humide, nous voyons un train de quatre-vingts
trucs, chargés de canons, obusiers, mortiers français de toute taille: il y a des pièces neuves qui
n'ont jamais tiré. Ne pouvant dormir, nous nous
promenons dans la ville boueuse, coupée par le chemin de fer qu'il faut sans cesse traverser à niveau:
pour barrières, de grands mâts noirs et blancs, posés
horizontalement, se lèvent par des contrepoids et
s'abaissent soudain, au risque d'assommer le passant.

Nous entrons dans le bassin minier où se fondent les meilleurs fers d'Allemagne; nous apercevons les cheminées de M. Krupp: c'est là que

se fabriquent les canons qui nous ont écrasés.

Un peintre de talent et d'esprit me fait remarquer combien ce pays, d'ailleurs riche, est plat, laid, sans couleur ; les maisons sont mal faites, les badigeons faux, les tuiles sales : l'œil est blessé par une absence complète de goût, d'harmonie, de coloris. D'ailleurs des usines partout, des chemins de fer qui se croisent et grincent de tous côtés : de Dortmund à Düsseldorf, c'est une colonie de fonderies et de fabriques comme aux environs de Londres ; voici Solingen, dont les fleurets sont chez nous à la mode.

Nöus descendons à Deutz, le faubourg de Cologne sur la rive droite du Rhin ; la ville, sur la rive gauche, forme un demi-cercle parfait, avec le Rhin pour diamètre et la tête du pont pour centre. Des fenêtres de l'hôtel *Bellevue* nous admirons le large fleuve, où se croisent les barques et les vapeurs, le pont de bateaux couvert d'une fourmilière humaine, et toute la grande cité, hérissée de clochers, dominée par l'énorme cathédrale.

C'est une masse de pierre plus grosse que le Munster, et comparable pour le volume au dôme de Milan. D'une forêt de clochetons fleuris émerge la nef immense, soutenue par trois rangs d'arcs-boutants. C'est magnifique, mais lourd, malgré la hauteur. La quantité de contreforts indispensable pour maintenir en l'air un si vaste vaisseau a pris trop de place; il a fallu, pour les rendre assez résistants, les surcharger de clochetons gros comme des clochers ;

malgré la profusion d'ornements, l'architecte n'est
pas venu à bout d'ôter un caractère massif à cette
monstrueuse armure. Peut-être quand les tours, qui
n'ont encore que soixante mètres, monteront leurs
flèches à cent cinquante, le monument prendra-t-il
extérieurement cet air svelte et aérien qui est le
privilége du gothique. Notre-Dame, Amiens, Reims,
Strasbourg élèvent l'âme, l'entraînent au ciel dans
leur élan vainqueur : ici, c'est plus grand encore,
c'est plus beau, disent les Allemands; mais le sentiment que j'éprouve, ce n'est pas le ravissement,
c'est l'écrasement.

L'intérieur est divin : cinq nefs, dont les quatre
petites contiendraient des églises, et un chœur
dont les clefs de voûte sont à quarante-six mètres,
treize mètres de plus que Notre-Dame de Paris.
Cette hauteur donne le vertige aussi bien qu'un pré-
cipice. Et quelle légèreté! quelle proportion! quelle
âme!

En sortant nous avons été voir le pont du chemin
de fer sur le Rhin : c'est dans son genre aussi
admirable que la cathédrale. Pourquoi les ingénieurs
qui ont jeté à travers le fleuve cette poutre de fer à
jour qui a cinq cents mètres de long, et dans laquelle
passent deux voies de chemin de fer et une grande
route, laissent-ils déshonorer leur œuvre grandiose
en sa simplicité par des portiques ogivaux en fonte
et des empereurs équestres en bronze teuton ?

Un Anglais, mécontent de la saleté des rues étroi-

tes et tortueuses, m'avait dit qu'à Cologne il n'y
avait rien à voir que la cathédrale, le Rhin et le
pont. Non pas, certes, il y a l'hôtel de ville, dont
certaines parties, entre autres un portique de la
Renaissance, sont d'un goût rare en Allemagne.
Surtout il y a les églises, une vingtaine au moins,
toutes curieuses à des titres divers.

Je ne connais pas de ville où l'on trouve un pareil
nombre de temples romans ou byzantins, de forme
originale et de style pur. Depuis les ruines romai-
nes jusqu'aux gares germaines, l'histoire de Cologne est toute écrite sur ses monuments : Agrippa,
Constantin, saint Géréon, sainte Ursule, Marie de
Médicis y sont honorés côte à côte.

Au charme de tant de monuments s'ajoute celui
des légendes : il y a beaucoup de légendes à Cologne, presque toutes pieuses, gracieuses, quelquefois
terribles.

A tout seigneur tout honneur : commençons par
les trois rois mages, Melchior, Balthazar et Gaspard.
Ils sont là tous les trois, couchés dans leur châsse
d'or massif, dont chaque ciselure brille de pierres
fines. Les orfèvres l'estiment sept millions de
francs. Ne doutez pas : pour *six francs* le sacristain
vous montre à travers une vitre leurs crânes, coiffés
de diadèmes d'argent, et l'inscription affirme qu'il
n'en manque pas un morceau :

Ex his sublatum nihil est alibive locatum.

16

Et que de miracles ils ont faits! Pour le moment ils accomplissent celui de rapporter chaque année des centaines de mille francs, pour aider à achever la cathédrale, en dépit du diable.

Car vous savez que l'architecte qui arracha le plan à Satan et évita de lui vendre son âme en tirant de sa poche une relique de sainte Ursule, laissa dans la griffe damnée un coin du parchemin, en sorte que l'église n'a pu et ne pourra jamais être finie. Aussi Napoléon Ier refusa-t-il *quarante mille francs* pour entretenir l'œuvre en ruine avant d'être au quart faite. On y a dépensé depuis 1820 trois millions; il en faudra encore autant et on finira : il ne manque plus guère que les flèches.

Voyez-vous dans ses galères, sur le Rhin, la belle Ursule avec les onze mille vierges qui manient de leurs mains blanches les avirons? La flotte virginale vient d'Angleterre et veut aller à Rome. Les onze mille jeunes filles y parviennent, en rapportent la bénédiction du Pape aux pieds de qui elles ont fait vœu de virginité. Mais au retour, elles rencontrent les Huns, qui veulent leur faire violer leur vœu; elles résistent, et sont toutes massacrées : l'église de Sainte-Ursule est pleine de leurs restes, non loin de celle de Saint-Géréon, où l'on vénère les os des soldats de la légion thébéenne ou thébaine, commandée par saint Maurice, deux fois décimée pour avoir refusé de sacrifier aux idoles, et finalement massacrée vers 305 par ordre de Maximien

Hercule (1). Comment les reliques de la légion peuvent-elles être à la fois à Cologne et à Saint-Maurice d'Agaune en Valais ? Sans doute les deux cents crânes étalés dans cette intéressante église décagone proviennent d'une première décimation sous Dioclétien en 286. On invoque particulièrement les deux chefs Grégoire et Géréon ; il y a aussi une église sous le vocable de Saint-Maurice.

· Toutes ces histoires sont touchantes, héroïques, et je les profane, en les réduisant au sommaire. Discutables, ou même fausses historiquement, elles sont au fond palpitantes de vérité, non comme faits, mais comme peinture des émotions, des passions de nos pères, au temps où elles se rapportent. Valons-nous les Thébéens, et nos femmes valent-elles les onze mille vierges ? Irions-nous, comme Balthazar, Melchior et Gaspard, sur la foi d'un ange et d'une étoile, saluer un enfant dans une crèche ? Sous ces figures poétiques et poignantes, il y a une idée divine, que dis-je une idée? un Dieu: Jésus !

L'église de Sainte-Marie s'appelle *Santa Maria di Capitolio*, en souvenir du Capitole romain qu'elle a remplacé : c'est une fondation franque de Plectrude, femme de Pépin d'Héristal ; et devant ces antiques témoins de la France, les Français

(1) *Reliquaires de Saint-Maurice d'Agaune*, par M. E. Aubert, dans la *Revue archéologique*, année 1868.

captifs travaillent sous les ordres du Teuton victorieux.

Je ne quitterai pas les églises ni les légendes de
Cologne sans parler de l'église des *Apôtres*, aux
coupoles romanes et byzantines. Pendant la peste de
1357, on y enterra madame Richmodis de Lyskirchen,
femme du chevalier Mengis d'Adocht. La nuit, le
fossoyeur vint pour enlever l'anneau nuptial : le
frottement de la bague réveilla la morte, et tandis que
le voleur s'enfuyait terrifié, elle prit la lanterne sourde
et, drapée dans le suaire humide, regagna sa maison,
sa chambre, se coucha glacée à côté de son époux endormi. Elle l'éveille, lui raconte sa résurrection,
l'entoure faiblement de ses bras transis : le brave
chevalier croit à une tentation du démon, touche
le doigt où devrait être le signe sacré, l'anneau
qu'il avait enterré avec elle, et repousse la pauvre
ressuscitée en criant : « Plutôt que de croire que tu
est Richmodis de Lyskirchen, je croirais que mes
chevaux sont montés par la fenêtre ! » Un bruit
de fers sonne dans la rue, il entend le grincement
des pieds de derrière glissant sur le pavé pour un
élancement formidable : et tout à coup, à travers
les fenêtres ouvertes, il voit grimpés sur le balcon
ses chevaux dont les yeux le regardent en luisant
dans l'obscurité. Il embrassa sa femme, qui guérit
et lui donna beaucoup d'enfants après ce miracle,
qui est prouvé par une tapisserie que Richmodis
broda elle-même pour l'église des Apôtres où on la

voit encore, et par les deux têtes de chevaux sculptée qu'on remarque aux fenêtres de la *maison d'Adocht* sur le *Marché neuf*.

Enfin à Cologne il y a la légende des Jean-Marie Farina : ils sont aujourd'hui plus de vingt, et chacun est *le seul, le vrai*. Quant à l'eau de Cologne, elle se fabrique, comme on sait, à Grasse chez Payan et à Montpellier chez Riban.

BALE, 28 février 1870.

C'est à Cologne que les otages se sont séparés pour regagner la France par divers côtés. Le commandant de place à la gare m'a plaisanté sur mon refus de lui répondre en allemand : « Nous Breuziens drès-pien barlir franzeuze, vous Franzeuze tevoir barlir deutsch à nous. »

Nous suivons la rive gauche du Rhin : pendant un quart d'heure le train contourne la ville dont les tours et les clochers se dorent au soleil levant pardessus les remparts sombres.

Bonn nous montre en passant sa haute cathédrale et les immenses bâtiments de l'Université, qui occupe un tiers de la ville.

Le fleuve gris, dont nous remontons le cours, est bordé sur les deux rives d'un double chemin de fer qui suit toutes ses capricieuses sinuosités. Les prairies et les îles qu'il arrose sont couvertes de vérita-

16.

bles glaciers, épais d'un mètre, qu'il vient d'y déposer au moment de la débâcle. Les petites collines se
succèdent monotones.

D'où vient l'étonnante réputation que les auber-
gistes sont parvenus à donner aux *fameux* bords
du Rhin ? Sans doute, c'est un fleuve majestueux,
et il y a quelques sites agréables; je comprends que
les Allemands du Nord, sortant de leurs plates et
froides campagnes, admirent cette eau large, ces ro-
chers et ces vignes; mais en vérité les bords du
Rhône sont plus pittoresques, et quoi qu'on dise de
la cuisine méridionale, on y mange moins mal.

Pourtant la position de Coblentz est belle. De
toutes les hauteurs voisines, mais surtout de la forteresse d'Ehrenbreitstein, juchée en face de la ville
sur un roc escarpé, à cent vingt-trois mètres au-dessus
de l'eau, on voit le Rhin recevoir la Moselle, presque
aussi large que lui; l'œil s'égare au loin dans les
deux vallées; le château et plusieurs grands édifices
s'allongent sur la rive rhénane, et se cachent à demi
dans la verdure.

Les ponts du chemin de fer, sur l'une et l'autre
rivière sont remarquables par leur grandeur et surtout par leurs points de vue. Coblentz est une place
militaire de premier ordre; elle commande le confluent qui lui a donné son nom. Outre les remparts,
trois ou quatre gros forts la dominent et la défendent.
Aussi nous y voyons des soldats en foule, des chevaux,
des canons, une bonne part de l'armée de réserve éche-

lonnée partout sur le Rhin de Cologne à Bâle : deux
cent mille hommes encore prêts à entrer en France
si nous ne signons pas demain les conditions indis-
cutables de M. von Bismark. Les prisonniers français en foule souffrent les humiliations, plus cruelles
que les privations. Au pied du fort *François*, où dorment les restes de Hoche et de Marceau, ils sont ba-
raqués dans la plaine qui a été depuis dix-huit siècles
un glorieux champ de bataille français, et qui rappelle les noms de César, Charles-le-Chauve, Gustave-
Adolphe, Louis XIV, Sambre et Meuse.

Bingen, tête de ligne du chemin de fer de
Saarrbrück, nous montre quel énorme travail a été
la mobilisation de l'armée allemande ; il y a des
kilomètres de baraques, entrepôts, écuries, ambulances, parcs de munitions, cuisines d'étape, où
trente mille hommes par jour, pendant deux
semaines, ont trouvé la soupe chaude : cet immense
bazar militaire installé avec une promptitude ma-
gique, s'allonge à perte de vue près des rails ; un port
touche la gare et les gros bateaux déchargent sans
cesse la *matière* de la guerre : hommes, engins et
denrées passent sans effort de ces docks militaires
dans les wagons. Malgré le tribut d'admiration dû
à cet art d'organiser, il faut avouer que c'est fort
laid ; mieux vaut regarder le fleuve et les coteaux
célèbres qui s'allongent en face de nous sur la rive
gauche : voici le Steinberg, le Johannisberg, Rüdes-
heim, le Niederwald, tous les grands crus du Rhin.

Je ne reparlerai pas des vins ; quant à ces *montagnes*
vantées par les *Guides*, les plus hautes n'ont pas
trois cents mètres ; mais le nombre des villages qui
s'appuient aux coteaux ou reflètent leurs clochers
dans les eaux, donne à ce pays un air actif, et les caprices du fleuve sinueux mettent de la variété dans le
tableau général du *Rheingau*.

Nous franchissons le Rhin au confluent du Mein,
et nous entrons dans la triple enceinte de Mayence,
dominée par sa vaste citadelle, aux bastions case-
matés, que les ingénieurs érudits ont nommés
Germanicus, *Drusus*, *Tacitus*, etc. C'est ici que
Constantin, en 311, vit au ciel la croix miraculeuse qu'il mit sur le labarum. Nous n'y voyons,
hélas ! que la même abondance des soldats allemands, et la même misère des soldats français, et le
même souvenir poignant de notre vieille gloire :
Charlemagne et saint Boniface, Dubayet et les
Mayençais. D'ailleurs, en 1793, les Prussiens em-
ployaient déjà le mensonge parmi leurs machines de
siége ; c'est par l'impression et la distribution de
faux *Moniteurs* que le roi de Prusse détermina la
garnison française à capituler. Les quais sont aussi
tristes qu'à Cologne, à Coblentz et dans toutes les
villes du Rhin : d'inutiles remparts masquent le
fleuve, et le chemin de fer passe en dedans, à leur
pied. La cathédrale se compose de deux chœurs, un
à chaque bout : on entre latéralement par le double
transept.

Heidelberg n'offre rien d'intéressant que l'Université et le château, grand pot-pourri de tours,
de murailles, de bâtiments, de terrasses multiples et disparates : les badauds admirent un gros
foudre. Je ne nie point que la vallée de la Neckar, les
hauteurs du Kœnigsstuhl et du Heiligenberg (1) ne
soient pittoresques ; je conviens que l'énorme et
étrange château est intéressant au point de vue
historique et archéologique ; mais afin de donner
une idée de l'engouement germanique pour les
beautés ou les curiosités germaines, je cite quelques
lignes de M. Bœdeker : « Il n'y a peut-être pas une
ville en Allemagne qui égale Heidelberg, tant sous
le rapport de la beauté et des charmes de ses environs que sous celui des souvenirs historiques qui
s'y rattachent. Pour l'étendue et la situation, le
château est la ruine la plus grandiose et la plus belle
de toute l'Allemagne. Avec ses créneaux, ses tours,
ses balcons, ses bastions, ses statues, ses cours et
ses fontaines, et enfin ses bosquets et ses groupes
d'arbres, c'est l'Alhambra des Allemands, etc. (2). »

Toute proportion gardée, il en est de la civilisation allemande, de la science allemande, de la vertu
allemande, et des Allemands du Nord en général,
comme des ruines et des coteaux d'Heidelberg :
nous les admirons *un peu trop* sur parole.

(1) 250 mètres environ au-dessus de la mer, 100 au-dessus
de la vallée.

(2) *Les Bords du Rhin*, par M. Bœdeker ; Coblentz, 1870.

Carlsruhe, capitale des Badois, qui, après avoir longtemps vécu du commerce et de la richesse alsa- sienne, ont été les plus acharnés à l'incendie et à la réquisition ; Carlsruhe, dis-je, est une ville mathé- matique, due à un caprice princier de 1715. Le pa- lais grand-ducal est le centre d'un vaste cercle, coupé en deux par un diamètre : d'un côté, le parc ; de l'autre, la ville ; parc et ville sont divisés par des rayons également distancés, allées sous bois, ou rues dans la cité ; des circonférences concentriques croisent les rayons : par exception, la Grand'Rue seule (*Lange strasse*) forme une corde parallèle au diamètre qui sépare le côté forêt du côté maisons ; Swift, dans l'île de Lupata, n'a rien imaginé de plus géométrique.

A Rastadt, prise par Louis XIV en 1689 et par Moreau en 1796, les prisonniers français grouillent dans un camp boueux et regardent le train à tra- vers les barrières (1).

> Bade est un parc anglais fait sur une montagne,
> Ayant quelque rapport avec Montmorency (2).

C'est faire bien de l'honneur à cette basse croupe de l'appeler montagne, et je ne sais si Montmo-

---

(1) Voir les détails navrants consignés dans les *Souvenirs de Casemates*, par un franc-tireur de Strasbourg (Henri La- marche); Paris, Giraud, 1871.

(2) A. Musset, *Une bonne fortune*, st. V.

rency doit être flatté de la comparaison. O mode! On va voir ces fadaises, et l'on ne se dérange pas pour le Morvan ou l'Auvergne!

Nous dépassons l'embranchement qui conduit à Kehl, et nous croyons apercevoir dans la brume la flèche de Strasbourg. La nuit nous prend à Fribourg en Brisgau; la tour de l'admirable cathédrale se détache rosée parmi les lueurs du crépuscule. Enfin, voici Bâle; nous descendons en hâte, nous passons le pont : Dieu du ciel! nous ne sommes plus en Allemagne!

Nous ne sommes plus en Allemagne! Il n'est pas besoin de savoir la géographie pour s'en apercevoir. Ce soir, 27 février, c'est je ne sais quelle fête à Bâle, et l'on chante dans les rues, et l'on crie, et l'on court, et il y a des masques, et du bruit, et de la joie sonore : nous ne sommes plus dans ce silence lugubre du peuple *sage* qui a le plaisir et le vin taciturnes. Nous respirons après trois mois d'étouffement, et nous mangeons de la cuisine française à l'hôtel des *Trois-Rois*, et nous buvons du vin français, et par les rues les masques nous serrent la main en criant : Vive la France! et partout nous voyons nos soldats de Bourbaki vêtus, nourris, souriant à l'hospitalité suisse, et retrouvant comme nous la patrie en Suisse.

Bénie sois-tu, Suisse, petite et chère sœur de la

France, toi dont le cœur, l'esprit, la liberté font
oublier leur douleur aux vaincus! Que tu supportes
de bonne grâce cette invasion navrante! Cent mille
hommes mourant de faim et de froid, demi-nus,
abrutis par la fatigue et le désespoir : tes villes se
les disputent ; elles s'encombrent des malheureux
pour les chauffer, les nourrir, les vêtir, les ressusciter, les réjouir. Il faut se gêner, mais qu'importe?
et comme me dit un aubergiste ahuri : « Ça fait
plaisir au cœur de rendre service à la France ; et
avec le plaisir, il y a encore un peu de profit. »
Qu'on dort bien, au murmure du Rhin limpide qui
n'est pas encore allemand, bercé par le bruit de fête
d'une nation amie, dans un lit réel où il y a des
draps vrais !

GENÈVE, 1ᵉʳ mars 1871.

Il semble que, par un raffinement de coquette
hospitalité, la Suisse ait voulu, malgré la saison, se
montrer à nous dans la splendeur de sa plus ravis-
sante toilette. Sans doute elle est toujours belle ;
mais à l'époque où on l'admire d'ordinaire, les neiges
se sont retirées vers les sommets.

Aujourd'hui, après cet hiver rigoureux, tout est
virginalement blanc, excepté les bois de sapins ou
les rocs à pic.

Et sur les éblouissantes montagnes, un ciel d'azur
tendre indéfiniment transparent et limpide, un soleil

versant à flots les diamants et l'or. Après les plaines plates et brumeuses, cette fête de montagnes et de lumière est comme une résurrection.

Les wagons confortables filent doucement le long des vallées; on y parle surtout de nous, et toujours avec une charité touchante. Les hommes, le paysage, l'éclat, la tiédeur de l'air, tout se réunit pour nous faire un milieu de bien-être, de repos moral et physique; ce qui nous paraissait naturel il y a un an, semble aujourd'hui un immense bienfait qui appelle sur nos lèvres la reconnaissance pour le peuple, pour le pays, pour le ciel.

A Liestal, le Jura se lève et grandit à droite : c'est la France. Après le tunnel du Hauenstein, le train descend par une grande rampe courbe jusqu'au bord de l'Aar; de cette pente tournante, on voit successivement défiler, comme dans un diorama, toute la chaîne des Alpes Bernoises : elles semblent d'opale étincelante. Elles se montrent et se cachent tour à tour jusqu'à Berne, et présentent à chaque détour un profil différent. Le voyageur les voit tourner lentement, comme la statue sur la selle du sculpteur; à mesure qu'il approche elles grandissent, accusent leurs formes plus vigoureuses, et semblent plus fières de vaincre en éclat le rayonnement céleste dans lequel elles baignent leur front.

Combien Berne, qui n'a que trente mille âmes, est plus animée que les grandes villes d'Allemagne! Et quel cadre à cette vivante presqu'île ceinte par l'Aar azuré¡! ¡Quel fond resplendissant pour les clochers et la gracieuse cathédrale! Tous les géants de l'Oberland sont groupés pour rendre hommage à la capitale de la Fédération helvétique : voic¡ la tête pointue du Wetterhorn qui a ôté son bonnet de nuages, le Schreckorn, le Finsteraarhorn, l'Eiger, le Monch, le Blümlisalp, qui semblent vouloir percer le ciel; et, par-dessus tous, l'immaculée Iungfrau, qui règne impassible et nacrée sur son peuple de montagnes, comme la Vierge dans sa gloire rayonne parmi les anges.

Nos soldats se promènent devant ces magnificences, et en semblent moins étonnés que de la bienveillance et du bien-être qui les entourent : la nature sereine nous ferait oublier l'horreur des faits humains, si les uniformes misérables ne nous rappelaient à la réalité.

Du chemin de fer, Fribourg paraît dans un puits : la flèche de Saint-Nicolas dépasse à peine le niveau de la voie. Peu à peu l'Oberland s'abaisse à l'orient, tandis qu'au sud apparaissent et grandissent le Moléson, la Dent de Jaman, la Dent du Midi. Mais je ne connais pas d'émerveillement pareil à celui qui vous saisit au sortir d'un tunnel entre Fribourg et Lausanne : soudain, de l'obscurité vous passez dans un excès de lumière et de splendeur qu'il faut avoir vu pour le comprendre; à vos pieds, le Léman immense, plus bleu que le ciel, lavant d'une ceinture d'argent toutes les montagnes blanches qui l'entou-

rent, de la Savoie au Jura ; quelle immensité ! mais
surtout quel éclat ! Il semble que tout luise par soi-
même, l'azur du lac et la nacre des monts entassés à
perte de vue dans le feu du ciel, sous le vieux roi
Mont-Blanc qui les domine et les vainc tous en
splendeur et en énormité.

Ce spectacle féerique dure pendant deux heures,
avec changements de décors perpétuels. Le chemin
de fer, suspendu aux flancs des montagnes de la
rive septentrionale, traverse le site charmant de
Lausanne, surplombe Morges, Saint-Prex, Rolle,
Nyon, Coppet, tandis que, sur l'autre rive, Meille-
rie, Evian, Thonon, Yvoire, Nernier, Hermance,
semblent, par l'illusion de la distance, baignés dans
l'eau bleue, et collés au mur algide des monts. La
course à pied dans ces merveilles a sans doute un
grand charme ; mais le touriste rampe et se traîne ;
la lenteur de ses mouvements le prépare peu à peu
à ces grands changements d'horizon. La rapidité du
train ajoute à la magie : les sites nouveaux apparaissent tout à coup sans laisser le temps de s'ex-
clamer à chaque étonnement, jusqu'à ce qu'enfin,
fatigué de tant de couleur et de beauté, comme
quand on a parcouru vite un musée trop riche,
on aperçoit au pied du Salève Genève triomphale-
ment assise au bord de sa petite mer radieuse.

Encore une fois, quel contraste avec les villes
de l'Allemagne du Nord ! Je ne décris pas les
beautés bien connues de Genève, le Rhône étin-

celant, les ponts, les quais, les mille points de vue.
Ce qui me frappe aujourd'hui, c'est l'animation,
une animation française ; j'ai passé une heure, au
Jardin anglais, à écouter avec délices les enfants et
les bonnes parler français ; après avoir eu trois
mois les oreilles déchirées par le rauque allemand,
si dur même dans une bouche de femme, ce français balbutié des babys était une musique char-
mante.

Le soir, Genève était déjà dans l'ombre et le gaz
s'allumait : toute la chaîne du Mont-Blanc brillait
encore ; rapidement le Buet, les Aiguilles rouges,
les Jorasses, le Géant, l'Aiguille du Midi enfin se
sont obscurcis : le front sublime, d'or étincelant
d'abord, puis mat, puis de cuivre rouge, a pris
quelques instants une teinte rose indescriptible
de tendresse et de douceur ; puis, tout à coup, il
s'est éteint, et s'est confondu avec l'azur sombre où
déjà scintillaient les étoiles.

Tout cela est très connu, je le sais ; mais j'ai
senti un tel contraste entre l'Allemagne du Nord
et la Suisse, que j'ai été ému comme si je voyais
pour la première fois ces choses ; et je les redis.

Je comprends avec quelle facilité les Allemands
du Nord émigrent par centaines de mille chaque
année. Le sentiment de la patrie, *Vaterland*, est
développé chez eux ; mais il est purement idéal :
on peut être allemand à Paris ou dans l'Illinois sans
rien regretter de la terre natale. En Suisse, l'amour

patriotique s'attache à la patrie matérielle ; elle est
si spéciale et si belle, que ses fils ne peuvent vivre
loin d'elle :

> On dit que les enfants de la Suisse neigeuse,
> Nourris dans les échos de leurs pâles sommets,
> Quand on entraîne au loin leur troupe voyageuse,
> Du doux mal du pays ne guérissent jamais.
>
> A leurs yeux c'est en vain que les plaines fleuries
> Et les riches cités étalent leurs appas :
> Ils meurent en pleurant leurs montagnes chéries,
> Dont les sentiers de neige ont oublié leurs pas.

CASTELNAU-LÈS-LEZ, 5 mars 1871.

Je suis rentré en France par l'étroite vallée du
Rhône, entre le Jura et le Mont-du-Vuache. Dans la
courte partie de son réseau qui traverse la République de Genève, la compagnie du chemin de fer
de Lyon a entassé des troupeaux de locomotives
pour les soustraire à l'invasion, qui a pris et dé-
marqué tout ce qu'elle a trouvé de Paris et de Belfort à Dijon.

Le fort de l'Ecluse barre absolument le passage ;
et après le long tunnel du Crédo, nous arrivons à
Bellegarde. C'est la première fois que j'ai vu sans
murmurer, même avec joie, les mains douteuses des
douaniers bouleverser mes livres et chiffonner mes
chemises ; ils sont français, je suis en France ! On
est très sévère pour les passeports, et on a raison.
Je suis étonné de voir mon nom m'attirer des poli-

tesses : il paraît que l'histoire des otages dijonnais
est déjà connue.

L'azur du lac du Bourget ne le cède point à
l'azur du Léman, et la Dent du Chat est splendi-
dement dorée de soleil.

A Chambéry, devant les lourds éléphants de
bronze, une foule de gardes nationaux mobilisés
s'exercent : bon équipement et bonne mine. Au
bout de l'admirable vallée du Graisivaudan, Grenoble regorge de troupes plus ou moins bien orga-
nisées. Tout le long du Rhône, à Valence, Monté-
limar, Orange, Avignon, Tarascon, même activité
militaire : on ne se remue pas davantage en Allemagne. — Trop tard !

Les bords du Rhône, avec leurs montagnes vigno-
bles, leurs châteaux en ruine, leur couleur ardente,
leurs villes intéressantes et industrieuses, me con-
firment dans mon jugement sur les bords du Rhin.
Et quand tout le reste serait comparable, ici il y a
le soleil ! Mais je ne ferai pas aux vins de l'Ermi-
tage l'insulte de les comparer aux vins du Rhin.

Enfin, voici ma petite colline grise d'oliviers, la
plaine féconde terminée par la Méditerranée luisant
à l'aurore comme une barre d'or et au lever de la
lune comme une ceinture d'argent : il y a six jours
je grelottais dans le brouillard hivernal ; aujour-
d'hui je renais à la douce tiédeur du printemps qui
a déjà tout verdi et fleuri. La chaleur après le froid,
la lumière après l'obscurité, la patrie après l'exil,

la famille après la solitude : toutes ces joies ne peuvent faire oublier le désastre.

M. von Bismark a profité de l'impossibilité matérielle où se trouvait l'Assemblée de ratifier à temps les préliminaires de paix signés seulement le 26 février à Versailles, pour donner à ses troupes la satisfaction brutale de l'entrée à Paris annoncée sur les mouchoirs de Magdebourg. La chose était si bien décidée d'avance, que les journaux allemands triomphaient en style emphatique dès le 27. Mon frère, un de ces professeurs qui ont laissé la toge pour le fusil, me raconte cette solennité, où il a joué, comme capitaine de mobiles, le rôle de gardien des animaux. Car ils n'avaient pas l'air de vainqueurs, mais de bêtes en cage, parqués aux Champs-Elysées, aux Tuileries et au Louvre, derrière les grilles fermées, surveillés par nos postes et hués par nos gamins, tandis que la ville en deuil fermait ses boutiques et arborait des drapeaux de crêpe. En somme, ils ne sont pas plus *entrés* dans Paris qu'ils n'ont *pris* Paris ; ils ont occupé sans bruit un coin qu'on leur a ouvert, et ils s'en sont allés piteusement.

Le traité est signé : est-ce un traité ? Quand une nation vaincue, sous la menace de l'incendie et du pillage immédiat, consent à des conditions exorbitantes, est-elle réellement liée ? Y a-t-il contrat ? Ne peut-elle, à la première occasion favorable, demander révision ou résiliation ? Je ne parle pas des milliards : nous vous perdons, Strasbourg et Metz, Alsace et Lorraine ! Mais vous restez françaises quand même ; et cette génération ne passera pas, avant que ces filles enlevées ne rentrent aux bras de la mère.

BORDEAUX, 11 mars 1871.

Depuis six mois, j'ai parcouru tout l'est et le midi de la France : Lorraine, Alsace, Franche-Comté, Bourgogne, Lyonnais, Dauphiné, Langue-doc, Gascogne. Quand je rassemble dans mes souvenirs l'aspect varié, mais continuellement beau, riche, actif de cette moitié de la France ; quand je songe aux villes, aux industries, aux vignes, aux blés, aux populations, au climat, je comprends que l'Allemagne du Nord, pauvre, nue, plate, glacée, se jette sur la France avec la même passion cupide et jalouse qui poussait les barbares sur l'Italie.

Le Midi est splendide dans l'épanouissement du printemps. Par une chance étrange, la guerre l'a enrichi : il a vendu au Gouvernement son blé, son vin, son fer, ses draps ; Marseille, Cette, La Nouvelle, Bordeaux ont vu débarquer la moitié des fournitures de l'étranger.

Comment se fait-il que la majorité des honnêtes gens aient laissé quelques brigands s'emparer de Lyon, de Marseille, de Toulouse ? Ces tentatives grotesques autant que redoutables n'ont pas seule-

ment, partout où elles se sont produites, ruiné les
finances, entravé la défense, déshonoré la patrie :
elles ont grisé maint cerveau plus faible encore
que méchant. Les têtes chaudes des cabarets mènent le village, et la commune radicale de Béziers
s'imagine qu'elle sauve la République. Au fond de
tout cela, il y a beaucoup d'ambitions folles, de rancunes personnelles, et surtout le besoin de s'enri-
chir aux frais du pays sans rien faire. Si ces heu-
reuses provinces avaient subi l'invasion, elles ne
donneraient pas le spectacle de tant d'égoïsme
malgré leur cœur, de tant de stupidité malgré leur
esprit. Mais, je l'ai déjà dit, l'empire a tellement
discrédité, découragé les honnêtes gens, qu'ils se
trouvent dégoûtés et inertes en face de quelques
audacieux démagogues. L'énervement produit par
l'amour de la richesse facile fait que des villes,
comme des particuliers, s'isolent de la patrie, sans
voir qu'un jour leur tour de misère peut venir, et
qu'en somme elles se déshonorent et se ruinent par
cette lâche sécession, qui n'ose et ne peut être de
fait, mais qui existe moralement dans mainte cité
méridionale.

Bordeaux capitale offre un aspect étrange. La
largeur et la magnificence des grands quartiers ne
suffisent pas à loger le gouvernement voyageur. Dans
les restaurants ahuris, on bouscule généraux et députés ; Rochefort et sa *compagne* déjeunent à la
même table qu'un ministre et une marquise. Victor

17.

Hugo, éternellement coiffé d'un képi de garde national, promène sa majesté, que dis-je? sa divinité
parmi les crieuses de journaux et les ramasseurs de
bouts de cigares; Glais-Bizoin étale sa barbe rose
en face de la barbe grise de M. de Kerdrel, et Garibaldi, drapé de rouge, coudoie M. Thiers sur les
marches du théâtre.

Le Bordelais exploite la situation avec un sans-
gêne admirable ; l'aubergiste qui me loue dix francs
un taudis me dit : « Vous Parisiens vous faisiez
bien payer un lit dix francs aux Bordelais pendant
l'exposition! » Quelle fraternité! Quel patriotisme!
Le gouvernement à Bordeaux, c'est une proie ines-
pérée, qu'il faut vite dépecer jusqu'aux os; car demain, qui sait? Nous rapprenons vite à nos dépens
le système décimal, que nous avions presque oublié
à Brême, où règne le système duodécimal complet :
l'unité monétaire est le gros (*grote*), affreuse mince
rondelle de billon plus petite qu'un liard et qui
vaut plus d'un sou ; puis se succèdent les pièces de
six, douze, vingt-quatre, trente-six, et enfin soixante-
douze gros. Cette dernière pièce, appelée thaler
d'or bien qu'elle soit d'argent, n'est frappée que rarement, plutôt comme médaille commémorative que
comme monnaie.

J'espérais qu'à Bordeaux on pourrait s'occuper
de la malheureuse ville de Dijon; mais l'Assemblée
a bien assez à faire de songer à la France. Pourtant,
ici, l'aventure des otages n'est pas inconnue; plu-

sieurs journaux ont parlé ou parlent encore de nous plus ou moins exactement. Dans un *Recueil de documents sur les exactions, vols et cruautés des armées prussiennes en France* (1), je trouve nos noms et qualités tout au long, avec les principales circonstances de notre enlèvement.

Je trouve encore ici des détails sinistres sur les dernières colères des Prussiens en Bourgogne. A Brême, nous ne savions la vérité qu'imparfaitement sur deux faits officiellement confirmés par un rapport de M. le colonel Fornel, commandant la troisième légion des mobilisés de la Haute-Saône, en date du 23 janvier; par un télégramme du général Pélissier en date du 24 ; par un article du correspondant du *Standard*, à Londres, que reproduit *la Gironde* (2) :

« A Hauteville, dans la nuit du 21 au 22 janvier, une ambulance française en fonction dans le village est envahie : ni brassard, ni uniforme, ni drapeau, n'empêchent les Prussiens de massacrer

(1) Bordeaux, Féret, 1871, 1re partie, p. 73 et suiv.

(2) Au moment de mettre sous presse, je retrouve ces documents complets et d'autres non moins intéressants, dans le livre de M. Édouard Fournier, qui vient de paraître sous le titre : *Les Prussiens chez nous*. Tout le chapitre ii est intitulé *Bourgogne*. Voir, p. 50 et suiv., ce qui concerne M. Thénard et les otages de Dijon, avec quelques inexactitudes. Il y en a aussi de plus graves dans l'article de la *Revue des Deux Mondes* intitulé *les Prussiens en Bourgogne.*

lentement M. le médecin-major Morin, M. le docteur Millaud ; d'assommer à moitié MM. les infirmiers d'Héret, de Champigny, Fleury, Legros,
Morin. Les morts dépouillés, on a enlevé tout le
matériel de l'ambulance, chevaux, cantines, médi-
caments, et les blessés sont restés abandonnés.

» A Pouilly, dans la maison même d'un otage,
les Prussiens ont fusillé dix prisonniers, puis pendu
par les poings au plafond leur capitaine blessé,
accumulé et allumé de la paille sous la victime, après
quoi ils se sont enfui. Le malheureux a été brûlé
à petit feu jusqu'à rendre le cadavre méconnais-
sable. »

J'assiste à la séance de l'Assemblée, où *notre député* Garibaldi donne sa démission d'abord, et s'indigne ensuite qu'on lui refuse la parole. Quelle
épidémie de démissions à gauche, depuis le fantoche
de Caprera jusqu'au pontife de Jersey ! Avec quel
ensemble cette *gauche radicale* montre qu'elle ne
songe point à la patrie, mais à sa coterie ! Si ces
députés, si chatouilleux à la contradiction et si
prompts à la démission, sentaient un amour réel
pour la France, s'ils étaient convaincus de l'utilité
de leurs doctrines, s'ils se considéraient comme
mandataires de leurs électeurs, ils ne déserteraient
pas le poste où leurs discours, leur nombre, leurs
votes ont toujours de l'importance, et peuvent un
jour avoir une influence décisive. Mais pour agir

ainsi, pour supporter de n'être pas la majorité, il faudrait du patriotisme, et ces messieurs n'ont que de l'ambition. En se retirant, ils laissent voir nettement et leur mobile et leur dépit : « France, tu ne veux pas de nous pour souverains, pour maîtres, pour rois absolus? Alors je m'en vais; débrouille-toi. Moi, cependant, j'attends et je prépare la prochaine occasion. »

Aussi triste est la conduite des votants pour la guerre à outrance. Il est impossible qu'ils ignorent l'étendue de notre désastre et les ressources *actuellement* invincibles de l'Allemagne.

N'ayant plus rien à redouter derrière elle, l'énorme armée de l'invasion ferait un sanglant tour de France, dans lequel nous lui infligerions sans doute des pertes terribles, mais qui serait la ruine définitive d'un pays encore capable de se sauver par le travail et la raison. Que veulent-ils donc en réclamant la continuation impossible de la guerre? Un général peut ordonner la résistance jusqu'au dernier homme, dans une troupe faite pour sacrifier sa vie à sauver la nation; mais un député peut-il en conscience condamner la nation entière aux horreurs prussiennes, quand la défense est inexécutable faute d'*outils* et quand l'honneur est sauf? Ils parlent de fondre les cloches pour faire des canons, d'armer les paysans de fourches et de faulx : cela ferait sourire en d'autres temps; mais, aujourd'hui, il est navrant de voir un si grand nombre d'hommes oublier la France pour leur parti restreint, et voter une chose qu'eux-mêmes sentent et savent absurde, parce qu'elle les *pose*. *Défense à outrance* est devenu synonyme de *république rouge* ou de *commune*. Les *défenseurs à outrance* jouent le même jeu que les *démissionnaires*.

Étrange spectacle que cette Assemblée de Bordeaux! Des dames en toilettes dans les loges, comme pour une *première*, et des lorgnettes, et ce murmure impatient qui attend un lever de rideau trop tardif. Peu à peu le parterre se garnit, et, sous le lustre, les crânes pâles se détachent sur le velours rouge ; les ministres sont à l'orchestre, la tribune remplace la boîte du souffleur, et M. Grévy trône où tourbillonnait le ballet.

Voilà donc l'âme de la France! C'est bien elle, avec ses terribles colères, ses apaisements soudains, ses accès d'héroïsme, ses défaillances, ses bonnes et ses mauvaises passions ; mais toujours avec son bon sens, son patriotisme, sa splendeur d'intelligence impossible à ternir. Les grands avocats deviennent là de petits orateurs, et M. Thiers a besoin de toutes les caresses de son éloquence, de toute l'habileté lumineuse de son génie pratique pour maintenir sous sa parole et sa volonté cette foule d'esprits frémissants, dont la concorde peut nous sauver, dont la querelle serait mortelle.

VERSAILLES, mai 1871.

L'émeute, la *Commune*, comme elle s'appelle, règne à Paris et cherche à prendre pied ailleurs. Elle peut réussir, si dans toute la France les honnêtes gens sont aussi timides qu'à Paris. Certes, la part raisonnable de la garde nationale aurait, par le nombre seul, vaincu et chassé les émeutiers : les honnêtes gens eussent été au moins deux contre un; mais il eût fallu se battre, et ils fuient. Les trains quittant Paris sont encombrés de fuyards, qui se vantent gaîment d'échapper à la conscription communale; cete joie leste paraît un peu lâche aux volontaires qui accourent de la province, aux officiers d'Allemagne qui, à leurs frais, hâtent leur lent rapatriement pour voler au devoir, à la mort.

C'est le palais dans lequel s'est personnifiée la royauté qui devient l'unique refuge de la France; il semble que l'âme de Louis XIV, aussi infrangible que la veille de Denain, anime l'Assemblée qui confie au maréchal de Mac-Mahon la dernière armée française, comme le grand Roi fit à Villars.

Cette armée est belle, calme, disciplinée, équipée. Ni bruit, ni éclat; mais de la force, de l'entrain et du cœur. Les officiers apportent à la nouvelle guerre qu'un immense crime leur impose, outre leurs qualités françaises, tout ce qu'ils ont appris contre les

Allemands. Ils arrivent en grande vitesse par la Belgique ou la Suisse, et, sans embrasser mère, femme, ni enfants, les voici à leur batterie, à leur escadron, à leur bataillon. Toute la nuit le canon éclaire et gronde; on entend arriver les convois d'ambulances : lumière et mouvement à toutes les fenêtres de l'immense hôpital.

L'hôpital, un soir d'encombrement, est plus affreux que le champ de bataille : médecins, infirmiers, chirurgiens et sœurs de charité s'agitent dans un silence fébrile, qu'interrompt un gémissement, un cri, une malédiction. Les prêtres et les moines se penchent sur l'homme à moitié cadavre ; du sang partout!

Là, dans la nuit du Vendredi-Saint, j'ai retrouvé Arthur de Calvière au milieu de cette boucherie humaine. A peine débarqué d'Allemagne, il était au pont de Neuilly, à côté du général Péchot, et le même obus les avait fracassés au moment du triomphe. Oh! les criminels, qui versent le plus pur sang de la France! Il est mort en chrétien, calme et renfermé dans l'idée du devoir accompli, soldat et gentilhomme français, sans une plainte, sans un mot de haine pour les stupides brigands qui tuaient ce trésor d'espérance et d'honneur. Mais nous avons le droit de les haïr, nous qui survivons, et qui voyons tous les jours cette fleur de la France moissonnée par la plus criminelle des conspirations.

Celle de Catilina est seule analogue; et Catilina

ne disposait ni d'autant d'hommes, ni d'autant
d'armes; il n'avait pas affaire à une patrie épuisée
déjà par une guerre énorme; l'ennemi, complice de
cœur sinon de fait, n'était pas là tout près pour
encourager Catilina et paralyser Cicéron.

Le second siége de Paris, dont le deuil de la patrie empêche l'armée de s'enorgueillir, est une opération militaire très supérieure au premier siége.
Mais, hélas! quel aspect avait la capitale après les
huit jours de bataille! Il faut avoir vu ce désastre
monstrueux pour s'en faire idée; c'est indescriptible.

Je ne dis rien des crimes de la *Commune*; mais je
tiens à affirmer que, pour moi, la *Commune* et l'incendie sont l'œuvre prussienne. On n'en trouvera peut-
être pas de preuves matérielles : M. von Bismark
sera acquitté en fait devant le tribunal de l'Europe
et de l'histoire. Mais il est facile d'établir un
dossier, qui, pour moi, entraîne conviction.

1° M. von Bismark a facilité à Paris l'entrée des
forçats libérés et des repris de justice épars dans
tous les départements occupés, par la suppression
ou l'annihilation des polices urbaines. A Dijon,
d'où, pendant les mois d'octobre, novembre, décembre, les honnêtes gens ne pouvaient absolument pas
sortir sans un minutieux sauf-conduit allemand, il
y avait avant l'occupation trois cents hommes sous
la surveillance de la police; ils ont aussitôt disparu.

2° M. von Bismark comptait fermement sur

l'émeute et la proclamation de la *Commune* pour s'emparer de Paris. Les journaux allemands le disaient, et annonçaient même la coïncidence des émeutes avec les attaques prussiennes. On comprend très bien qu'avec un élément pareil dans la cité, le général Trochu ait été gêné dans ses opérations extérieures, et l'on doit admirer son talent à réprimer une guerre civile, qui eût été pour l'Allemand le signal d'une entrée avec pillage.

3° L'armée de la *Commune* contenait un nombreux élément international, particulièrement polonais, qui a pu s'introduire par les lignes allemandes, bien plus que par les lignes françaises gardées strictement. De même, c'est par les lignes allemandes que presque tous les chefs de la *Commune* ont pu gagner la Belgique et la Suisse : il n'y a que les maladroits qui se sont laissé prendre.

4° L'Allemagne a d'avance annoncé, dans plusieurs journaux, l'intention formelle d'humilier Paris par la destruction des monuments qui font son orgueil. N'ayant pu le faire elle-même, elle l'a fait faire.

5° Pendant la *Commune*, M. von Bismark a retardé, puis entravé, malgré les conditions du traité, le rapatriement des prisonniers français, qui auraient triplé l'armée de Versailles. Les grands convois n'ont repris qu'après la défaite de la *Commune*.

6° L'incendie au pétrole est une idée et une pratique allemandes. Chaque compagnie, je l'ai vu à Dijon, est suivie de deux ou trois hommes sans armes, ayant au flanc une grosse gourde, et au ceinturon deux très vastes cartouchières contenant l'outillage d'incendie: pinceau, marteau, étoupes, etc.

7° Les otages, en 1870-1871, sont une idée et une pratique allemandes. Les faire périr inquiétait peu les Allemands, qui les mettaient sur les locomotives, etc.

8° Avant la *Commune*, beaucoup de journaux ont reproduit, sans qu'elle ait jamais été démentie, la parole cynique de M. von Bismark : « *Paris cuira dans son jus.* »

9° Après la *Commune*, M. von Bismark a solennellement déclaré au Parlement de Berlin qu' « *au besoin il se serait entendu pour traiter avec la Commune.* » C'est avouer qu'il a reconnu les communards comme *belligérants*, et par ce seul fait il leur a prêté un énorme appui moral.

10° Avant même que la dépêche annonçant l'incendie fût parvenue à Dijon, j'ai *entendu* des soldats allemands dire en riant : « *Paris capout!* » En langage de troupier teuton, *Paris est f*..... Au lendemain de la victoire, quand il était fort difficile aux Français d'entrer à Paris, et surtout d'en sortir, j'ai voyagé avec des officiers allemands en bourgeois, qui *revenaient*, légèrement gris, de la partie de plaisir des ruines de Paris.

11° Les communards ont fait preuve d'une certaine habileté dans la construction et la disposition des barricades : pourtant, presque aucun incendie

n'a de caractère *stratégique*. Il y a eu choix spécial
des monuments : d'abord ceux qui offusquent la
gloire militaire des Allemands : la Colonne, la Lé-
gion-d'Honneur; puis ceux qui écrasent les collections et la science allemandes, musées, bibliothèques, etc.; puis ceux dont la splendeur attire le
monde entier à Paris, et fait regarder Berlin comme
une capitale secondaire : Tuileries, Palais de Justice, Hôtel de Ville, Palais-Royal ; enfin, ceux dont
la perte, ruineuse pour le commerce parisien, pourrait l'empêcher de rivaliser avec le commerce allemand : greniers d'abondance, Bercy, la Villette, etc.
Il y a sans doute la part des vengeances, de la folie,
et aussi les coups manqués : n'est-il pas remarquable
que, malgré la férocité de la *Commune* contre les
prêtres et la religion, les nombreuses églises de
Paris aient été relativement épargnées, et que la
destruction n'ait été bien préparée que pour les
deux temples en qui se personnifie particulièrement
la gloire française et parisienne : Notre-Dame, le
Panthéon? Enfin, malgré l'héroïsme de M. de Plœuc,
est-ce lui seul qui a sauvé la Banque de France,
l'édifice et l'institution indispensables au paiement
des *milliards*, que la *Commune* ou que la France
triomphât ?

Ce n'est pas la mode aujourd'hui de défendre deux
hommes d'ailleurs très différents, M. le général
Trochu et M. Jules Favre. Pour le défenseur de
Paris, qu'on a appelé légèrement *le général Discours*,

l'élément d'émeute institué et entretenu par les Prussiens, le personnel d'espions et même de journaux dont les Prussiens disposaient, ont nécessairement paralysé l'action et rendu le *plan* impraticable.

Pour M. Jules Favre, à Versailles comme à Ferrières, il a été joué, ou plutôt écrasé par un diplomate raffiné, qui a *su* la première fois lui rendre l'armistice inacceptable, qui a *su* la seconde fois lui faire accepter et même demander le désarmement de l'armée de Paris, et les armes laissées aux gardes nationaux. M. Jules Favre, plus roué que son partenaire, aurait-il demandé d'autres conditions, je ne doute pas que M. von Bismark n'eût alors pris le ton impératif et dicté ses ordres.

Mais l'époque des récriminations est venue, et l'on parle, on imprime des volumes sans connaître le fond de l'Allemagne *du Nord*, car je fais toujours exception pour les Autrichiens. Je l'ai déjà dit et imprimé à Bordeaux à mon retour en mars ; je le répète avec une conviction chaque jour plus claire, l'Allemagne du Nord, en la personne de son gouvernement *impérial et royal* autant qu'en son peuple de quarante millions d'habitants, trouve et trouvera tous les moyens bons pour accomplir à tout prix la *destruction* de la France.

C'est une profonde illusion de la diplomatie impériale et de l'optimisme républicain, d'imaginer que les pays les plus injustement annexés par le

despotisme prussien aient jamais songé à profiter
de la guerre avec la France pour reconquérir leur
indépendance ; ils ne l'ont sacrifiée que pour pouvoir faire cette guerre. J'ai traversé tout le Hanovre
et la Hesse ; j'ai habité Brême et Francfort ; j'ai
causé avec des Danois conquis : l'opinion est unanime. Royaumes et duchés, villes libres et princi-
pautés, noblesse et peuple sont tous d'accord
dans leur haine implacable contre la France et
dans le moyen terrible de l'assouvir : subir, que
dis-je, subir ? *servir* l'autocrate de Prusse jusqu'à
la mort. Les riches citoyens de la ville hanséatique
de Brême courbent glorieusement le dos sous le caporal schlague ; ils sont plus prussiens que M. von
Moltke. Les banquiers dévalisés de Francfort sup-
plient leur conquérant de se faire sacrer dans leur
libre cité, et cherchent au fond de leurs coffres-forts
vidés par lui de quoi lui fondre une couronne impériale.

J'insiste sur cet exemple des villes libres, qui
perdent plus que tous les royaumes et les duchés à
l'annexion prussienne. Le Hanovre, et la Saxe, et
le Wurtemberg, et tous les pays allemands sont
pris du même délire : nous savons par expérience
que nos voisins immédiats, les Badois et les Bavarois, les moins intéressés et les plus frappés dans
la guerre, ont été les plus âpres à la curée, ou plutôt à la vengeance.

On oublie vite le mal que l'on fait ; mais les vic-

times se souviennent. Pendant dix ans Napoléon a
passé sur le corps de l'Allemagne, et pétri pour
ainsi dire la chair de la patrie allemande sous le
sabot sanglant de cette cavale dont parle Auguste
Barbier. Il a découpé l'Allemagne en morceaux au
gré de son caprice; il y a taillé des royaumes pour
ses frères honteux; et, après tant de sang versé et
de honte bue, les Allemands ont été frappés de
telles contributions, que certaines villes aujourd'hui
paient encore les impôts de guerre de Napoléon.

Depuis plus de soixante ans, depuis Iéna, l'Allemagne silencieuse préparait incessamment sa vengeance. Ce peuple froid et barbare, malgré sa poésie
et sa civilisation, ne sait ni oublier ni pardonner : il
y a quelque chose du sauvage dans la ténacité rusée
de sa haine.

L'Allemagne hait la France à mort, et, dans cette
haine, partis, religions, peuples et rois se confon-
dent. Après cela, ceux qui viennent parler de fraternité des nations, de paix cosmopolite et de république universelle peuvent prêcher leurs utopies et
amuser le public; mais ils jouent le jeu de la
Prusse; ils semblent avoir été les complices de
l'empire pour nous aveugler et nous désarmer.

A Dieu ne plaise que j'excuse cet état des esprits
en Allemagne! Je le constate avec tristesse et terreur, non seulement pour nous, mais pour l'Allemagne.

L'Allemagne avait deux moyens d'arriver à une

glorieuse unité : la liberté fédérale ou le despotisme
militaire. Pour atteindre la liberté fédérale, qui eût
fait sa vraie grandeur, il aurait fallu qu'elle déposât
sa haine, qu'elle renonçât à sa vengeance, qu'elle se
considérât comme assez garantie par les traités de
1815 et par son Rhin allemand. Mais deux hommes
ont rendu cette pacification impossible : Napoléon III
et M. von Bismark.

Le premier a réveillé ou plutôt entretenu chez les
Allemands l'idée de l'unité violente par les armes, en
fondant ainsi celle de l'Italie ; il a sans cesse excité
la haine prête à s'assoupir avec les générations, par
sa folle ambition de briser les traités de 1815, et
par sa perpétuelle et menaçante revendication des
provinces rhénanes. L'autre, M. von Bismark, a
couvé, pour ainsi dire, cette haine, afin de la tourner au profit de la domination prussienne ; sa per-
sévérante habileté, continuellement aidée par les
fautes de son adversaire, a réussi au delà de ses
espérances.

Et aujourd'hui, il a si bien grisé l'Allemagne par
l'ivresse de la vengeance et de la gloire, qu'il n'est
plus maître d'adoucir, non par pitié, mais par prudence, les conditions exorbitantes de la paix : s'il
n'avait pas pris l'Alsace et la Lorraine, s'il n'avait
pas écrasé la France sous cette contribution monstrueuse, s'il n'avait pas donné au Teuton enivré la
satisfaction d'une entrée militaire à Paris, il aurait
peut-être été renversé, lui, son roi et sa Prusse.

C'est la fable de la Fontaine : *Le Cheval s'étant voulu venger du Cerf.* Pour se venger, l'Allemagne s'est mis un empereur botté sur le dos, et le cheval, tout bridé qu'il est, pourrait bien emporter son cavalier. C'est là qu'est notre espoir.

Si l'Allemagne avait dû, comme nous, improviser la guerre, il est vrai qu'elle lui aurait été fort onéreuse. Mais cette guerre est préparée chez elle de si longue main et avec un si grand talent d'organisation, que véritablement personne ne souffre, excepté les mères, dont M. von Bismark ne se soucie.

Le système militaire de la Prusse, aujourd'hui adopté rigoureusement dans toute l'Allemagne, est trop connu pour que je l'explique. Chacun connaît combien il est pratique, économique, et comment il permet de rassembler en très peu de temps d'immenses armées bien disciplinées. Dans un pays où tout homme valide sait qu'il est soldat, et a reçu pendant des années une sévère éducation militaire, l'entrée en campagne ne produit ni la profonde perturbation, ni les insurmontables difficultés de la levée en masse, comme chez nous. Les hommes sont prêts ; l'équipement, les vivres sont prêts : c'est comme une énorme machine très bien faite, dont toutes les pièces sont remontées rapidement par un mécanicien habile, tandis que nous sommes réduits à fabriquer péniblement, sans délai, sans outils, toutes ces pièces innombra-

bles : voilà comment l'Allemagne est entrée en
France.

Il y a dans l'Allemagne du Nord, comme en
France, environ six millions d'hommes qui pourraient à la rigueur porter les armes : en envoyer à
la guerre un million pendant six mois, ce n'est sacrifier que le douzième du travail de l'année. Les
fusils surabondent, et nos chassepots, quoique pré-
férables, ne servent guère que de trophées ; tout cons-
crit reçoit, le jour même de son arrivée au corps, un
équipement très complet et en très bon état. Les
admirables fonderies de M. Krupp, auprès de Dus-
seldorf, n'ont pas besoin de forcer leurs fourneaux ;
dans toutes les villes de guerre, j'ai vu des batteries de canons d'acier à culasse, qui ne servent qu'à
l'exercice. J'ai traversé, comme je l'ai déjà dit, quelques places fortes : Magdebourg, Cologne, Coblentz, Mayence, Rastadt ; je crois être au-dessous
de la vérité en affirmant qu'au moment de la capitulation de Paris, près du Rhin, il y avait trois cent
mille hommes de troupes fraîches, infanterie, artillerie, cavalerie, prêtes à entrer en campagne.

La Prusse profite de l'enthousiasme actuel pour
enrégimenter l'Allemagne entière. Saxons, Wurtembergeois, Badois, Bavarois sont tellement
éblouis, qu'ils courent à l'uniforme comme le pa-
pillon à la flamme, sans voir l'habileté machiavé-
lique avec laquelle on les met toujours au premier
rang, poste d'honneur et de mort que les Prussiens

n'occupent presque jamais. L'homme qui mène
tout cela ne compte pas les vies humaines : elles
sont, selon l'expression de la Bruyère, comme une
monnoie dont il achète une place ou une province ; et
ses rapports officiels se terminent souvent par cette
phrase : « Nos pertes sont proportionnelles au résultat obtenu. »

La guerre de *brigands* qu'ils font, car il faut dire
le mot, est aussi économique que barbare. Point
de dépenses de vivres : les réquisitions ; point de
solde à payer : les contributions. L'Allemagne,
encore une fois, n'est nullement ruinée. La perte
subie en quelques provinces par les grandes industries n'a pas été assez considérable pour qu'aucune
usine se fermât ; les villes sont restées animées
et joyeuses autant qu'une ville allemande peut l'être ;
le commerce a été à peine entravé par l'inutile et
pénible blocus de notre flotte : leurs marchandises,
sous pavillon neutre, se déchargeaient en Hollande
et arrivaient en quelques heures de chemin de fer ;
enfin l'énormité de l'indemnité de guerre paie au
centuple toutes leurs pertes, et je n'ai pas besoin
d'ajouter que le crédit d'une nation qui acquiert un
tel capital, est illimité.

J'admire l'élan généreux de ceux qui voulaient et
veulent encore la guerre à outrance. Mais ils ne
voient pas ; et, s'ils voyaient cette richesse matérielle et cette organisation militaire, ils reconnaî-
traient cette poignante vérité : Continuer la guerre

ou même songer à la reprendre avant longtemps,
ce n'est pas courage ni patriotisme : c'est folie. Dieu
merci ! la vie des nations n'est pas éphémère comme
celle des hommes, et le génie de la France humiliée
et meurtrie doit se dire avec confiance : « *Patiens,
quia æternus.* » Ce n'est point un blasphême dans
la bouche d'une nation dont la mort serait celle de
la civilisation, et dont Dieu veut la vie, si elle n'a-
buse point de sa liberté pour se suicider.

Quant à l'illusion allemande d'avoir détruit Paris,
de l'avoir ruiné, d'avoir changé la capitale du
monde, elle est puérile. Pendant que les ruines
fumaient encore, l'immensité splendide de la grande
cité n'était pas diminuée; ces énormes plaies, mortelles pour toute autre ville, n'avaient pas plus ôté à
Paris son unique beauté, que les mutilations n'ont
mis la Vénus de Milo au-dessous des marbres polis
et complets des sculpteurs modernes : avec cette
différence que Paris est une Vénus vivante, dont les
blessures, loin de produire la mort, sont un renou-
vellement, un rajeunissement, un embellissement.
Quinze jours après la bataille, tout revivait : la
moitié des maisons se réparaient, les monuments se
déblayaient, les jardins reverdissaient. Dans quinze
ans, il n'y aura plus trace du crime de 1871 :
que dis-je, dans quinze ans nous aurons des Tuileries plus belles, un Hôtel de Ville plus artistique,
des docks et des greniers mieux agencés ; l'édilité
écrira sur ces immortels chefs-d'œuvre la devise

romaine : « *Refecit et restituit.* » La date seule, 1871,
rappellera aux générations futures qu'en plein XIXe
siècle la Rome moderne subit des barbares plus in-
fâmes et plus redoutables que tous ceux de l'antiquité,
et secoua cette lèpre teutone qui semblait l'avoir dé-
vorée, comme le chêne au printemps secoue les lichens
d'hiver et les frimas pour reverdir indéfiniment.

Paris n'est pas seulement un trésor de merveilles
architecturales, un centre unique de science et d'industrie : c'est la capitale de l'*esprit*, du *goût*, de
l'*intelligence* ; c'est au moment où j'écris la capitale
du christianisme, sacrée autant que Rome par ses
martyrs. Que là-dessous il y ait des égouts, leur
infection ne troublera pas plus la magnificence parisienne, que la sentine le grand navire triomphant
sur les flots bleus ; que là-dessus essaie de mordre
et de baver la vipère germaine, ce sera la fable de
La Fontaine *le Serpent et la Lime.*

On nous reproche notre orgueil, et moi je trouve
cet orgueil légitime ; je le considère comme un devoir. L'homme de bien n'a pas le droit de s'humilier
devant le malfaiteur, ni l'homme de génie devant
le compilateur érudit. Nos péchés personnels nous
regardent, et nul n'a puissance de nous en demander
compte, excepté nous-mêmes et Dieu.

Après cette monstrueuse épreuve, la France se
relève sereine, immortelle, comme Athènes le lendemain de l'invasion de l'Attique : le *mot* de Ferrières, dont on se moque après coup, ne me paraît

pas inférieur à celui que dirent les Athéniens au *chancelier* du roi de Lacédémone : « Que Sparte évacue le territoire et l'on verra ensuite à traiter. » Le ministre spartiate d'Archidamus n'était pas sans rapport avec le ministre prussien de Guillaume, quant il s'écria hypocritement : « Voilà un jour qui prépare de grands malheurs pour la Grèce (1) ! » Il me semble qu'aujourd'hui nous pouvons, sur la tombe de nos soldats, chanter avec tristesse et gloire les paroles du président de la république d'Athènes; elles datent de vingt-trois siècles, et sont aussi vraies, aussi poignantes à cette heure qu'il y a deux mille trois cents ans :

« Commençons par parler de nos ancêtres : ce sont eux qui, par plusieurs générations, nous ont transmis ce territoire; avant de louer nos morts actuels, pensons à nos pères, qui ont ajouté à notre patrie ce que nous défendons aujourd'hui. Nous possédons un Etat qui n'a rien à envier aux autres, qui devrait plutôt leur servir d'exemple. L'égalité devant la loi existe; riches et pauvres, pourvu qu'ils soient intelligents, peuvent parvenir aux charges. En somme nous avons un gouvernement libéral, et tout le monde se conforme à la loi. Nous avons le goût sobre du beau, l'amour ferme de la raison, l'usage pratique de la richesse, etc. (2). »

_____

(1) Thucydie, liv. II, ch. XII.
(2) Thucydie, II, XXVI et suiv.

Oui, la France est encore le soleil de l'Europe; la destruction de la France ferait rentrer l'Europe dans la nuit de la barbarie. Non seulement au nom de la patrie, mais au nom de la civilisation, de l'humanité, nous devons aviser aux moyens d'arrêter la Prusse.

La Prusse n'a fait preuve dans cette guerre ni de tactique ni de bravoure. Toute la stratégie tant vantée de M. von Moltke ne consiste qu'à se battre avec deux fois plus de canons et quatre fois plus d'hommes que l'adversaire : Attila était aussi fort en tactique.

Il faut donc nous astreindre à une loi militaire qui permette à la France de mettre en ligne autant d'hommes et autant de canons que la Prusse. La France est aussi peuplée que la Prusse; que tout Français, de vingt à vingt-trois ans, soit soldat de l'armée active : *tout Français, sans exception.* Le mariage sera interdit avant vingt-trois ans, où l'homme passera dans la réserve. Il n'y aura d'exemption ni pour les faibles, ni pour les myopes, qui serviront dans les bureaux ou les magasins, ni pour les prêtres qui serviront dans les ambulances, ni pour les étudiants qui obtiendront d'être versés dans des *régiments d'Université* casernés spéciale-ment dans les centres d'études; et ce ne sera pas une mauvaise chose que cette éducation virile imposée à tous, cette fraternité militaire, où l'homme instruit, intelligent, distingué, ne s'abaissera pas au rang des inférieurs, mais les fera au contraire monter peu à peu à son niveau.

Il faut de plus nous astreindre à une loi d'instruction. L'instruction obligatoire devient indispensable, parce qu'il est indispensable qu'un soldat lise, compte, écrive.

Prescrire l'instruction gratuite est inutile. Partout l'indigent l'obtient, et il est bon que l'enfant sache que c'est à son père qu'il doit le pain de l'esprit comme celui du corps, au lieu de considérer cette pâture comme un droit banal, acquis au fils du paresseux aussi bien qu'au fils du laborieux : pour l'indigent seul la gratuité, de même que l'hôpital.

Mais si l'instruction primaire devient obligatoire, il faut qu'elle devienne *libre :* sans cela, elle serait comme en Prusse un instrument d'abrutissement et de mensonge aux mains de l'Etat. Que les inspecteurs de l'Etat surveillent toutes les écoles; mais que le père soit libre de choisir l'école, comme le catéchisme.

Quant à enseigner l'allemand à tous nos enfants, je considère cette mesure comme inutile. Ils ont assez d'autres choses à se mettre en mémoire, sans se fatiguer à parler une langue dont le génie répugne au nôtre, et dont la littérature est la plus pauvre de l'Europe. Le français est une langue supérieure, dont l'étude perfectionne les petits Allemands; la réciproque est fausse. Apprenons l'italien, apprenons l'anglais ; ces littératures valent la peine d'être connues. Mais laissons l'allemand aux savants, aux diplomates et aux officiers ; quand nous aurons un personnel suffisant de professeurs et d'interprètes civils et militaires, ce sera assez pour vaincre. L'arrogance et la brutalité allemandes nous commandent de rejeter la langue allemande hors de celles qui forment l'esprit, et mes enfants ne l'apprendront pas, parce que c'est la langue d'une race dont la civilisation n'est que superficielle et dont le cœur est hypocrite.

Outre la haine aveugle contre la France et la savante barbarie du système militaire, le caractère frappant de l'Allemagne du Nord, c'est l'hypocrisie. Sans doute il y a de nobles exceptions à cette haine, à cette barbarie, à cette hypocrisie, et d'ailleurs le peuple allemand a des qualités que je ne puis méconnaître ; mais dans cet exposé rapide de mes impressions, je dois négliger les nuances pour n'indiquer que les grands traits ; eh bien ! du haut en bas, du trône impérial au ruisseau, cette nation est profondément hypocrite : c'est Tartuffe devenu peuple. Depuis plus de cent ans Voltaire, Madame de Staël, M. Saint-Marc Girardin et bien d'autres, séduits par la physionomie trompeuse de l'Allemagne, chantent ses louanges : la guerre actuelle a fait tomber le masque.

Jusqu'à ce jour le voyageur charmé saluait ces villes propres où il n'y a en apparence ni débauche ni police, cette modestie bourgeoise, ces amours

naïves et pures, cette admiration pour la France, cet
aveu perpétuel de notre supériorité, cette flatterie
humble pour nos mérites et même nos défauts. Ils
ne nous ont ainsi flattés que pour nous endormir ;
ils ne nous ont étalé le tableau de leurs mœurs
extérieures que pour dissimuler leur orgueil hai-
neux. Je ne parlerai pas à fond de la moralité
réelle de cette race ; mais qu'on le sache, ces
amours si poétiques en apparence sont lubriques ;
cette vie extérieurement patriarcale cache une insa-
tiable passion d'or et de plaisir ; du moment que
c'est « *privat* » comme ils disent, tout est permis.
Dans les pays luthériens surtout, la morale privée
et publique est toute dans un mot : *Point de scandale*, et ils appellent Paris *la grande Babylone* non
point pour son vice même, mais parce que son vice
se montre au soleil.

Or cette abominable hypocrisie a été l'une de
leurs armes principales contre nous. Sans cesse en
Allemagne nous avons rencontré de ces gens insi-
nuants qui parlent français juste assez pour comprendre sans répondre, et qui composent l'innombrable armée d'espions sans laquelle leur armée
réelle n'aurait peut-être pas franchi le Rhin. Pour
l'Allemand, comme pour Tartuffe, la fin justifie
les moyens ; le sentiment de l'honneur n'existe
point ; un prince décachète les lettres privées, un
officier se fait commissaire de police, un pasteur
joue le rôle de mouchard.....

Depuis le commencement de la guerre, en Allemagne et hors d'Allemagne, rois, ministres, généraux, prêtres protestants, professeurs, soldats, se sont régulièrement servis du mensonge avec cynisme ; l'art de mentir est étudié et pratiqué en règle comme une des branches importantes de l'art de la guerre. Sous ce rapport notre ex-empereur, ses préfets et ses journalistes n'allaient pas à la cheville d'un caporal prussien.

C'est la guerre, dira-t-on. Machiavel et Napoléon enseignent que la ruse est permise pour tromper l'ennemi. Mais, quelque restriction que puissent alors subir les principes de loyauté et d'honneur, tolérera-t-on le général, le ministre, le prince qui systématiquement jure pour violer son serment, en appelle à la loi pour la transgresser, invoque le nom de Dieu pour le blasphémer, afin de vaincre à coup sûr ceux qui croient aux serments, aux lois et à Dieu ?

Une pensée charitable a fait proscrire entre peuples civilisés les balles explosibles. J'ai tenu dans mes mains des balles explosibles ramassées sur des champs de bataille où n'avaient combattu, du côté français, que des soldats armés de chassepots et des gardes nationaux armés de vieux fusils dont le calibre était incompatible avec le projectile en question.

Une pensée charitable a fait couvrir de la croix rouge de Genève les ambulances, leur matériel et leur personnel : j'ai vu de mes yeux les édifices protégés de ce drapeau sacré recevoir à eux seuls autant d'obus prussiens que tout le reste d'une ville ; j'ai cité plus haut les médecins massacrés, les ambulances pillées.

Enfin de tous côtés paraissent des livres émus, tout pleins de leurs crimes inutiles, de leurs barbaries raffinées.

Et ceux qui ont fait cela, dans leurs journaux, dans leurs correspondances officielles, dans leurs notes diplomatiques, nous accusent d'avoir des balles explosibles, de violer la convention de Genève, de manquer de respect aux morts, de souiller nous-mêmes nos églises. Ils portent ces accusations à la face de l'Europe, avec une effronterie si imperturbable que véritablement, quand je lis leurs journaux, je me demande si j'ai vu ce que j'ai vu, ou si je lis ce que je lis. Puis mes souvenirs s'accumulent et me montent au cœur : je revois ces escadrons entiers de dragons portant le brassard de Genève avec un grand sabre, je revois ces parcs d'artillerie soigneusement entourés d'un cordon de voitures d'ambulance pour que nul Français n'ose les attaquer; je revois ces fourgons par douzaine où flottait le drapeau blanc à croix rouge s'ouvrir devant moi pour me montrer des munitions de guerre et des milliers de fusils à aiguille tout neufs, bien emballés dans la paille ; je revois ce chien volé, qui portait au cou un pauvre collier de fille de village avec une

croix : quel trophée! Et en même temps je relis ces
dépêches de Guillaume à Augusta, où le nom de
Dieu et le degré de température se mêlent au chiffre
des morts, et où la sainte Providence est bénie de
ces choses.

DIJON, octobre 1871.

Je livre ces notes au public telles qu'elles ont été
écrites, et je prie le lecteur, avant de les juger trop
sévèrement, de se rapporter à la date où elles ont
été prises, et où elles ont paru par fragments dans
divers journaux. J'y pourrais faire des changements; mais elles perdraient leur caractère de sin-
cérité. Nul ne peut avoir maintenant la prétention
de faire l'*histoire* de cette guerre; mais chacun doit
chercher à rassembler des documents pour les historiens futurs, et, à ce point de vue, je mets de
côté tout amour-propre d'auteur. Je m'aperçois
aujourd'hui que certaines idées que je caressais il y
a un an n'étaient que des illusions. Je les publie
pourtant : il vaut mieux conserver les impressions
telles quelles, prises sur le vif.

Nous voulons, Français, remettre la France au
niveau que Dieu lui a assigné dans le monde; pour
atteindre ce but, nous devons garder la mémoire de
nos erreurs, autant que celle des faits cruels qui
nous ont dessillé les yeux.

Ce livre mal fait, je le répète, est pour moi comme

un examen de conscience sur ce que j'ai vu en 1870
et 1871, de Dijon à Brême. En *composant* ce livre,
en corrigeant mes sentiments antérieurs, en sacri-
fiant l'expression première de mes émotions à la vanité
d'écrire aussi académiquement ques ma position de
professeur m'y obligerait, j'arriverais peut-être à
produire une œuvre plus estimable au point de
vue littéraire. Mais je ferais sacrifice de ma franchise et j'ôterais à mes notes le seul caractère qui
leur puisse donner de la valeur : c'est la déposition
d'un témoin.

Je donne cette déposition, diffuse, successive,
incohérente. J'y mêle des impressions artistiques,
des descriptions variées, des opinions personnelles.
Je produis les *dépositions* à mesure qu'elles me
viennent, avec tout le cortége d'idées où elles sont
mélangées, comme le métal dans la gangue.

Si la France, et je l'espère, se relève de ce coup, si
elle produit dans quelques années un grand histo-
rien qui raconte aux siècles futurs la guerre de
1870-1871, je crois que mon livre, qui n'est qu'un
journal, semblera franc, et sera utile pour peindre
non seulement les événements mais les émotions,
pour définir le caractère et la valeur des nations qui
se sont heurtées.

Aussi, avant de terminer, ferai-je déclaration des
qualités que m'a paru posséder la race allemande.
Car je ne veux point imiter les Allemands dans la
dénigration absolue de la partie adverse ; si nous

étions aussi nuls qu'ils le disent, ils n'auraient
aucun mérite à nous avoir vaincus ; s'ils étaient sans
valeur, nous serions bien lâches de nous être laissé
vaincre.

Les Allemands du Nord, et surtout les Prussiens
qui les mènent, sont patients, laborieux, persistants.
Pour aboutir à ce qu'ils veulent, ils ne regardent
pas au temps ni aux moyens. Nous, Français, nous
nous lançons à corps perdu dans une entreprise, en
criant d'avance : « Je ferai cela ! » — Eux travaillent silencieusement vingt ans, sans rien dire, et à
la fin de leur effort lent, opiniâtre, taciturne, ils
déclarent : « J'ai fait ça. »

Quant à l'accomplissement, j'ai déjà dit comment
tout leur est bon pour l'atteindre ; l'hypocrisie ne
suffit pas pour réussir. Ils ont l'instruction primaire
obligatoire ; ils ont l'instruction secondaire et supérieure développée à un haut degré. Leurs professeurs et leurs élèves se livrent assidûment à un travail régulier : *l'habitude du travail* règne chez eux.
L'idée, non pas *française*, mais *impériale, de montrer
dans les expositions* des résultats inouïs, ne les a pas
séduits comme nous ; il n'y a pas chez eux autant
que chez nous des *faiseurs.*

Chez eux surtout existe actuellement le sentiment
de discipline et d'obéissance, que l'empire nous a
fait perdre en appelant aux plus hauts grades les
gens les plus incapables, et en rendant le peuple, par
les plébiscites, juge des questions constitutionnelles

et sociales les plus difficiles. Quand le fermier voit
le garçon de charrue son égal pour l'administration
de la ferme, quand l'industriel voit l'ouvrier son
égal pour la direction de l'usine, quand le professeur voit l'élève son égal pour le règlement de la
classe, quand l'officier voit le soldat son égal pour
la police du régiment, quand le jurisconsulte voit le
client son égal pour la fabrication des lois, — et
c'est là l'expression définitive du suffrage universel
et du plébiscite tels que l'Empire les a pratiqués et
inoculés à la France, — fermiers, industriels, professeurs, officiers, jurisconsultes, n'ont plus à espérer respect ni obéissance : leur supériorité intellectuelle, scientifique et morale est noyée dans
l'inconsciente médiocrité des masses, dont le flot
capricieux les ballotte comme des épaves aujour-
d'hui surnageantes, englouties demain.

Que la Révolution ait supprimé d'un coup sanglant l'aristocratie territoriale et nobiliaire, soit !
C'est fait. Mais que les démagogues et les césariens
s'unissent pour imposer à la France un régime qui
supprime l'aristocratie de l'intelligence, de la
vertu, du travail, pour livrer la direction des affaires au vote impératif d'une majorité dans laquelle
le goujat est l'égal de l'architecte, le mousse du
capitaine, l'élève du professeur, l'ouvrier du patron,
c'est absurde.

Respectons tous les intérêts ; laissons aux classes
ouvrières, aux pauvres, aux ignorants, aux mal-

heureux, tous les moyens d'obtenir justice, aide, amélioration ; mais au nom de Dieu, de *l'égalité devant la loi* ne faisons pas l'égalité *constitutionnelle et sociale ;* ne livrons pas la direction du navire de l'Etat aux voix sans cesse consultées des centaines de matelots contre lesquelles les officiers, les ingénieurs n'en auront que dix !

En Allemagne règne le respect de l'autorité. L'autorité allemande a un caractère féodal, c'est vrai ; l'officier *bat* le soldat, c'est vrai. Mais, malgré ces abus, l'autorité est respectée : chez nous, non.

Il y a chez les Allemands excès de discipline et d'obéissance aux chefs ; il y a chez nous excès de liberté et de révolte contre les chefs.

Notre extrême bon sens nous porte sans cesse à juger, à critiquer toute chose et tout homme; notre fébrile activité nous entraîne à réformer, à refaire toute institution avant qu'elle ait eu le temps de devenir stable et de produire des résultats.

Sous ce rapport, il faut nous corriger. L'énergie ne suffit pas pour réussir : la patience est nécessaire. Nous avons élu l'Assemblée de Bordeaux, qui siége aujourd'hui à Versailles; nous avons proclamé la République française et salué son président M. Thiers. Déjà nous sommes las de ce gouvernement, et chaque jour il est attaqué, discuté, démoli dans les feuilles publiques par des hommes de talent et d'esprit qui semblent, pour le plaisir de la critique, oublier la patrie.

19.

Oui, ils oublient la patrie, ceux qui ne veulent pas voir que l'Assemblée actuelle et M. Thiers ont entrepris loyalement la liquidation de l'horrible succession laissée par l'Empire. Ils l'ont bien commencée ; ils semblent la bien mener : leur faire opposition en ce moment, de quelque façon que ce soit, en chapeau bonapartiste ou en carmagnole, c'est être Prussien.

Les républicains raisonnables, les légitimistes, les orléanistes ont compris cette nécessité : il n'y a rien à craindre d'eux. Mais les partisans de Napoléon et de la *Commune* sont capables de *tout*, et la Prusse est avec eux.

Que me reste-t-il à ajouter aux aventures des otages de Dijon ? Tous, en rentrant, ont été étonnés de voir la ville encore occupée par les Prussiens. Le texte des *préliminaires de paix*, signés le 26 février 1871 à Versailles, était formel :

« Art. 3. L'évacuation des territoires français commencera après la ratification du présent traité par l'Assemblée nationale siégeant à Bordeaux. Immédiatement, les troupes allemandes quitteront Paris, ainsi que les forts situés sur la rive gauche de la Seine, et, dans le plus bref délai possible, les départements du Calvados, de l'Orne, pe la Sarthe, d'Eure-et-Loire, du Loiret, de Loir-et-Cher, d'Indre-et-Loire, de l'Yonne, et de plus les départements de la Seine-Inférieure, de l'Eure, de Seine-et-Oise, de Seine-et-Marne, de l'Aube et de *la Côte-d'Or, jusqu'à la rive gauche de la Seine.* »

Pour tout homme de sens, cela signifie que, un parallèle passant par les sources de la Seine, tout ce qui est au nord de ce parallèle et à l'est de la Seine reste occupé : or Dijon est à *vingt-deux kilomètres au sud* du parallèle passant par les sources de la Seine, auprès de Chanceaux. Dijon sur la rive droite de la Seine, est une facétie de géographie allemande qui nous aurait fait rire, si elle n'avait eu pour résultat de nous faire supporter huit mois d'occupation, malgré les termes du traité.

Et ces huit mois ont été plus durs, plus cruels, plus sanglants, que les quatre mois d'occupation pendant la guerre.

Par je ne sais quelle rage de voir la France renaître et son crédit dépasser celui de l'Allemagne, officiers et soldats se sont livrés à des brutalités sans excuse. Presque tous les jours, pendant cette longue période, de paisibles citoyens, des vieillards, des femmes, des prêtres ont été frappés à coups de sabre : un soir, il y a eu jusqu'à *cinquante personnes* atteintes. C'était, pour les bandes de cavaliers, une petite fête quotidienne d'assommer des Français désarmés. Quand on réclamait aux officiers, ils répondaient : « Que voulez-vous? Nous ne pouvons pas retenir le *courage* de nos soldats. » Quand les assommés se laissaient prendre, ils étaient traduits

en conseil de guerre, et condamnés à la prison à
Dijon ou même à la forteresse en Allemagne.

Deux officiers en bonne fortune sur la route de
Gevrey ont reçu un soir un coup de fusil. Aussitôt
le général von Grœben a fait enlever toutes les marchandises des armuriers, qui ont dû fermer boutique ; il a ordonné dans toutes les maisons des per-
quisitions d'armes, qui ont eu pour résultat le vol
de quelques panoplies ; on a pris chez des collec-
tionneurs des épées à deux mains du temps des
croisades. A la gare, l'Allemand fouillait tous les
trains, et des chasseurs allant de Lyon à Paris ont
vu enlever leurs fusils ; un clairon a été saisi comme
arme, par ordre du chef de poste de la gare, qui
s'est fait installer un fauteuil rouge sur le quai, et
qui a ordonné d'arrêter un chauffeur dont la machine restait devant son fauteuil, « parce qu'elle
fumait. »

Un Alsacien a été bousculé sur un trottoir et jeté
dans le ruisseau par un officier allemand : l'homme
est à demi tué à coups de sabre, l'officier a reçu un
léger coup de couteau à l'épaule. Aussitôt ordre à
tous les habitants d'être rentrés à huit heures du
soir : point d'exception, ni pour le voyageur, ni pour
le médecin, ni pour les services publics, postes,
télégraphes, etc. Quiconque sort est emmené à
coups de crosse ; femmes, religieuses même cou-
chent au poste et sont escortées où il faut bien aller
par deux *mann.* C'était risible à force d'être bête,

que le spectacle de ces quarante mille Dijonnais en
retenue, regardant des fenêtres les incessantes patrouilles des Teutons, qui ont tiré sur un plaisant
au troisième : heureusement qu'ils tirent mal. Mais
quatre jours après on lisait sur les murs :

« Avis. Le manœuvre Antoine Wolff, de Ghevil-
ler, a été condamné par le conseil de guerre du
4 octobre à la peine de mort, pour avoir blessé traî-
treusement un membre de l'armée allemande, et la
sentence a eu son exécution ce matin.

» Dijon, 8 octobre 1871.

» Le commandant de place. »

(Sans signature.)

Mais les Allemands s'étaient punis eux-mêmes en
fermant toutes les boutiques à huit heures. Ils ont
donc ordonné à cinq cafés de rester ouverts pour
eux. Ceux qui, par dignité, ont voulu mettre leurs
volets comme les autres, ont été condamnés à rester
fermés le jour aussi, jusqu'au départ des Allemands.

Un journal ayant dit que l'entrevue de Saltzbourg
venait d'avoir lieu dans la même chambre où Guillaume avait donné le baiser de Judas à l'empereur
d'Autriche la veille de Sadowa, imprimeurs et journalistes n'ont dû le salut qu'à la fuite; les scellés
allemands ont été mis sur la porte, et depuis un
mois, jour et nuit deux sentinelles montent la garde
devant la maison.

Toutes ces brutalités donnent une idée peu avantageuse de la fameuse discipline allemande. Des soldats qui rôdent toute la nuit et dégaînent à tout propos sur les gens inoffensifs sont-ils disciplinés? Ils ne le sont en somme qu'à la parade, sous l'œil de l'officier. A Dijon même, ils ont peu commis d'excès, parce qu'ils étaient sous la main de l'état-major et qu'ils avaient peur; dans les faubourgs ils ont volé, à la campagne ils ont pillé. Ainsi à Versailles, le château a été respecté, mais les maisons de campagne ont été vidées, dégradées, démolies avec une patiente et implacable industrie; à Saint-Denis, les tombeaux ont été mutilés.

Ils ont le goût du barbare pour se parer du butin. M. von Rantzau, dans notre voiture, enveloppait ses pieds dans la couverture d'un Français mort; ici j'ai vu un officier porter un sabre fleurdelisé du XVIIIe siècle qu'il avait volé dans quelque château; j'en ai vu un autre se parer d'une chaîne de montre à fleurs de lis. Mais finissons.

Aujourd'hui 28 octobre 1871, ils nous quittent enfin, après nous avoir enseigné la haine. Nous ne l'oublierons pas. Du moins ils partent à temps pour qu'après-demain, jour anniversaire de notre bataille, nous puissions pleurer nos morts sans que notre cimetière soit souillé par leur présence.

FIN.

DIJON, IMP. J.-E. RABUTÔT.

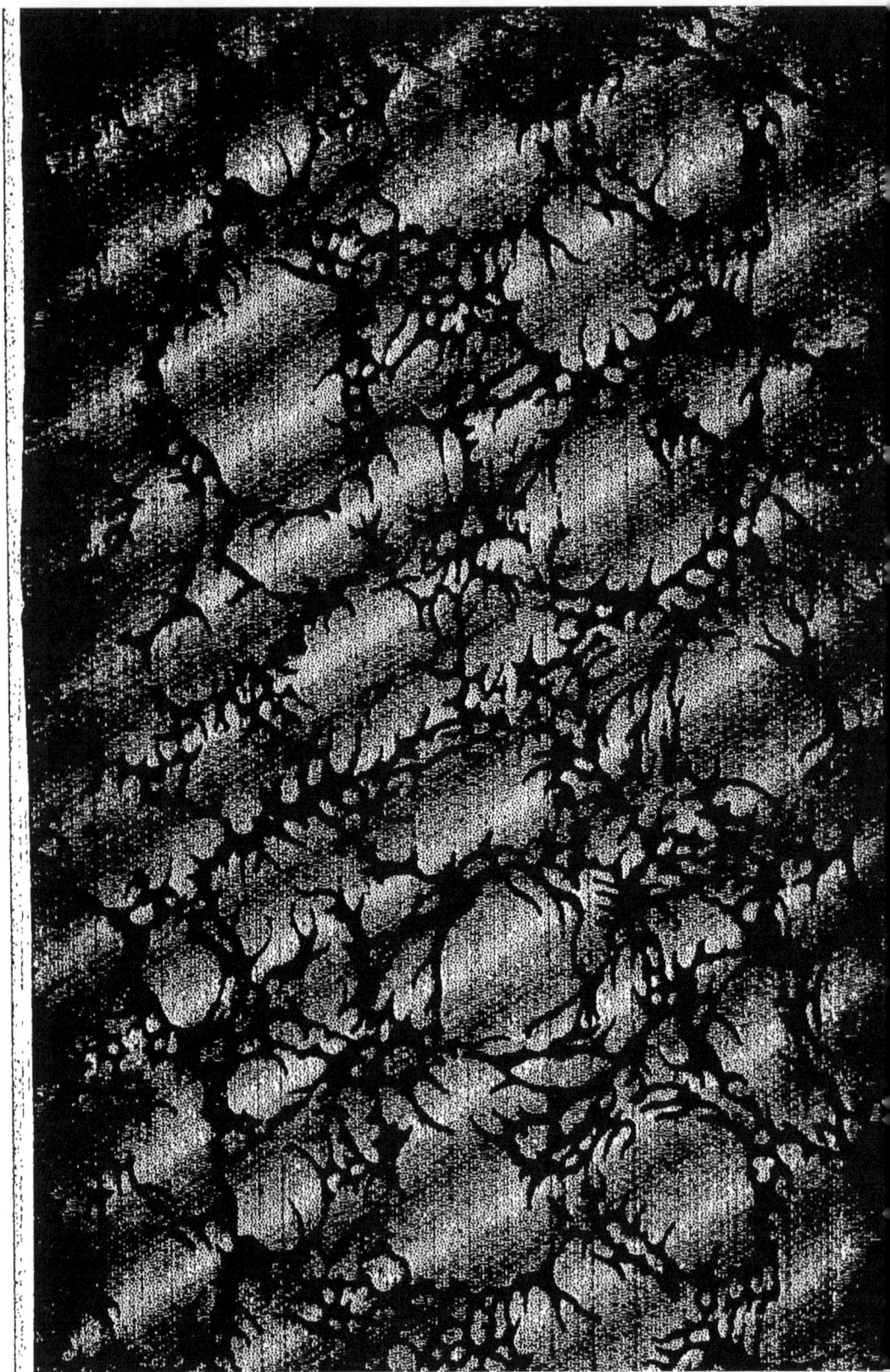

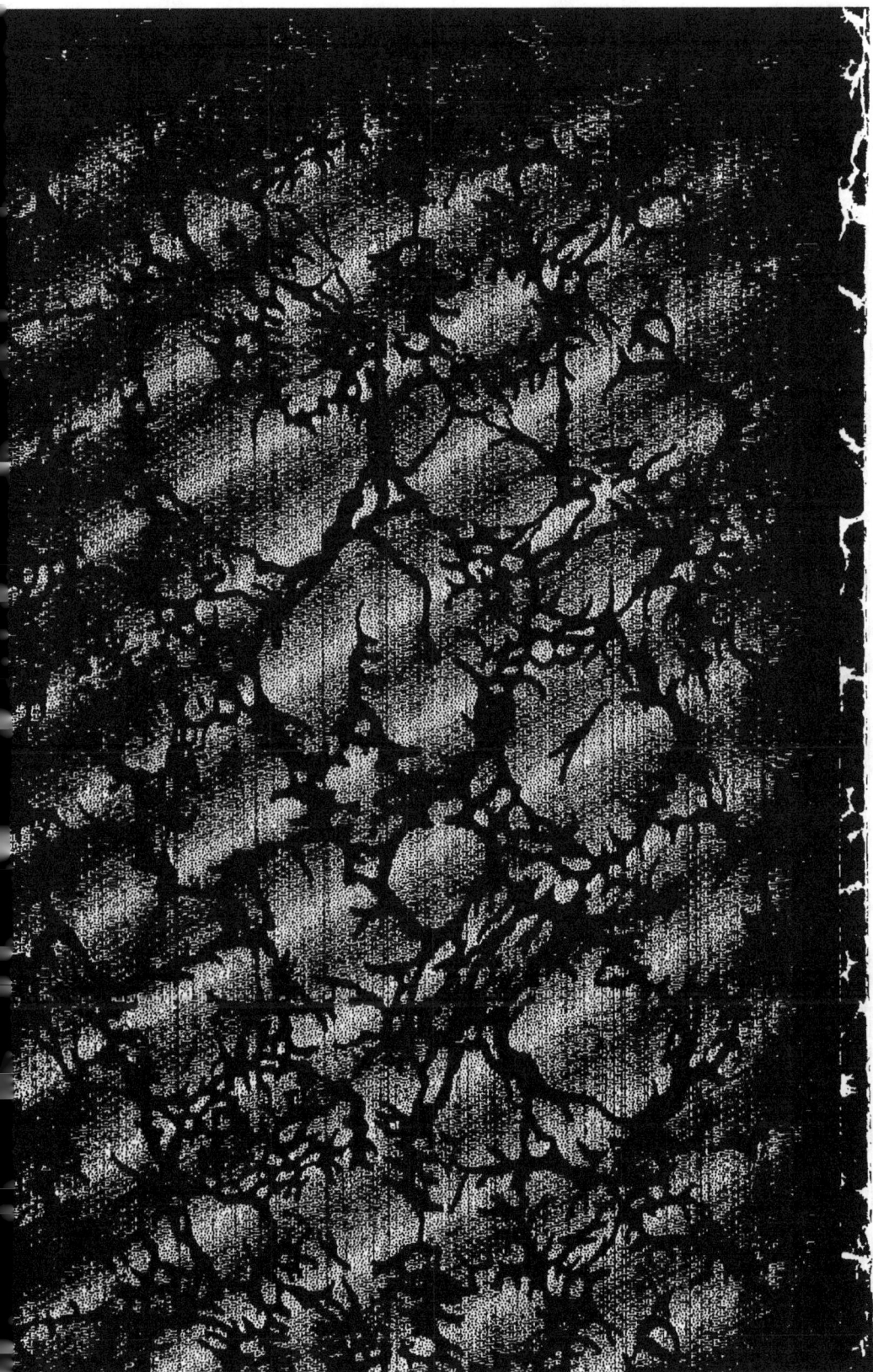

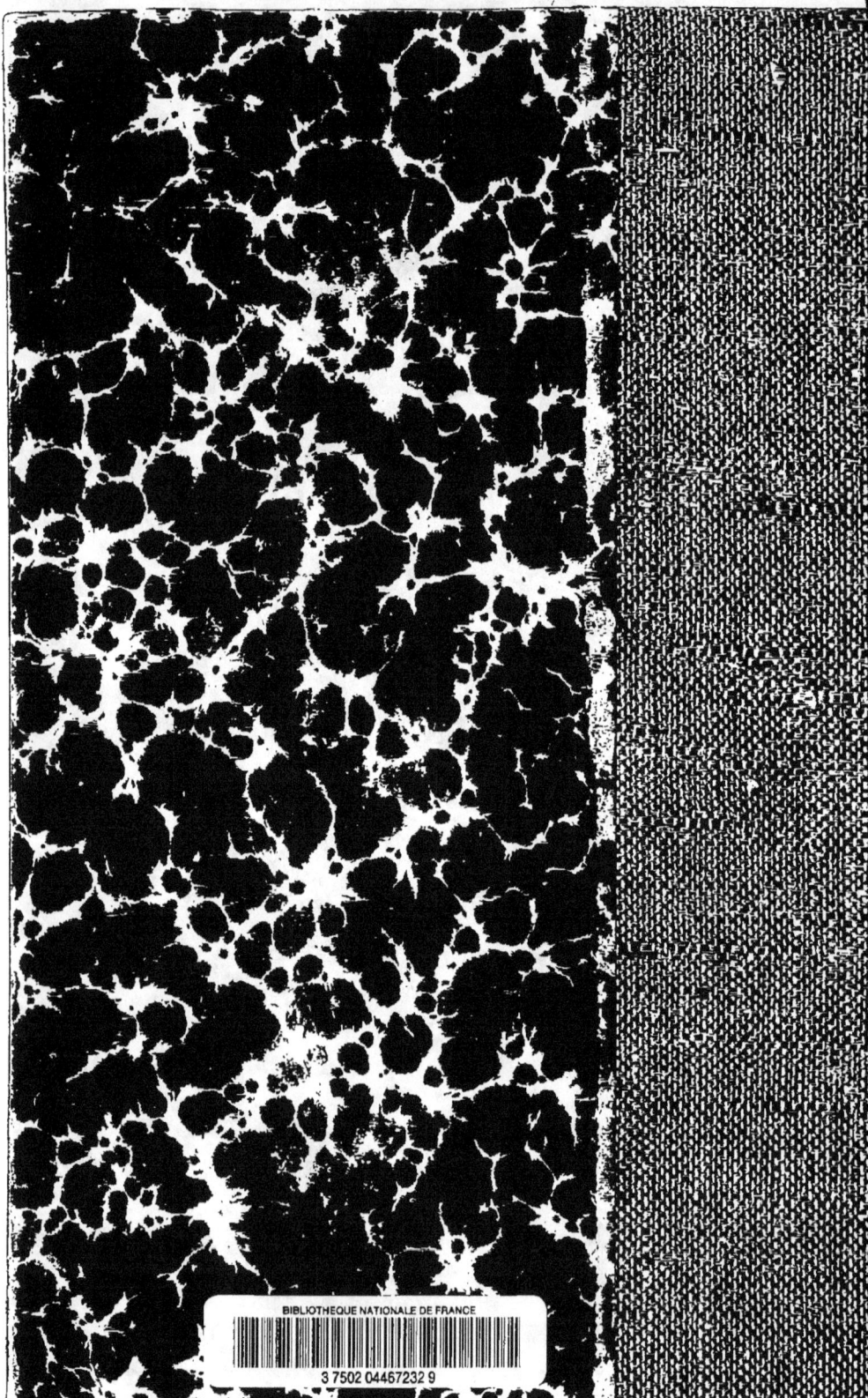

www.ingramcontent.com/pod-product-compliance
Lightning Source LLC
Chambersburg PA
CBHW071632270326
41928CB00010B/1893